中成药标准提高研究与探索

肖树雄　编著

羊城晚报出版社
·广　州·

图书在版编目（CIP）数据

中成药标准提高研究与探索 / 肖树雄编著. —广州
：羊城晚报出版社，2010.3
ISBN 978-7-80651-580-8

Ⅰ. ①中… Ⅱ. ①肖… Ⅲ. ①中成药－标准－研究
Ⅳ. ①R286-65

中国版本图书馆CIP数据核字(2010)第028166号

中成药标准提高研究与探索

责任编辑 黄初镇
责任技编 张广生
装帧设计 广东同文
责任校对 胡艺超
出版发行 羊城晚报出版社（广州市东风东路733号 邮编：510085）
发行部电话：（020）87133824
出 版 人 罗贻乐
经 销 广东新华发行集团股份有限公司
印 刷 广州市岭美彩印有限公司（广州市荔湾区花地大道南南海工商贸易区A栋）
规 格 889毫米×1194毫米 1/16 印张14.5 字数360千
版 次 2010年3月第1版 2010年3月第1次印刷
书 号 ISBN 978-7-80651-580-8/R·198
定 价 38.00元

编　　委：谢志洁　李泳雪
编 著 者：肖树雄
编著人员：谢志洁　欧国灯　赖宇红　杨立伟
莫结丽　林锦锋　贾宜军　蒋忠军　胡家敏

广东省药品检验所科技创新基金资助

目　录

第一章　中成药标准研究概述

第二章　中成药标准发展趋势

第三章　中成药标准存在的问题

第四章　中成药标准诊断要略

第五章　中成药标准提高策略

第六章　中成药标准提高实例

第七章　中药的技术标准战略

第八章 标准应用新技术探索

第九章 创新标准管理之探索

第一章

中成药标准研究概述

本章开始讨论中成药标准研究，得从相关概念和目的意义谈起。先从中成药谈到标准；接着对中成药近三十年的发展全貌进行概括性扫描，为下几章分析发展趋势和存在问题作个铺垫；最后概括归纳一下本次中成药标准研究的理论意义、现实意义和前瞻性意义。

第一节　中成药标准相关概念

与中成药标准相关的概念有很多，本书第三章在讨论中成药标准存在问题时还会对中药概念与定位问题进行探讨，指出中药如要准确定位还应包括药材、饮片、复方和制剂。这里只简要介绍一下与本书研究相关的几个概念。

一、中成药

中成药（Chinese patent medicine）是指以中药材为原料生产的各种中药制剂，包括单方、复方制剂和以有效部位或单体化合物投料的各种制剂，包括传统的膏、丹、丸、散和现代的片剂、胶囊剂、微丸、缓释制剂、速效制剂等。

人们在生活中常说的中成药是指由中药材按一定治病原则配方制成，随时可以取用的现成药品，如各种丸剂、散剂、冲剂等。优点是现成可用、适应急需、存贮方便、能随身携带、省去了煎剂煎煮过程、消除了中药煎剂服用时特有的异味和不良刺激等。缺点是药的成分组成、药量配比一成不变，不能灵活多变、随症加减。

据1995 年的调查结果表明，目前我国有中药资源12807种，包括药用植物11146种， 药用动物1581种，药用矿物80种。如此丰富的资源为深入发展中药提供了雄厚的物质基础，也铸成了中成药品种繁多的壮观景象。

在使用方面，中成药分内服和外用两种：

内服中成药的常用剂型为丸剂、散剂、颗粒剂、片剂、胶囊剂等，主要适用于脏腑气血异常所导致的各种疾患。内服中成药一般在中药材的毒副作用方面要求比较严格。

外用中成药常用的剂型有贴膏剂、搽剂、栓剂、滴鼻剂、滴眼剂、气雾剂等，主要适用于疮疡、外伤、皮肤及五官科的多种疾患。外用中成药中相当数量有不同程度的毒性，使用时应慎重，以防中毒。

生产上，生产一种中成药至少需要有药品生产许可证，GMP认证，相关药品批文。

每种中成药都有法定的通用名称和主治功能，上市销售的每种中成药必须按照国家药典的规定标明通用名称和疗效范围，擅自改变配方，扩大疗效范围，都属于假药的范畴。

按照《药品管理法》规定，“药品必须符合国家药品标准”，所以，不论是使用还是生产，中成药都必须执行国家药品标准。

二、技术标准

所谓“标准”，是“对重复性事物和概念所作的统一规定。它以科学、技术和实践经验的综合成果为基础，经有关方面协商一致，由主管机构批准，以特定形式发布，作为共同遵守的准则和依据”[1]。

对标准化领域中需要协调统一的技术事项所制定的标准，称为技术标准（Technical

Standard）。它是从事生产、建设及商品流通的一种共同遵守的技术依据。

技术标准的分类方法很多，按其标准化对象特征和作用，可分为基础标准、产品标准、方法标准、安全卫生与环境保护标准等；按其标准化对象在生产流程中的作用，可分为零部件标准、原材料与毛坯标准、工装标准、设备维修保养标准及检查标准等；按标准的强制程度，可分为强制性与推荐性标准；按标准在企业中的适用范围，又可分为公司标准、工用标准和科室标准等。

从技术标准制定主体来看，存在“法定技术标准”和“事实技术标准”两种情况。法定技术标准是政府标准化组织或政府授权的标准化组织建立的标准，如国家药品标准；事实技术标准是单个企业或者具有垄断地位的极少数企业建立的标准，它的出现是新经济时代的一个重要特征。事实标准实质上是企业标准利用市场优势或有目的地将标准化工作逐渐发展为行业标准和国际标准（一般由行业公会制定），前者如美国的微软公司的windows操作系统和英特尔公司的处理器，后者如IETF（互联网工程任务组，the Internet Engineering Task Force）和W3C（W3C理事会或万维网联盟，World Wide Web Consortium）。近年来，企业纷纷选择标准联盟这一“事实标准”的形成方式，比如微软在视窗领域的市场占有率已达90％以上，已经形成事实际准，许多后发软件若不能与之兼容只能是死路一条。

技术标准的实质是对一项或几项生产技术设立的必须要符合要求的条件以及能达到此标准的实施技术。技术标准是公共产品，是公知技术、通用技术、无偿使用技术，它追求公开性、普遍适用性，具有一定强制性要求或指导性功能，强调行业推广应用。

制订技术标准的程序，涉及的核心问题主要是两个：谁应当是制订标准的主体，是政府还是企业，还是第三方；标准应当“开放”还是“封闭”。还有一些不是问题的“问题”，如政府是否可以制订强制标准，涉及安全的四种情况政府可以制订强制标准。美国政府亦有强制标准，如emc认证标准。

三、中药标准

中药标准即中药质量标准（Quality Standard of CTM），是中药领域的技术标准，这得先从中药的质量谈起。

中药的疗效与其品质，即中药的质量有着密不可分的关系。中药的质量涉及原药材的种植、土壤、栽培、采收、加工炮制、生产、运输和贮存等多个环节。计算机科学和信息技术的发展，使中药分析与质量评价的规范化、自动化成为可能。中药质量评价数据库与自动判别系统，即是在中药材、饮片、中成药质量研究的基础上，采取标准数据、图谱，建立综合数据库及多维检索、判别评价系统，实现中药质量评价的规范化、自动化、现代化。

质量与标准是联系在一起的。药品标准是药品现代化生产和质量管理的重要组成部分，是药品生产、供应、使用和监督管理部门共同遵循的法定依据。药品质量的内涵包括三方面：真伪、纯度、品质优良度，三者的集中表现是使用中的有效性和安全性。因此，药品标准一般包括以下内容：法定名称、来源、性状、鉴别、纯度检查、含量（效价或活性）测定、类别、剂量、规格、贮藏、制剂等。

中药质量标准是国家和地方对中药质量规格及检验方法所作的技术规定。中药质量标准构建要素：首先是应能符合中医药理论的特色，其次是应能体现中医用药复方配伍的特点，第三是应能体现中药的物质基础是多组分的化合物群。

随着科学的进步，中药的质量标准也在不断提高，从当初没有质量鉴别发展到有了性状、鉴别、检查要求；从显微和一般理化鉴别发展到有色谱法鉴别和含量测定；中药质量标准中的重金属、农药残留检查及有效期的确立等也开始受到足够的重视。

随着检测手段的科学性、准确性及灵敏性不断提高以及仪器设备的普及，先进的检测方法得以逐步应用于法定标准中。但是，目前中药的质量标准还只是对其中部分化学成分进行定性定量控制，专属性不强，标准也不够全面，应尽快建立起符合中医用药特色的中药系列质量标准规范化体系，提高国家药品标准的问题已摆在药检工作者的眼前。

从另一角度讲，应从中药的宏观效应出发，运用多指标对中药的质量进行整体评价，不仅要立足于最终产品的质量评价，还要对研制、种植、加工、生产、流通、使用过程实施全程标准化控制。

四、国家药品标准

国家药品标准（the National Standard of Drugs）在《药品注册管理办法》中有明确定义，第一百五十五条写道："国家药品标准，是指国家为保证药品质量所制定的质量指标、检验方法以及生产工艺等的技术要求，包括国家食品药品监督管理局颁布的《中华人民共和国药典》、药品注册标准和其他药品标准。"据2008年的《中国的药品安全监管状况》白皮书载，中国现有国家药品标准总计1.5万余种。

药品标准是药品监督管理的重要技术法规，是组织现代化生产、保证药品质量的法定依据。1988年，《中华人民共和国标准化法》第七条规定："国家标准、行业标准分为强制性标准和推荐性标准。保障人体健康以及人身、财产安全的标准和法律、行政法规规定强制执行的标准是强制性标准，其他标准是推荐性标准。"显然，药品标准是强制性的。

药品注册标准，是指国家食品药品监督管理局批准给申请人特定药品的标准，生产该药品的企业必须执行该注册标准。

将要出台的《药品标准管理办法》将药品标准分为文字标准与实物标准。

文字标准分为：

（一）《中华人民共和国药典》简称《中国药典》（中英文版）

《中国药典》一、二、三部

《中国药典》（增补本）

《中国药典》的制定原则：坚持保障药品质量、维护人民健康的原则；坚持公平、公正、公开原则；坚持继承、发展、创新的原则；坚持科学先进、实用规范的原则；坚持质量可控性原则；坚持标准发展的国际化原则；坚持政府主导，服务社会原则。

《中国药典》的制定程序：按立项、起草、复核、审核、公示、批准、颁布、修订与废止等环节进行。

（二）局（部）颁标准

局（部）颁标准需遵循现行版《中国药典》相关的技术要求，结合监管实际，由国家药典委员会适时组织再审核；药品生产企业根据生产、流通和使用的实际，为保证药品质量应及时提出标准修订建议；药品检验所等相关机构发现问题，应按照程序提出标准修订建议。

（三）注册标准

注册标准是指国务院药品监督管理部门批准给申请人特定药品的标准，生产该药品的企业必须执行该注册标准。

注册标准包括新药注册标准、仿制药注册标准和进口药品注册标准。注册标准必须体现该药品的特性，除符合《中国药典》内容要求外，注册标准应更加细化、明了和具有针对性。

新药注册标准应遵循现行版《中国药典》规定的技术要求、基本内容与规范原则；仿制药注册标准不得低于现行版《中国药典》和局（部）颁标准要求；进口药品注册标准不得低于现行版《中国药典》和现行版国外药典相关要求。

注册标准由申请人制定，由中国药品生物制品检定所，省、自治区、直辖市药品检验所，口岸药品检验所对药品标准中方法的可行性、科学性、设定的项目和限度能否控制质量等进行实验室检验、验证和审核工作，经国务院药品监督管理部门设定的药品审评机构进行技术审评，报国务院药品监督管理部门审批与颁布。

新药注册标准应根据临床前研究的结果及临床试验的安全性、有效性和国内外同类药品标准的有关规定，并结合相关药品检验所复核与验证的结果和意见，科学合理地设定检验方法、项目和限（幅）度。

仿制药注册标准必须充分考虑与被仿制品种（参比药品）对照研究中生物利用度的指标和安全性的结果。

进口药品注册标准由口岸药品检验所根据申报企业标准进行复核与验证，如变更检测方法、增加或调整的检测项目应进行严格的方法学验证，改变检测限度应有充足的科学依据，并由申报企业确认，再由口岸药品检验所复核。

五、药典

药典（Pharmacopoeia）是国家关于药品标准的法典，是药品生产、经营、使用、检验和监督管理部门共同遵循的法定依据，也是我国医药行业对外贸易和技术交流不可缺少的准绳，具有法律约束力。

中国药典由国家药品监督管理局主持编纂、颁布、实施，是国家监督管理药品质量的法定技术标准，收载了我国临床使用疗效确切、质量稳定的药品。按照《药品管理法》规定，“国务院药品监督管理部门颁布的《中华人民共和国药典》和药品标准为国家药品标准”，“药典委员会负责国家药品标准的制定和修订”。

药典已作为专有概念为世界各国沿用至今。早在1930年即有《中华药典》问世，收载生药六七十种。建国后，我国针对中药的质量标准编印了《中华人民共和国药典》和《卫生部部颁标准》，1953年到2005年国家编印发布了八版药典。历版药典收载品种情况，详见表1–1–1。

自1963年版起，中国药典分为一、二两部。一部收载中药材，中成药；二部收载生化药品，化学药品，生物制品。1990、1995和2000年版还另外专门出版了《药品红外光谱集》,《中国药典临床用药须知》等相关专著；2005年版一部配套出版了薄层色谱和显微的配套丛书。

表1-1-1 历版药典收载品种情况

年版	中药材	中药成方制剂	合计
1953	65	46（单方制剂）	111
1963	446	197	643
1977	882	270	1152
1985	506	207	713
1990	509	275	784
1995	522	398	920
2000	534	458	992
2005	551	564	1115

*另外，《中国药典》2005年版还收载植物油脂和提取物31种。

由于药品监管或技术发展，需要对部分品种进行修订，每版药典在出版了正版之后常常会出版《中国药典》（增补本），它与现行版药典具有相同法律地位，是对本版药典拟收载而由于时间等因素没能收载的品种进行增补。截至目前已有《中国药典》1953年版第一增补本，1985年版增补本，1990年版第一、第二增补本，1995年版1997年、1998年增补本，2000年版2002年增补本和2005年版增补本，共8册。

近代国家药典始自1930年出版的《中华药典》，台湾于1949年和1980年先后出版了《中华药典》第二版和第三版。《中华药典》第三版收载各类药品746种。

为加强国际合作与交流，《中国药典》自2000年版开始，英文版与中文版同步出版。另外，近几版《中国药典》还出版了药典注释（一部，二部），以及操作标准——中华人民共和国医药行业标准——药品检验操作规程。

我国2005年出版的药典《临床用药须知》是2005年版《中华人民共和国药典》的重要配套丛书之一。为了指导我国医药人员全面了解和合理使用《中国药典》中各类药品，保证临床用药安全、有效，国家药典委员会另行组织编撰了这一《须知》以替代以往《中国药典》中与用药相关的法定内容，从而详细介绍2005年版《中国药典》中各类药品的性能与用途等全面信息，以便为临床用药和药品生产企业编写药品使用说明书提供主要参考资料，为药品监管部门提供实施药品监督管理的重要依据。

2005年版《中国药典》共分三部：一部收载中药材、中药饮片、中药提取物和中成药，二部收载化学药品，三部收载生物制品。特别是2005年版中药饮片与中药材分开单独作为一部分，这是与历版药典最大的不同。

国内的中药材或中成药的质量控制方法近20年来也在不断进步，正逐步与国际接轨。2000年版中国药典收载中药材534种，有含量测定的170个；中成药458种，有含量测定的138个，但大多数缺乏可控的质量标准。从2005版《中国药典》一部中可以看到明显的进步：①新增修订607个，这607个品种包括了鉴别项959个和含量测定项525个；②鉴别的专属性增强，如人参TLC鉴别中新增人参特有成分人参皂苷Rf的鉴别，同时强调对照药材的使用；③含量测定指标规定更加合理、科学，如山茱萸由测熊果酸改为测马钱苷，金银花增加木樨草苷的检测指标；④强调多指标含量测定，如丹参药材除了测定其脂溶性成分丹参酮$Ⅱ_A$外，新增其水溶性成分丹酚酸B的含量测定；⑤注重有害物质的控制，如对国内中药产品的无公害标准作出强制性规定，要求中药产品中重金属、砷盐、黄曲霉素、农药残留及微生物含量不得超标。控制方法上新增了采用原子吸收或电感耦合等离子体质谱法（ICP-MS）测定重金属和有害元素的方法，并规定其限度。

2005版《中国药典》可以说是对我国近年来中药现代化所取得成果的总结和应用，集中体现了现阶段我国药品质量控制手段的进步和发展。

2005版《中国药典》还修订了中药制剂质量标准技术要求：①中药材的药用部位一旦确定，不应随意改变；②制剂工艺成熟后再制定质量标准；③重视“炮制”对原料药材和药物制剂的影响，炮制的过程必须严格掌握火力、温度、时间和程度等，任何一种炮制方法若掌握不当，都可能造成药材有效成分的流失或改变；④鉴别、检查与含量测定的方法应根据药材成分、提取工艺而定，制定质量标准应以准确检测药物有效成分、控制产品质量为目标；⑤正确撰写说明；⑥建立有效的方法测定中药中的物质群；⑦采用加速试验和长期试验，考察中药及其制剂的稳定性。

各部药典均由凡例、正文、附录及索引构成。根据中药、化学药、生物制品的特点和实际情况，采取扩大收载和更新淘汰并举的措施，积极开展药品标准检验方法的研究工作，力争使本版药典从收载品种到标准水平等方面全面提高。另外，还坚持“使用安全、疗效可靠、临床需要、工艺合理、标准完善、质量可控”的品种收载原则，努力保持《中国药典》的科学性、严肃性和先进性，使我国药典成为在亚洲地区乃至国际上有影响的药典之一。

下面我们将对各个国家的药典作一简单的介绍。

（一）中国药典

《中国药典》的特色之一即在于它继承发扬了传统医药学的成果，并实现了中西医药学的结合。药典的内容一般分为凡例、正文、附录和索引四部分。

1. 凡例（General Notice）。

它是解释和使用《中国药典》正确进行质量检定的基本原则，并把正文、附录及与质量检定有关的共性问题加以规定，避免在全书中重复说明。凡例中有关规定同样具有法定约束力。分类项目有：

名称与编排：中文药名按《中国药品通用名称》命名；英文名称一般采用国际非专利药品（INN）。

检验方法和限度：药典收载的原料和制剂，均应按规定的方法进行检验；如采用他法，试验结果必须与药典规定的方法一致，各品种纯度和限度数值，均包括上限和下限及其中间数值。

标准品：对照品：是指用于鉴别、检查、含量测定的标准物质。

计量：滴定液浓度；试液浓度；温度；百分比用%符号表示；液体的滴数；溶液稀释标记。

精确度：称量或量取的量之精确度可根据有效数字位数来确定。

2. 正文（Monographys）。

是药典的主要内容，为所收载药品或制剂的质量标准。

内容包括：名称，性状，物化常数，鉴别，检查和含量测定等。

3. 附录（Appendix）。

包括制剂通则，通用检测方法和指导原则。附录记载了制剂通则，生物制品通则，一般杂质检查方法，一般鉴别试验，有关物理常数测定法，试剂配制法及光谱法、色谱法等内容。

4. 索引（Index）。

中文索引（汉语拼音索引）和英文名称索引。

（二）国外药典

进出口药品检验，仿制国外药品检验，赶超国际水平时，可供参考的国外药典有：

1. 美国药典与美国国家处方集。

美国药典The United States Pharmacopoeia，缩写USP， 如2004年为27版，即USP（27）；

美国国家处方集 The National Formulary，缩写NF，如2004年为22 版，即NF（22）；

美国药典第24版（USP24）由美国药典会于1999年出版，2000年1月1日开始生效，同书发行的还有国家处方集第19版（简称NF19），因此该书全称USP24－NF19。两书合并出版主要是减少篇幅的重复，两者的凡例、附录及试剂、试液等内容均通用。USP主要收载药物及制剂，而NF主要收载用于制剂的赋形剂，植物药多数以食品添加剂收载于NF。

USP（25）－NF（20）系2002年亚洲版，为亚洲版专版药典首版。

2002年起每年一版，二者合并为一册，缩写为 USP（27）－NF（22）。

2. 英国药典。

英国药典 British Pharmacopoeia，缩写BP，2003年版即BP（2003）。

英国药典收载草药，由英国草药协会编著的1996年版《英国草药典》收载草药169种。

3. 日本药局方。

日本药局方缩写JP，第14 版，即JP（14）2001年。

4. 欧洲药典。

欧洲药典European Pharmacopoeia，缩写Ph.Eup，第五版欧洲药典主册5.0，增补版5.1和5.2在2005年出版。欧洲药典对其成员国，与本国药典具有同样约束力，并且互为补充。

欧洲药典收载草药药材约60种，收载植物提取物、植物油、芳香油等23种。另外，《ESCOP植物治疗专集》共5卷，收载草药50种。

5. 国际药典。

国际药典The International Pharmacopoeia，缩写Ph.Int，目前为第五版，由世界卫生组织（WHO）颁布。

第二节 中成药标准发展历程

上节我们对涉及中药标准的几个常见术语进行了解释，从中成药谈到技术标准，又从中药标准谈到药典。随着社会的进步和科学水平的发展，药学工作者王在研究探讨一个更加科学、系统、可操作性强、能真正反映中药内在质量的评价方法。在对中成药标准进行研究之前，我们应该先了解中成药质量标准的发展历程，以及各个时期中成药存在的问题，才能够清楚从何处入手对中成药的质量标准进行诊断与提高。下面我们先简述一下中成药质量标准的发展历程。

我国中药质量标准从无到有，从宏观至微观，经历了漫长的发展历程。自唐朝（公元659年）即组织编纂了《新修本草》，其收载传统中药800余种，成为我国乃至世界上最早的一部药品标准法典。

建国前，国民党政府组织编纂了第一本现代药典，即《中华药典》。遗憾的是由于当时我国制药工业基础很差，该药典的编纂未能反映我国医药工业情况，基本为美国药典等西方发达国家标准的翻版。

新中国成立以后，党和政府十分关心广大人民群众的用药安全有效。为保证并规范药品质量，建国伊始，政府即组织国内知名专家编纂《中华人民共和国药典》。经过我国药品标准工作者几十年的不懈努力，先后编纂完成了《中华人民共和国药典》1953年版、1963年版、1977年版、1985年版、1990年版、1995年版、2000年版、2005年版；颁布了卫生部药品标准1963年版、《中药成方制剂》1～20册、《中药保护分册》、《藏药分册》、《维药分册》、《蒙药分册》、《新药转正标准》1～15册、《新药转正标准》二部1～6册、《生化药分册》、《抗生素分册》。国家食品药品监督管理局也颁布过各种标准，如《新药转正标准》16～26册、《化学药品地方标准上升国家标准》1～10册。这些标准的建立，为保证人民用药安全有效，推动我国医药产品质量水平的提高起到了积极的促进作用。而对中成药的标准也由1985年以前的地方标准为主到目前对所有上市药品均有国家标准，至2003年，中药标准已达8000余种。

客观上说，中药标准的提高有赖于中成药生产的标准化，其工作总体上来说起步较晚，如GAP 于2002年6月1日起由SFDA颁布实行，将从源头上保证中药的质量。GAP严格规定了中药种植、采收、包装、运输等环节的质量要求，对农药残留量和重金属含量制定了严格的标准，对不同中药材的种植规模、生长期作出了严格限制，还规定中药材产地应符合国家生态标准。中药生产环节的质量监管是整个中药监管体系的源头，我国将逐步要求中药生产企业使用按照GAP要求生产的质量稳定的原料药材，把中药材生产视为中药饮片、中成药生产的“第一车间”，从根本上保证用质量稳定、均一的药材生产出质量稳定、均一的中成药。在中药的炮制和提取上，目前仅完成70余种中成药饮片炮制标准，中药材的提取工艺也很不规范，仅有个别企业提出了提取规范，中成药产品质量还无法控制。在中成药药理、药效及毒理等的评价上，国内GCP、GLP等标准规范的制定实施时间不长。我国的各项试验数据还得不到国际社会认可，这大大增加了我国企业在国外申请中成药注册的难度。

下面，我们从地方标准—国家标准—“行动计划”来探索中成药质量标准的发展历程。

一、地方标准沿革——透视中成药标准管理体制

从我国地方标准的沿革可以透视国家中药质量标准管理体制的变化，即从法规、法律上承认地方标准，通过再评价逐渐过渡到国家标准，到最后以《药品管理法》（修订）的形式明确取消地方药品标准，可更清楚地了解具有中国特色的中药质量标准的发展历程。

地方药品标准的法律地位首次以法规的形式予以明确规定是在1978年改革开放刚刚开始的时候。1978年7月30日，国务院颁布《药政管理条例》（试行）（国发[1978]154号），该《条例》第十九条规定：“药品标准是国家对药品质量规格和检验方法所作的技术规定，必须遵照执行。”药品标准分为三类：第一类：国家标准，即中华人民共和国药典；第二类：卫生部颁发的药品标准（简称部颁标准）；第三类：地方标准，即各省、市、自治区卫生局审批的药品标准。地方药品标准首次以法规的形式予以明确规定，与中国药典、部颁标准一样作为药品生产、经营、使用、检验和药品监督管理部门共同遵循的法定依据。

1980年9月10日，卫生部颁布《药品标准工作管理办法》，该《办法》对中国药典、部颁标准、地方药品标准各自应收载的药品范围作了具体的划分。之后，各省级卫生厅（局）相继发布地方药品标准。

1984年9月20日，全国人大常委会六届七次会议通过的1985年7月1日实施的《中华人民共和国药品管理法》（以下简称《药品管理法》）第二十三条规定：“药品必须符合国家标准和省、自治区、直辖市药品标准。”地方药品标准又由国家以法律的形式确定其法律地位。

1986年，卫生部开始进行地方药品标准的再评价工作，对中西药地方药品标准分期分批地开展整顿，拟逐步形成以国家药品标准为主体的药品标准。整顿的主要原因是各省之间制定的地方药品标准的技术规定差距较大，地方药品标准过多过滥。整顿的内容主要为同方异名、同名异方、药品组方不合理、药品疗效不确切等问题。

1994年8月17日，卫生部发布《关于中成药整顿工作有关问题的通知》[卫药发（1994）第30号]，该《通知》第二条规定：“根据我部卫药字（90）第7号文件精神，全面推行中成药国家标准，加速省（区、市）标准逐步过渡到国家药品标准的进程，争取1995年上半年完成中成药整顿全部品种的医学审查工作，1996年完成药学审查和部颁标准的颁布工作。”

1995年10月6日，卫生部发布《关于中成药国家标准问题的通知》[卫药发（1995）第69号]，该《通知》第1条规定：“根据卫药发（1994）第30号文‘1996年完成药学审查和部颁标准的颁布工作’和卫药字（90）第7号文‘对治疗性中成药在1996年以后将全部实行国家药品标准的做法’的要求，请各地和药典会加快部颁标准的起草和审核工作，以使中成药品种由地方标准过渡到国家标准顺利进行。”第3条规定：“凡国家已颁布的中药品种质量标准，任何单位和个人必须坚决执行，同时原质量标准废止。如发现不按国标生产，或在流通和使用时发现与国标不符的药品，一律按《药品管理法》有关规定以劣药论处。”

2001年2月16日，SDA发布《关于强化中成药国家标准管理工作的通知》（国药监注[2001]83号），该《通知》就解决中成药地方标准的基本原则、方法和要求作了具体规定，并规定从

2003年1月1日起，地方药品标准品种不得在市场上流通。2001年2月28日，全国人大常委会九届二十次会议通过的2001年12月1日实施的《药品管理法》（修订）第三十二条规定："药品必须符合国家标准"，"国务院药品监督管理部门颁布的《中华人民共和国药典》和药品标准为国家药品标准"，明确地取消了地方药品标准。

二、统一国家标准——地标升国标

1985年《药品管理法》实施以前，我国药品标准由国家和地方两种标准组成，其中地方药品标准占标准总数的90%以上。

1984年《药品管理法》实施以来，针对中成药品种中存在处方不合理，疗效不确切等问题，国家为了加强中成药管理，促进中成药生产，提高质量，以保证人民用药安全有效，于1986年由全国各省、自治区、直辖市卫生厅（局），对当地的中药成方制剂进行全面调查，初步统计共约8000种，其中近2000种为同名异方，同方异名品种。经医学和药学审查，对其中符合部颁标准条件的品种，整理汇编为《中华人民共和国卫生部药品标准》"中药成方制剂"分20册，共4052种，其中3736种已颁布施行。在汇编过程中，做了大量试验研究，许多品种在原地方标准基础上增订显微鉴别、薄层鉴别及含量测定等项目，使其标准更加完善、可控。在1～19册收载的3736个品种中，标准中建立量化指标项目的占11%。

经过多年整顿，我国虽然已于1996年基本解决中成药地方标准混乱问题，但仍遗留具有生产批准文号的中成药地方标准品种5007个，单品种质量标准数2454个，涉及生产企业1370家。为了适应新修订《药品管理法》的要求，国家局加大了对药品地方标准整顿的力度，利用较短的时间，对疗效确切、副作用小、临床应用较广泛的地方药品标准进行了整顿提高。其过程分为三个阶段：

第一阶段：开展中成药品种整顿，使地方标准上升为国家标准。SFDA已经动员和组织中医药专家进行系统的清理整顿及医审和药审评议，实行一药一名一方，由SFDA逐批颁布实施，使疗效确切、安全有效、质量标准较高的品种由地方标准上升为国家标准，撤销地方药品标准药。

第二阶段：加强新药审批管理，促使中成药标准管理实现科学化、规范化。一方面是向国际靠拢，采用国际先进标准。另一方面是坚持中医药特色，使中成药标准影响国际，逐步形成国际公认的传统药标准样板。SFDA从管理上对标准的研制和制定提出一系列的政策规定和技术要求，并组织撰写有关技术指南。在中成药新药审批办法及有关文件中系统规定中成药标准研制的项目内容和资料要求；明确标准检测项目必须是以方法成熟、灵敏度高、准确性大、重复性好、专属性强的确定原则；对同一品种，若标准不同，则采用方法先进、水平较高、择优的原则，以充分调动新药研制单位的科研力量，激励其科研积极性，重视标准的研究工作，使新药标准更上一层楼。

第三阶段：加强对中成药标准的监督管理。随着我国经济的迅速发展，中成药管理改变其固有的习惯和个性，走上有法可依、有章可循的中央统一管理，是中医药发展史上的一大改革。中成药的国家药典品种和经过整顿的部颁品种及新药审批的品种均是国家药品标准。为了坚决维护和保持国家药品标准的权威性及其实施的严肃性和统一性，SFDA对中成药国家标准管理进行多层次通知，提出要求，作出一系列规定，使得任何个人和单位都必须按国家药品标准进行生产、经营和使用中成药。

国家药品监管局专门成立了解决中成药地方标准办公室，在药品注册司的直接领导下，进行了深入的调查研究，形成了全新的工作思路和工作方法。

第一，建立国家中成药的医学分类体系和国家中成药标准数据库，建立中成药医学审评系统。审评地标品种时，把地标品种的情况与已有的相应国家标准进行对比，将充分数据和信息提供给审评专家。这一措施大大提高了审评速度和准确度。这一方法是以前中成药整顿、新药审评、中药保健品整顿从未使用过的，对确保按时、高标准、高质量完成解决中成药地方标准问题起到了关键作用。

第二，建立多厂家生产同一品种的质量标准提高协调制度。真正做到提高效率、节约资源、减轻企业负担，保证生产同一品种的工艺、标准的技术水平和一致性，遏制药品研究资源不足与研究资源浪费并存的现象。

第三，提高后的质量标准实行交叉复核制度。即本省企业起草的标准由其他省级药品检验所进行复核，保证质量标准的科学性、可行性。

截至2003年底，国家食品药品监督管理局已完成了2268个中成药和444个民族药地方标准的审评，涉及的地方品种分别为4203个和490个，拟撤销777个品种标准。

经过1年多的艰苦工作，解决中成药地方标准工作已按规定时限胜利结束。从2002年12月1日起，按地方标准生产中成药成为历史。

此次整顿共受理各省、自治区、直辖市上报中成药地方标准品种5915个批准文号，颁发新的药品标准1518个，核发批准文号3020个。整顿工作结束后，已纳入国家标准的原地方标准药品可以流通和使用至2003年6月30日；没有纳入国家标准的地方标准药品立即停止生产、销售和使用；从2003年7月1日开始全面停止地方标准药品的流通和使用。

通过一系列工作，至2002年11月底已经颁布了《国家中成药标准汇编》中成药地方标准上升国家标准共13册（含索引1册），实现了国家药品标准的统一。

三、规范后再提高——中成药提高国家药品标准行动计划

科技部公布的我国中药产业发展六大战略中第二战略是“以标准为重点，提高中药产品质量”，决定加快建立符合中药特点的、科学的、国际公认的现代中药标准。

通过整顿规范后的中成药国家标准仍然存在很多问题，这是因为中药质量标准的制定和发展有其社会基础和客观条件。中成药工业是在前店后厂、手工操作的基础上发展起来的，多年来由于技术手段有限，资金不能保障，其技术含量偏低。囿于历史原因，采取集中上升为国家标准，难以控制其质量；中药材为构成中成药之组分，《中国药典》、局颁标准所载品种有限，多数为地方药品标准；虽然自20世纪80年代以来，新研制的中药新药业已增多，但是限于当时之技术水平，其质控方法亦须改进与提高；民族药质量标准同样有待整理提高。

可见，我国已经制定并统一了的国家药品标准已滞后于药品生产现状和药品检验工作发展的实际，一些药品标准已不足以控制药品的质量，难以保证人民用药安全有效，也给一些假冒伪劣药品扰乱市场、危害百姓生命健康以可乘之机。今后，随着医药产业和药品检验技术水平

的发展，我国应当尽早启动国家药品标准的提高工作，特别是对早期制定的国家药品标准加以提高，切实加强国家标准对药品质量的控制，保证人民用药的安全有效，以体现国家药品标准的法律效力。

为了加强药品的监督管理，彻底扭转目前部分国家药品标准严重滞后于药品生产质量控制技术的现状，提高国产药品的质量，确保其安全有效和质量可控，国家食品药品监督管理局于2004年制定并启动了“提高国家药品标准行动计划”，计划用3～5年时间，对现有的药品质量标准明显不科学、不合理、水平低、可控性差的品种进行规范和提高，由国家药典委员会负责此项任务的组织和实施。

药品标准的规范和提高是一项系统工程，是一个需要相对稳定并逐步优化的过程。为此，国家食品药品监督管理局在计划启动初始就确定了“科学、实用、规范”的原则，以实现标准提高的可控性和先进性，并从实事求是的角度出发，要求参与此计划的机构、单位充分考虑国家药品标准研究、制定、修订、监督检验及监管的成本核算问题。

自2005年开始，国家药典委员会就开始着重对中药部分全面开展标准提高工作，将《原部颁标准》1～20册、《新药转正标准》1～23册收载的品种作为标准提高行动计划的基本品种范围，共计3991个品种（不含少数民族药）。

国家药典会承担此任务后，按照国家食品药品监督管理局的部署和要求，在最大限度利用现有信息资源和技术资源的基础上，各项工作从规范着手，做到品种负责人技术规范、制成的基本信息表规范、专家组审议结论规范，确保标准提高“一目了然、一清二楚、一针见血、一步到位”。具体安排了以下四项工作，最后形成“增修订项目任务表”下发至各起草药检所。

（一）建立品种档案。品种负责人要进行系统的资料整理、文献检索和建立档案工作，并将所有品种的相关标准整理建档，包括原国家标准（部颁或新药）、中药保护时提高的标准、仿制药提高的标准、增加规格提高的标准、地标升国标时提高的标准，以及日常修订、更正文件的相关技术信息等。

（二）进行内部审议。二作小组在整理品种档案的基础上，要加强内部审议工作，负责相关品种的初审和问题归纳，并提出拟修订建议。对每一个拟修订提高标准的品种，要按要求规范填写“国家药品标准提高行动计划中成药品种基本信息表”，内容包括药品名称、原起草单位、处方、制法、原有检测项目、可参考资料、生产企业、主要问题、修订建议、建议承担起草任务单位等，为专家会议的顺利进行打下基础。

（三）专家审议。国家药典委员会在2005年5月和6月分别召开了专家会议，集中审议对应品种，每组4～5名专家，主要由熟悉标准研究起草、检验、植化、工艺等工作的现任药典委员及相关专家组成。第一次会议讨论了1500多个品种，第二次会议讨论了2500多个品种，专家组在集体审议的基础上提出了每个品种应该增修订的内容。

（四）征求意见。为掌握实际情况，国家药典委员会将原起草品种目录提供给各原起草单位征求意见。各单位则对原起草品种进行认真的核对及调查摸底，提出拟承担的品种任务，并将其品种标准的研究进展情况、本省企业生产该品种情况以及是否继续承担该品种起草任务，或对非原起草品种但所在地的企业有生产技术优势、具备承担起草任务的可行性等意见，一并反馈给国家药典委员会。

2005年10月27日至28日，国家药典委员会在北京组织召开了“提高国家药品标准行动计划项目任务落实会”。其中，本次会议落实的3578个品种，前期已安排复核或已完成任务的有180个品种，绝大部分品种由本次会议落实分配任务。还有一小部分品种由于政策、技术等问题还有待研究，待调整到位后再分配任务。

会上共有36个药检所承担标准起草任务，38个药检所参与并承担复核任务。各药检所都在积极开展相关工作，而且许多药检所深入企业进行调研，召开相关会议进行动员，促使企业真正重视、关心、支持此项工作。有些药检所还以此锻炼队伍、提高工作水平，引导企业积极投入到提高产品标准的实际工作中来。对于复核工作，国家药典委员会主要考虑三点原则：就近的原则；科研力量互补的原则；起草与复核工作量适当均衡的原则。会上，广东省药检机构还不负众望、勇挑重担，主动承担了合计509个品种的标准提高修订工作，占本次分配任务的14.22%，排在全国第一位，其中省所304个，广州市所176个，深圳市所29个。

国家药典会还要求本项工作于2007年10月30日之前完成，国家食品药品监管局还同时强调，“标准提高工作的主体是生产企业”。

SFDA在这次“提高国家药品标准行动计划”实施之前已经做了大量的工作，具备了较完备的工作基础：

——在标准执行过程中，国家食品药品监管局已批准200多个品种的标准提高和完善工作。

——有近600个中药保护品种进行了标准提高修订工作，其中150种已作为《中国药典》（2005年版）一部品种落实起草任务。

——经药典委员审核有200多个品种提高后的标准，可以安排补充资料和实验复核工作。

其余品种的标准也报送药典委员会；有一些标准在已有国家药品标准申请时进行了标准提高和修订工作，已经得到国家食品药品监管局的批准；在近期完成的地方标准升国家标准过程中，亦有425个品种进行了标准完善和提高工作，药典委员会可以借鉴。

——在中药注射剂指纹图谱制定工作中，有74个注射剂品种已落实了标准提高工作。

同时，国家食品药品监管局在“提高国家药品标准行动计划”中做了周密的部署，并列举了要做的工作程序：

——对上述已完成提高标准的品种尽快召开专家评审会议，确定可交付药品检验所实验复核的品种名单，力争2004年完成600个品种（3册）的标准提高工作。

——对上述600个品种以外的品种由各原标准起草的药品检验所清理分类，按已提高品种、需补充完善的品种、待提高品种以及不再进行起草工作的品种等四类报药典委员会，并提出拟提高的具体内容（如增加TLC、含量测定等）。

——根据各药品检验所报药典委员会的四类品种情况，对已提高标准需补充工作的品种和16～20册《部颁标准》相对完善的品种，尽快安排相关企业和药检所承担标准的补充、完善和提高工作，在2004年完成600个品种（3册）的工作。

——对其余品种（2800个）以原起草标准的药检所所在地的相关企业为主要起草单位，按照统一的技术要求做好标准提高修订工作，由原起草标准的药检所进行实验室复核后报药典委员会。药典委员会将统筹安排药品检验所的交叉复核工作，在2008年完成全部剩余工作。

——74个中药注射剂与指纹图谱工作同步进行，不再另行安排工作。

——中药、化学药品复方的品种和植物提取物制剂应与西药地方标准升国家标准中的中药、化学药复方品种和植物提取物制剂统一考虑，清理中药、化学药品国家标准中的重复收载和标准不一致的情况，建议此部分品种由中药、化学药品的医学、药学专家共同审评，并单独成册。

——对多厂家生产品种的标准提高要召集相关省级食品药品监督管理部门、省药品检验所及相关企业的协调会，签订协议，费用共同承担，由一个企业完成统一标准提高工作后，药典委员会指定药检所复核。独家生产品种的标准提高后由药典委员会直接安排药品检验所复核。

——医学审查与药学审查同步进行。首先审查2004年待出版的600个品种，其余品种也要尽快完成审评，以配合完成药学方面标准提高工作的进展。

——凡以往在标准执行中，在安全性方面已明确发现问题的品种，建议安排再评价；凡因无生产企业、无样品不能提高标准的品种将不收载于国家标准中。

第三节 标准示范研究的意义

本书作为广州市科技局项目“广州市名优中成药质量标准提高示范性研究（项目编号：2006Z3-E5181）”和广东省软科学研究项目“广东省中药技术标准战略研究（项目编号：2007B070900076）”的研究成果，紧扣标准提高主题，通过对中成药标准进行研究，在理论上、现实上和前瞻性上具有一定的意义。通过对若干标准进行示范研究，总结出一些规律性的共性，培养了骨干，对实施中药技术标准战略，促进广东省医药经济的发展意义重大。具体表现如下：

一、理论意义

（一）首次提出中成药标准诊断要略

在本研究中，通过查阅大量国内外中成药、植物药方面的文献资料，归纳出目前中成药的大致发展趋势，也了解到目前中成药还存在的诸多问题，提出了对中成药标准的诊断原则和诊断要领，并结合具体例子详细讲解了如何运用诊断原则对中成药标准进行全面快速诊断。

（二）完整建立中成药标准提高策略

通过三个品种标准提高的精心研究，结合国家药典委对中成药国家标准的要求，建立了中成药提高标准指导原则，并且详细介绍了制定背景和详细地对原则进行了解读，编写了技术要求，介绍了三个标准提高例子，为下一步全面推开工作打下基础。

（三）推进并实施中药技术标准战略

通过标准研究，初步构建了标准提高理论，这也是中药技术标准战略的核心内容。还以大量的非中药技术标准的例子阐释了如何促进专利融入标准，如何对核心技术及知识产权进行保护，如何应对技术标准壁垒，从更广意义上加深了对中成药标准的理解，从而推进实施中药技术标准战略。

二、现实意义

为全面提高中成药质量控制水平，作为国家标准提高行动计划，这一专项技术工作在启动之初进行了如本项目的示范性研究，为这项浩大工程的顺利进行铺开了道路。通过对中成药标准进行研究，一方面为广州市乃至广东省的中成药国家标准提高计划提供示范研究，为广州市医药企业培养优秀的技术人才。另一方面，本研究从一开始就把技术推广和人才培养放在很重要的位置，在研究工作开始时共培训了6个广东省内市级药检所的中药室主任，让他们掌握技术操作要领，使他们能够熟悉中成药标准诊断和制定要求。他们在面对广东省所负担的艰巨任务，在以后中成药质量标准提高工作中发挥了很大的作用，从而促进了中成药提高标准行动计划的全面推展。

本研究的完成将使广州市中成药质量标准到达国内领先水平，为广东省建设中医药强省迈出坚实一步，并与国际接轨，为本地区中成药产品早日跻身国内外市场奠定基础，具有一定的现实意义。

三、前瞻意义

（一）探索若干新技术在标准中应用

探索若干新技术如中药指纹图谱、快速液相色谱、红外光谱、生物色谱技术等在中成药标准中的应用，以技术创新推进标准发展。

（二）创新中成药具有特色标准模式

首次提出中成药“具有特色标准模式”，为解决中成药在继承传统性的基础上实现中药现代化问题做了有益的探索，即提出中成药标准制定采用“复方研究、指纹图谱、通则检测”模式。

（三）创新中成药标准管理若干思考

通过本示范性研究，提出对管理好目前庞大中药标准的一些探索性建议，如中成药可按安全性分类、实施中成药上市后再评价、强化标识管理以弥补标准不足。还从中成药标准提高角度探索了中药技术标准发展战略的一些问题，提出了《广东省中药技术标准战略实施概要》（初稿），为政府如何从标准提高和标准发展推动中药产业发展提了一些建设性建议。

【本章参考文献】

第一节：

[1] 宋华琳. 中国药品标准法律制度的发展与完善. 中国处方药，2008（7）：49～51.

第二章

中成药标准发展趋势

众所周知，随着科学的发展、技术的进步，中成药从传统的膏丹丸散发展到如今形成几十个剂型，与西药并驾齐驱的欣欣向荣景象。随之而来的中成药标准也从原来的性状、显微和制剂通则，发展到如今采用HPLC对指标成分进行含量测定成为常规的检测方法，从注重产品品质质量发展到更注重产品的安全质量。为适应现代制剂要求，处方设计上从传统的大处方向简单化的有效部位发展，制备方式上从传统的合煎向现代的提取物投料发展，制备工艺也更多地采用现代的工艺技术和新型设备。

我们知道，质量控制水平的提高是推动产业发展的基础，而产业的发展为标准水平的提高创造了条件。

第一节　检测技术发展趋势

中药的种类繁多，所含的化学成分十分复杂，其质量受到产地、气候、采收、加工、储藏等一系列因素的影响。如何控制中药质量，是实现中药现代化的关键点之一，也是多年来中药领域研究的热点。

中药质量检测的主要对象是中药中的有效成分、活性成分、指标性化学成分及毒性成分。根据这些成分的物理化学性质，对其进行定性鉴别、检查和含量测定，以保证中药的安全、有效。随着时代的进步，科学技术发展日新月异，中药质量检测技术也迅速发展。新中国成立后，中国政府颁布了八版药典，收载的内容及品种逐渐增多，对每个品种的质量检测也不断完善。我们可以从《中国药典》的发展看出中药质量标准和检测手段的发展趋势，其进程大致可分为下列三个阶段：

第一阶段：1953年版和1963年版。1953年版中药质量标准基本参考国外药典标准制定，品种也只收载了几十种国际通用生药，无专属性鉴别，缺定量指标。1963年版分为两部，一部为中药，突出了中药质量标准地位；另一部除收载的品种大大增加外，为体现中药特色，增收了炮制、性味、功能与主治、用法与用量等项，并增加了鉴别项。但是受当时科技发展水平的限制，仍处于只能靠外观形态的经验鉴别阶段。那时候的中成药基本都是传统的丸剂和散剂，都以中药饮片粉末为制剂的主要原料，而且生产规模小，所以靠中药材的地道性和丰富经验，基本可保证中药质量。

第二阶段：1977年版。1977年版中药质量标准中大量收载了显微鉴别项目，尤其是粉末显微鉴别，在制剂中初步解决了难辨丸、散、膏、丹的问题。当时正是“文革”大搞中草药时期，所以药典收载了很多研究不是很成熟的中草药。

第三阶段：1985年版至2005年版。这一阶段，由于中药从制剂工艺到生产方式都发生了很大的变化，片剂、胶囊剂、气雾剂等现代剂型已逐渐上升为主流剂型，制剂主要材料也由提取物代替了原料药，中药生产迅速发展的同时，中药质量标准也迅速提高。从1985年版开始，薄层色谱法正式用于药典中药质量的控制，结束了中药无专属性鉴别的历史；1990年版中药TLC增设了对照药材，通过对照药材完整的色谱图像与供试品色谱比较得出鉴别结论；自1990年版开始，首次引用现代仪器检测方法测定含量，如高效液相色谱法、气相色谱法、薄层扫描法等。2005年版药典在采用现代仪器进行含量测定方面：药材及饮片551个品种中，有281个建立了含量测定，其中采用HPLC等仪器分析方法的为217个，占总数的77%；植物油脂和提取物31个品种中，有22个建立了含量测定，采用HPLC等仪器分析方法的为17个，亦占总数的77%；成方制剂及单味制剂564个品种中，有438个建立了含量测定，采用HPLC等仪器分析方法的为412个，占总数的94%。

我们将2000年版与2005年版药典品种含量测定方法统计比较（见表2–1–1），可以看出应用

HPLC和GC对中药进行测定的品种数增加很多，而由于精密度和重现性的原因应用TLCS逐渐减少。

表2-1-1 2000年版与2005年版药典品种含量测定方法比较

药典版别（一部）	HPLC	GC	TLCS	合计
2000年版	105	11	60	176
2005年版	479	47	45	571

一、性状鉴别

性状鉴别是运用眼看、手摸、鼻闻、口尝、水试及火试等直观的方法，对中药的性状，包括性状、大小、色泽、表面、质地、断面、气味等特征进行鉴别的方法。性状鉴别是最原始的中药检测手段，该方法的主观性强，主要借助个人的经验，因此科学性不足。1963年颁布的中国药典由于条件的限制，对收载品种设定的鉴别项就是通过外观形态的经验鉴别。

二、显微鉴别

显微鉴别通常适用于性状鉴别不易识别的中药、性状相似不易区别的多来源中药、破碎的中药、粉末中药以及重要粉末制成的中成药的鉴别。显微鉴别主要包括组织鉴别和粉末鉴别。组织鉴别时通过观察药材及饮片的切片或磨片鉴定其组织构造特征；粉末鉴别是通过观察药材及音频的粉末制片或解离片鉴定其组织、细胞及内含物的特征。显微鉴别在1977年药典中成了主要的鉴别手段。

三、色谱检测

（一）薄层色谱

薄层色谱法（Thin Layer Chromatography， TLC）系将供试品溶液点于薄层板上，在展开容器内用展开剂展开，使供试品所含成分分离，所得色谱图与适宜的对照物按同法所得的色谱图对比，并可用薄层扫描仪进行扫描，用于中药的鉴别、检查或含量测定。从1985年版开始，薄层色谱法正式用于药典中药质量的控制，结束了中药无专属性鉴别的历史，此后薄层色谱检测技术迅速发展，成为了中药鉴别中最为常用的方法。

（二）薄层扫描

薄层扫描法（Thin Layer Chromatography Scanning， TLCS）是指用一定波长的光照射在薄层板上，对薄层色谱中可吸收紫外光或可见光的斑点，或经激发后能发射出荧光的斑点进行扫描，将扫描得到的图谱及积分数据用于鉴别、检查，或含量测定。

随着色谱技术的发展、色谱质量的提高，药典收载的薄层色谱法已大大增加。目前用HPLC、GC较难分析的、无挥发性、无紫外吸收的成分，可利用薄层色谱进行定性、薄层扫描法进行定量分析。

（三）气相色谱

气相色谱法（Gas Chromatography，GC）是以气体为流动相的柱色谱法。气相色谱是根据气化后的试样被载气带入色谱柱，由于各组分在两相间作用不同，在色谱柱中移动有快慢，经一定柱长后得到分离，依次被载气带入检测器，将各组分浓度或质量变化转换成电信号变化并记录成色谱图，利用色谱峰保留值进行定性分析，利用峰面积或峰高进行定量分析。气相色谱按用途可分为分析型色谱和制备型色谱。气相色谱的出现使色谱技术从最初的定性分离手段进一步演化为具有分离功能的定量测定手段，并且极大地刺激了色谱技术和理论的发展。气相色谱法用来分离分析物质显示出高选择性、高灵敏度、高分离效能、快速和应用范围广等特点。气相色谱法与其他分析方法比较，突出的优点在于既能对混合物进行分离，又可对各被分离组分进行定性和定量分析。

气相色谱法广泛用于石油、化工、有机合成、环境保护、食品分析、农药分析、临床化学、药物分析和纯物质制备等领域。在中药质量检测中成为对挥发性成分检查和含量测定的重要技术方法。

（四）高效液相色谱

高效液相色谱法（High Performance Liquid Chromatography，HPLC）是一种非常有效并普遍应用的中药分析方法，具有分离效率高、分析速度快等特点。20世纪60年代后期，将已发展成熟的气相色谱理论与技术应用于液相色谱，使液相得到了迅速发展。1971年科克兰等人出版了《液相色谱的现代实践》一书，标志着HPLC法正式建立。在此后的时间里，高效液相色谱成为最为常用的分离和检测手段，在有机化学、生物化学、医学、药物开发与检测、化工、食品科学、环境监测、商检和法检等方面都有广泛的应用。高效液相色谱同时还极大地刺激了固定相材料、检测技术、数据处理技术以及色谱理论的发展。

与GC相比，HPLC能分析那些GC难以分析的物质，如挥发性差，极性强，具有生物活性，热稳定差的物质。从1985年版中国药典开始收载高效液相色谱法，由最初的7项增加到了1990年版的76项，2005年版已增加至400多项。HPLC已成为中国药典中使用频率最高的一种仪器分析方法。

另外，作为图谱处理技术，中药指纹图谱正在越来越多地应用于中药分析中。

中药指纹图谱（Fingerprints of TCM）是指中药经适当处理后，采用一定的分析手段，得到能够标示该中药及其制剂中的各种组分群体特性的色谱或光谱图。

中药指纹图谱的建立能全面反映中药化学成分的种类与数量，进而反映中药的质量，尤其在现阶段中药的有效成分绝大多数未明确，采用中药指纹图谱的方式，将从宏观上整体把握中药质量，使评价中药质量更加科学化。同时指纹图谱也为国际社会所认可，有利于中药及其产品进入国际市场。

指纹图谱问题将在本书第八章中详细讨论。

四、光谱分析

（一）紫外—可见分光光度法

紫外—可见分光光度法（Ultraviolet-Visible Spectrophotometry，UV）是根据物质分子对紫外—可见光区（200～760nm）的电磁辐射的吸收特性建立起来的一种光谱分析法。它是中药制剂定性鉴别、杂质检查及含量测定的常用方法，具有较高的灵敏度和准确度，检出限度可达10^{-7}g /mL，相对误差通常为1%～5%，设备简单，操作简便，易于掌握和推广。

（二）红外分光光度法

红外光谱技术在第八章中也有详细的讨论。

五、其他新方法与新技术

生命科学，特别是分子生物学技术的快速发展，为中药材、药用植物的品种鉴定和道地性特征的研究，提供了新的方法和手段；计算机科学的发展，使中药分析与质量评价的规范化、自动化成为可能。随着现代技术的应用和日益普及，诸如质谱联用技术、指纹图谱质控技术、ICP-MS、分子生物学技术、色谱一结构技术（总成分提取物的HPLC-^{1}HNMR）等越来越多地应用到中药产品的分析中 6 去，丰富了检测手段，大大地提高了中药的质控水平，作者在《中药现代检验新技术》和《中药现代质量标准研究》（上、下册）中对这些应用都已作了评述。

快速液相色谱、生物色谱技术、加压溶剂提取等探索性新技术将在第八章中详细讨论。

第二节　指标设定发展趋势

从整体上看，由于中药作用机制及有效成分研究的薄弱和滞后，致使目前多数中成药质量标准中的控制成分代表性不强。如何选择鉴别和含量测定指标，以及毒性药材控制指标，我们将在第五章第三节的“研究要求”中给予介绍。

那么，中成药标准控制指标设定有什么发展趋势？下面将进行简单讨论。

中药质量控制指标设定的趋势是由间接控制到直接控制，由单一指标成分到多组分整体分析。从合理性来说，多指标含量测定亟须建立，因为中药成分复杂，作用广泛，每一适应症都有相对应的有效成分，所以单一指标成分的含量测定不能有效地控制中药的质量。如肉苁蓉补肾阳作用的有效成分为苯乙醇苷类成分，润肠通便的成分为多元醇类成分，而法定标准仅测定其毛蕊花糖苷（苯乙醇苷类成分之一）含量，未对多元醇类成分进行控制。

对于中成药，因为目前大部分中成药仅建立一种成分的含量测定，其他未建立含量测定的药味，投料量根本无法控制。因此，建立多指标的有效成分含量测定，特别是建立复方中成药中每味药的含量测定，是确保中药临床疗效和有效进行质量控制的关键。可见，随着科学的进步和技术的发展，中药质量标准在量化指标方面正在由测定指标性成分过渡到测定活性成分，由测定单一成分过渡到测定多种成分。下面按质量控制指标的设定趋势列举若干种含量控制模式：

一、提取物总量控制

对中药材或中药制剂来说，当主要化学物质不清楚，或无法确定主要活性物质时，可采用对粗提物（如水提物，醇提物）量的控制间接反映其质量，常用的有重量法。如：中国药典中川牛膝的质量控制中按水冷浸法测定浸出物不得少于65.0%；当归则为醇溶性浸出物不得少于45.0%。本方法的不足在于无法明确地考察实际有效物质，必须与定性分析方法相配合，否则无法说明所检测的物质是否为想要控制的物质，难以解决真伪问题。

二、主要组分的总量控制

当明确了解药材或制剂中某一类成分是活性组分或主要化学组分时，可考虑对该类组分进行总量控制以反映其质量，如测定总黄酮、总蒽醌、总生物碱、挥发油等，常用的有容量法、分光光度法等，如：中国药典中制川乌的总生物碱含量测定为滴定法，巴豆霜中脂肪油含量控制为重量法，辛夷的挥发油测定为挥发油测定法。适用本法时，应注意所测物质的定性分析，以防止掺伪现象。

三、主要活性成分加标志性成分的控制

当检测的样品中是主要活性成分时，对其进行含量控制能直接并较为有效地反映该产品的质量。有时虽然该样品中的有效物质不明确，但主要化学物质清楚，也可用对主要化学物质的含量控制来反映样品的质量；对于含有贵重中药或毒剧中药的样品，须对其标示性成分或有毒成分进行含量控制，以保障样品的安全有效。

本方法是目前中药质量控制常用的方法，其优点在于指标明确，分析数据精确可靠，不足在于有时不能全面地反映中药综合作用的特点；对于在制剂中有意识掺入标示性成分的情况如在含红曲的降脂中药中掺加他汀类物质，在含黄连类中药的制剂中添加小檗碱等，也较难判断。

四、主要组分总量加主要活性成分或标志性成分的控制

这种质量控制方法是目前较为有效的中药质量控制方法之一，它克服了单纯使用主要组分总量控制或主要活性成分或标志性成分的控制的不足，并较为符合中药多组分综合作用的用药特点。

五、多组分含量加和控制

对于在某一分析方法的条件下能同时进行多组分分析的情况（如使用气相色谱法、高效液相色谱法或高效毛细管电泳法），可通过对多组分含量分别检测，总量加和或面积归一法进行质量控制，如人参皂苷的含量控制；银杏提取物的质量控制为多种黄酮类成分和多种内酯类成分含量加和不得少于24%。本方法应为中药质量指标分析较理想的方法之一，可较为真实地反映中药的内在质量。

总之，中药质量标准的制定要体现中药的特点，其检测方法和检测指标要脱离化学药品单一成分定性定量的模式，要体现复杂体系整体控制的设计思想，以建立符合中医药特点的质量标准体系，逐步由单一指标性成分定性定量向活性、有效成分及生物测定的综合检测过渡，向多成分、组分测定及指纹或特征图谱整体质量控制模式转化。

第三节 安全性控制发展趋势

安全性控制是制定质量标准的主要目的，从中成药对健康的影响及国际上对食品的要求来看，目前对中成药安全性控制的发展趋势大体有下列几方面：毒性成分、重金属和有害元素、农药残留、二氧化硫残留、黄曲霉素、微生物。

一、毒性成分

内服制剂中含有标明剧毒或大毒的药味时，制剂中一般应建立相应毒性成分的限量检查法；对于既是毒性成分又是有效成分的，一般应控制其含量范围。

二、重金属和有害元素

重金属和有害物质既可以是药材本身带来的，又可以是生产过程引入的，无论如何都应该进行控制。要进行控制，必须从污染的来源说起。

（一）污染来源

中成药中重金属元素的来源途径大致分为两种，第一种是由原料药材带入，其来源很复杂，主要与中药材相关的地理环境有关。自然界大环境（包括空气、土壤、水）由于自然原因及人为原因含有重金属元素，从而造成植物类药及动物类药的污染。第二种是中药材在采集、运输及生产过程中的偶然污染，如加工炮制、提取溶媒、工艺设备、接触器皿等。此外某些中成药以治疗为目的，在处方中加入了含重金属的矿物药，如朱砂（HgS）和雄黄（As_4S_4）等，也会形成污染的主要来源。

（二）防止污染

如何从源头上防止污染，解决中药材重金属污染？可采取如下几种方法：

1. 环境测评。

对中药材种植地进行环境评价，避免在环境质量差的地方建立药材生产基地。要建立一整套绿色中药材基地环境质量监测及其评价方法、评价标准和绿色中药材的质量标准。

2. 改造土壤环境。

改造种植地的土壤环境，进行农田整治和水源整治，例如，铅在天然水中以Pb^{+2}状态存在，其含量和活性状态受到碳酸根离子、硫酸根离子、氯离子等含量的影响，镉及其化合物除硫化镉外都可以被水溶出，因此，可利用排水而使其迁移。土壤碱性可使部分重金属成为难溶态，从而不被植物吸收。

3. 推广施用有机肥。

筛选低重金属含量的化学肥料进行以有机物为主的专用复合肥的研究，是降低重金属污染的又一措施。如配制以酒糟、茶枯为主的有机复合肥，既能增产增收，又能有效地降低重金属的含量。对目前生产过程中广泛使用的化肥，须进行重金属测定，选择低重金属的品种使用。

4. 采用先进栽培技术。

用先进的栽培措施，如客土育苗，分段栽培，生长激素调控，加快生长速度等。

5. 选育良种。

选育抗御对重金属吸收的药材株系和变异品种，进行推广。

6. 加强质量控制。

对于中药材中在加工、运输等环节，要严格控制重金属含量，及早监测控制质量。如在三七加工过程中，采用清洗后加工三七比直接加工三七可大幅度降低其重金属含量。

（三）控制方法

对中成药进行防止重金属污染的控制，可根据处方中是否加入重金属元素而采用不同的控制方法。

1. 不含矿物药的中成药。

对于未在处方中加入含重金属的矿物药的中成药，如何在生产中控制重金属元素超标？主要是开展中药材的提取、分离新工艺的研究，以降低提取物中重金属的种类和含量，如采用超声波、膜分离、组合大孔吸附树脂等新工艺技术，以降低中药材中重金属的残留。对于此类产品，应根据每种微量重金属元素的生理活性，结合世界卫生组织规定的周耐摄取量和我国具体国情样品实测数据，综合评价，从而制定出其含量限度控制标准。

2. 含矿物药的中成药。

对于在处方制剂中加入了含重金属的矿物药（如朱砂、雄黄、自然铜、赭石等）的中成药，要通过药理、毒理的研究，阐明中药成方制剂中重金属成分是否有效或有毒或毒性的大小，从而证明其组方的必要性；通过研究搞清制剂重金属存在状态及各种不同存在状态的生物活性，弄清制剂中其他药效成分能否拮抗有毒状态重金属的毒性及能否影响和改变不同存在状态的重金属的生物活性；弄清不同存在状态的重金属与有机成分之间是否发生了化学反应等。通过研究阐明其药效、毒性及药代动力学的作用机制，为指导临床合理应用提供科学依据。根据上述研究成果，研究制定出具有此类药物特性的科学合理的限量控制标准，以保证用药安全。

（四）检测方法

对重金属和有害元素常用原子吸收法和电感耦合等离子体质谱法。

1. 原子吸收法（AAS）。

AAS可分为以下四种：

（1）火焰原子吸收法（FAAS）：操作简便，重现性好，但由于其灵敏度和检测限的限制，一般只适用于中药中残留含量相对较高的元素的测定（一般含量应在百万分之五以上）。适用于Cu的测定。

（2）石墨炉法（GFAAS）：应用最为广泛，其样品用量少，测定灵敏度高，采用适宜的基体改进技术和背景校正技术，可消除大部分杂质的干扰。适用于Pb、Cd、Cu的测定。

（3）氢化物发生法（HGAAS）：将待测元素在酸性介质中还原成沸点低、易受热分解的氢化物，再由载气导入由石英管、加热器等组成的原子吸收池，在吸收池中氢化物被加热分解，并形成基态原子，氢化物法具有比石墨炉法更好的检测限并且受干扰的程度比较低。适用于As的测定。

（4）冷原子发生法（CVAAS）：基于汞的独特性质，专用于汞的测定，其仪器装置与氢化物法基本一致。适用于Hg的测定。

2. 电感耦合等离子体质谱法（ICP-MS）。

可用于绝大多数金属元素分析。检测限低，可同时完成多元素的测定，具有极高的检测效率，是目前痕量元素分析领域中最先进的方法。

（五）控制标准

重金属问题是近年来国外对中药毒性争议的焦点问题之一。按照目前的国际标准，重金属及其他有害元素主要包括铅、镉、汞、铜、砷等。我国目前还没有常用中药中重金属残留量的数据库，也还没有对重金属可能的污染来源进行分析和监控。在《药用植物及制剂进出口绿色行业标准》中对重金属的限量指标为：

重金属及其他有害元素总量应≤20.0mg/kg，铅（Pb）≤5.0mg/kg，镉（Cd）≤0.3mg/kg，汞（Hg）≤0.2mg/kg，铜（Cu）≤20.0mg/kg，砷（As）≤2.0mg/kg。

《中国药典》2005年版新增了采用原子吸收或电感耦合等离子体质谱法（ICP-MS）测定重金属和有害元素（汞、砷、铅、镉、铜）的方法，另外考虑到国内仪器应用情况和实验成本，原子吸收分光光度法同时作为法定方法与电感耦合等离子体质谱法共存，以适用于不同实验室分析条件。原有的砷盐检查法、总重金属检查法等予以保留。具体品种有西洋参、白芍、甘草、丹参、金银花、黄芪等，并且首次规定了上述药材含重金属及其他有害元素的限度：铅（Pb）≤5.0mg/kg，镉（Cd）≤0.3mg/kg，汞（Hg）≤0.2mg/kg，铜（Cu）≤20.0mg/kg，砷（As）≤2.0mg/kg。

随着技术的进步及质量控制要求的提高，相信2010年版药典将会有更多的中药材以及中成药品种制定重金属指标。

三、农药残留

农药曾在一段时间内用于防治生长期中药病虫害，因此也使农药残留成为中药的重要污染源。加强中成药农药残留的检测分析，对提高中药质量及保障人类健康具有重要的意义。

（一）污染来源

从目前中药材生产的实际情况看，造成中药材农药污染的主要途径有几条：

1. 农药品种使用不当。

如大量施用有机氯、有机磷这两类高毒、高残留的农药，有机氯农药中又尤以六六六及DDT残留危害严重。该类农药在人体内具有浓缩、累计及胚胎转移现象，其在土壤中的残留期也较长。如DDT在土壤中的残留期为4～30年，六六六需要3～20年才能降解。有机磷农药如久效磷（monocrotophos）、甲胺磷、甲基1605、呋喃丹等，这些农药都有高毒、高残留和“三致”的副作用。

2. 农药滥用、误用。

大多数中药材产于老、少、边、穷地区，生产零星分散，农民自行管理，自主经营，由于生产者缺乏有关的技术知识，滥用、误用农药的问题严重。如宁夏、内蒙古枸杞生产区常年发生病虫害17种，全部采用化学药剂防治，平均每年喷药20～30次。

3. 药材采收期不当。

一些药材产区，在施用农药后不久（农药的降解期未过，如一些内吸性农药）就开始采收。

（二）防止污染

由于大量人工种植药材中存在农药残留，因此，在中药材生产中应采取措施降低农药的污染，具体方法如下：

1. 使用无公害农药。

尽量使用无公害农药，特别是生物源农药。例如用木霉属真菌防治白术、菊花的白鹃病及人参、西洋参的立枯病；用农用抗生素防治细菌病害，如用农抗120防治人参根疫病、新多氧霉素防治人参黑斑病；用植物源农药，如苦参素、苦皮藤提取物、烟碱防治鳞翅目害虫；用病毒类农药，如棉铃虫核多角体病毒防治危害穿心莲、丹参的棉铃虫；低毒复配农药防治药材害虫，昆虫病原线虫防治枸橘负泥虫、射干钻心虫和细胸金针虫。

2. 综合防治技术。

采用综合防治技术，减少农药的使用量。综合防治是利用物理、农业、生物的防治措施，将各种防治病虫害的技术有机地联系起来，形成一个防治体系，把有害生物的数量控制在经济阈值以下，尽量减少化学农药的施用。如用灯光诱杀危害麦冬、地黄、丹参的蝼蛄、灯蛾、银纹夜蛾，控制虫口基数；冬季结合整地，秋季结合整形修剪，消灭越冬虫口；利用人工养殖释放七星瓢虫的生物防治技术消灭危害菊花、枸橘、白术的菊小长管蚜，危害三七、大黄、人参的桃蚜。

3. 推广抗病抗虫品种。

应用现代生物技术选育推广抗病抗虫的中药材品种。应用分子育种技术选育人参、丹参、山茱萸等的抗病品种等。

4. 相关配套改革与法规。

国家有关管理部门应尽快制定、宣传、推荐低毒低残留的农药种类，如苦参碱、苦楝素、烟碱、必效散、BT浮剂、青虫菌、杀螟杆菌、白僵菌、木霉、井岗霉素、阿奇霉素等。

5. 相关技术操作规程。

如农药剂型及使用方法的改进：通过采用微囊剂、颗粒剂代替粉剂，使用越低容量喷雾、静电喷雾等技术可减少用药量，节省投入，提高药效。

（三）检测方法

在农药残留检测技术方面，国外的技术水平比较高，如英国中央科学实验室（CSL）开发了104种农药残留量同时检测的方法；德国科学研究协会开发了320种农药残留的多残留检测方法；美国FDA农药分析手册（PAM）的多残留方法可检测300多种农药；美国CDFA和荷兰卫生部都有较好的多残留同时检测方法和系统分析方法。这些方法，既可用于定量，又可进行确证。表2-3-1列出世界各国（地区）农残检测情况。

表2-3-2列出《中国药典》2005年版农残检测情况。

（四）控制标准

近年来，农药对中药材的污染日益受到各国政府和公众的关注，我国早在20世纪80年代就禁止使用六六六和DDT，但由于六六六和DDT及氯硝基苯在历史上曾广泛使用，所以目前仍是国内外重点监测的对象。我国从20世纪90年代初开始研究和利用多残留分析方法，并相继推出了一系列国家标准。如国家标准GB/T17331-1998食品中有机磷和氨基甲酸酯类农药多种残留的测定和GB/T17332-1998食品中有机氯和拟除虫菊酯类农药残留的测定等，均可同时测定不同类型中的20多种农药残留。在我们的行业标准中，SN/T0334-95多残留检测方法能同时检测22种农药残留量，秦皇岛技术监督局制定的《农产品中多种拟除虫菊酯残留量检验方法》已成为国际AOAC方法。

表2-3-1　世界各国（地区）农残检测表

来源	农药种类（种）	检测手段
美国药典	47	气相色谱仪（ECD，NPD或FPD）
欧洲药典（草案）	97	通过SANCO/10232/2006确证的方法均可
日本药局方	8	气相色谱仪（双ECD和双FPD）
香港政府化验所	33	气相色谱仪（ECD），质谱确证

表2-3-2　《中国药典》2005年版农残检测简表

方法名称	农药种类（种）	前处理方法	检测手段
有机氯类农药残留量测定	9	超声，磺化	气相色谱仪（ECD）
有机磷类农药残留量测定	12	超声，固相萃取	气相色谱仪（NPD）
拟除虫菊酯类农药残留量测定	3	超声，固相萃取	气相色谱仪（ECD）

2000版《中国药典》首次收载了“有机氯类农药残留测定”，要求对甘草、黄芪进行监控。目前，《中国药典》2005年版在《中国药典》2000年版基础上扩增到对12种有机磷类和3种拟除虫菊酯类农药的监测，更符合现代人追求环保、崇尚自然的理念，但仅对甘草、黄芪制定了有机氯农药残留的限量标准，总BHC、总DDT含量不得过200ng/g，PCNB含量不得过100ng/g。对其他药材特别是中药制剂尚未制定有关限量标准。

四、二氧化硫残留

一些药材生产者为提高中药材的保存期和防止霉变，采用浸硫、熏硫、漂白等不正常的手段加工，导致药材中有二氧化硫残留。经常食用二氧化硫严重超标的药品和食物，容易出现恶心、呕吐等现象。此外可影响钙吸收，促进肌体钙丢失，对人体健康造成不良影响。

中药材用硫黄熏虽是传统加工方法，但现代研究表明，采用硫黄熏会使中药材残留大量的SO_2及As、Hg等重金属及有害元素，《中国药典》2005年版将山药、葛根等加工方法中的硫黄熏删除，即表示中药材以后不允许再用硫黄熏。目前，我国对中药材二氧化硫的限量没有强制要求，但在2005年版增补本中已增加二氧化硫残留量测定法。

五、黄曲霉素

黄曲霉素为分子真菌毒素，是一种剧毒物和强致癌物质，为迄今发现的各种真菌毒素中最稳定的一种。黄曲霉素为有荧光的毒素，在紫外线照射下，能发生蓝紫色、绿色的闪闪荧光。目前，化学结构已确定B_1、B_2、G_1、G_2等10多种。产生黄曲霉素主要菌种是黄曲霉和寄生曲霉，此外还有曲霉、青霉、根霉等。黄曲霉素分布范围很广，凡是受到能产生黄曲霉素霉菌污染的粮食、食品和饲料都可能存在黄曲霉素。如被人和动物食用，就会造成黄曲霉素中毒。黄曲霉素B_1和G_1，可诱发肝癌和皮下肉瘤。黄曲霉素对动物的肝、肾、大脑和神经系统等均会造成病变。据报道，黄曲霉素含量在1μg/kg可诱发癌症。1μg/kg黄曲霉素含量相当于1吨粮食中只有1粒芝麻大的黄曲霉素。

黄曲霉素B_1（AFB_1）是黄曲霉产生的主要代谢产物，贮存不当的粮食等易产生此毒素，而中药在生产、采集、贮存过程中因受潮发霉产生AFB_1，特别应该关注经发酵工艺的曲类药、种子类中药。因此，对中药材及其制剂进行AFB_1检测控制非常必要，但我国的药品卫生检测标准中，对中药及其制剂中AFB_1检测至今仍是空白，有许多科研人员参照食品方法对中成药中的黄曲霉素进行了检测研究。

根据欧盟1525/98号指令，要求食品及实物组分中$AFB_1 \leq 2$μg/kg，AF总量（AFB_1+AFB_2+AFG_1+AFG_2）≤4μg/kg，我国食品标准为5～20μg/kg，即样品浓度范围常在0.1μg/kg～0.1mg/kg，因此对检测方法灵敏度和准确性有较高的要求，而因为日常需检测的商品（样品）数量巨大，所以要求检测方法尽量简便、快速。已报道的检测方法有薄层色谱法、酶联吸附免疫法、免疫和柱荧光法、免疫亲和柱-HPLC法等。

（一）薄层色谱法

其原理是将样品经过提取、净化后，适量点于硅胶薄层板上，展开后，在紫外灯下与随行AF对照品色谱点距对照，目测或荧光扫描检测，是一种半定量的分析技术。

薄层色谱法有单项展开和双向展开，在紫外灯下，AFB对应的色谱点显浅黄荧光，AFG为弱的绿色荧光。Rf减少的顺序为AFB_1、AFB_2、AFG_1、AFG_2，具体分析操作可参照GB/T5009.2-1996和GB/T 5009.23-1996第一法，检出限为1～5μg/kg。目测的RSD为20%～30%，荧光扫描可降至约5%。卢志雁等采用此法检测了神曲、越鞠保和丸等7种中药材或中成药，其中神曲中含AF 200～229ng/g，越鞠保和丸为1056ng/g[1]。李春蓉等检测了桃仁、胖大海等50种中药材，仅桃仁、胖大海检出AF（＜5ng/g）[2]。

（二）酶联免疫吸附法（ELISA）

其基本原理是将已知的抗体或抗原结合在某种固相载体上，并保持其免疫活性。测定时，将待检标本和酶标抗原或抗体按不同步骤与固相载体表面吸附的抗体或抗原发生反应，用洗涤的方法分离抗原、抗体复合物和游离成分，然后加入酶，底物催化显色，进行定性或定量测定。该法是近年我国中药研究人员开展最多的检测方法。李汶等采用此法检测30种常用中药材和7个品种20批次中成药，23种药材和18个批号中成药的AF>20μg/g[3]。

（三）HPLC检测法

由于AF具有较强的紫外吸收和产生荧光的特性，因此可以进行HPLC-紫外或荧光检测；而AFB_1和AFG_1其荧光强度相对弱一些，在含水流动相中容易产生荧光淬灭，所以为提高检测灵敏度，常采用柱前三氟醋酸（TFA）衍生法，柱后溴化、碘化，Kobra cell电化学衍生法和柱后光化学衍生法等，AFB_1、AFB_2荧光增强。

六、微生物

药品微生物学是近代发展起来的专业技术，它在控制药品质量方面起了极其重要的作用。微生物限度标准的建立，为药品生产提供一个标准或指导，以确保药品使用安全，对此要求消除对健康造成潜在危险的污染。我国微生物限度标准颁布实施20多年来，国家标准主管部门做了大量的工作，并根据我国国情，经过了多次的修订与增补，现已按剂型载入《中国药典》2000年版，其限度标准较以前有了很大改进。这对控制药品质量、促使药品检验水平与国际水平逐步接轨，使中药走向世界，走向现代化起了举足轻重的作用。而对无菌、微生物限度检查进行方法学验证是《中国药典》2005年版的一个重要变化，目的是提高检验方法的可靠性和科学性。国家药典委要求药品生产企业对所有进行无菌、微生物限度检查的品种必须采用经过验证的方法检验，以保障得出可靠的结论。

第四节　制备方式发展趋势

上面三节我们已从标准的方法、指标和安全性控制三个方面介绍中成药标准发展趋势。其实，制备方式与制备工艺都能直接影响产品的质量，比如同样的处方，口服液与丸剂的含量限度显然是不同的。因此可以说，制备方式与制备工艺的发展推动了中成药标准的发展。本节还将介绍生产技术处于前沿的德国和日本的植物药的制备情况。

一、制备工艺

制备工艺过程是控制中成药质量的关键，工艺的修订与药理等基础研究与临床应用研究和质量标准的修订等同步进行，密不可分，难以想象工艺没控制好就要求有很高的质量标准的。也就是说，制备工艺水平的提高是中成药现代质量控制的关键。在购入了合格及优质的药材后，整个经优选的制备工艺是生产合格或优质成药的保证，优选出来的工艺要固定并严格按规程操作。

一直以来，中成药的质量还是以对原辅料和工艺的定性为主的控制来保证的。某个产品的整个工艺究竟应该采用哪种技术，应该分析处方内容，根据各药味之间的关系，即按中医药理论和临床要求，结合现代对各药味所含成分及药理作用的研究结果，再根据与治疗作用相关的有效部位、有效成分的理化性质，结合剂型制备的要求，科学设计并多次检验，优选出最佳的生产制备工艺。

其实，要确保中药产品的质量稳定，必须要使生产过程实现标准化。中成药生产的标准化工艺参数有：

生产规模：提取罐体积、生药投料量和提取方式。

生药质量：指标成分含量、生药大小、投料顺序和方式等。

提取溶剂：加水量、水质、水温等。

提取条件：升温速度、提取温度、提取时间、提取次数等。

分离方式：离心转速、离心力、离心时间、分离液温度等。

浓缩条件：浓缩方式、浓缩温度、真空度、浓缩时间、浓缩倍数等。

喷雾干燥：进风温度、出风温度、离心转速、药液温度等。

（一）提取工艺

现代的中成药大多有提取步骤，且往往是工艺重点。浸膏工艺包括提取、固液分离、浓缩、精制、干燥等过程，中成药制备的关键工艺多在这些过程中。例如提取过程即存在着方法、时间、压力、温度、溶媒等4～5个以上的因素，每个因素又有几个水平，故科学地使用正交试验是有必要的。评价工艺优劣较合理的指标是以处方内某药味的某个有效成分或指标成分的获得率，有时是用有效部位的获得率，但这些均只能作为过渡性的指标，因为它不与中医理论吻合，将来要以考察多个乃至全部必要成分的适当收取率来评价工艺的优劣，由于考察指标变得复杂化，设计工艺使用正交表时须更科学、更严谨。具有多个考察指标时正交试验的数据分析也趋向于复杂化，需借助于计算机。另一方面，工艺中被考察的成分指标要求与成品标准中含量测定的指标相呼应或部分呼应。

对药品生产工艺管理必须严格，一经优选确定的工艺，不得随意变动，这是因为中成药质量好坏的稳定性、疗效的重现性，除了原料外目前须依靠良好的受严格控制的制备工艺。

（二）分离技术

要制成品质较高的中成药，必须科学地采用新技术，如：超临界萃取法，极少破坏中成药中易挥发组分，无溶剂残留；微波辐射诱导萃取法，选择性强，操作时间短；高速逆流色谱技术，适用于中成药有效成分的分离纯化；以及吸附法等。而一直以来中成药提取最常用的方法水提醇沉法存在着很多缺陷，一是成本高，二是对某些必要成分损失大，例如对微量元素的损失达95%以上。

对于同样是中成药的中药注射剂，提取分离技术对其品质的影响更大。有学者[1]对列入国家标准的109种中药注射剂的制备工艺进行分析，采用提取有效成分单体者6种（5.50%），提取有效部位者14种（12.84%），水煎醇沉者35种（32.11%），醇提水沉者9种（8.26%），水蒸气蒸馏者11种（10.09%），综合法19种（17.34%），工艺保密者12种（11.0l%），其他3种（2.75%）。

以往除热原的方法一般是用活性炭反复吸附，劳动强度大、损耗大且得率低，很难达到中药注射剂在色素和热原等方面的要求。对质量要求很高的中药注射剂生产，超滤无疑是一种非常好的方法，它是一种具有分子水平的薄膜过滤手段。中药药液有效成分（如黄酮类、生物碱类、总甙类等）分子量一般都在1000以下，故超滤技术非常适用于中药注射剂的去热原处理，而经超滤处理后的去热原注射液并不会使原方有效成分损失。超滤不但可去除热原，还能去除大于膜孔的高分子物质，提高注射液的澄明度和稳定性。以热毒宁注射液为例，该药处方中包括青蒿、金银花、栀子，可使用蒸汽蒸馏法精制出青蒿、金银花中挥发性成分，然后采用超滤膜分离技术，将分子量大于5000的大分子物质滤去，消除影响制剂稳定性的隐患，使制剂中的可测成分占净固含物量大于25%。

又如，国家中医药管理局推广应用的由四川省中成药研究所研究的“吸附剂法提取精制中成药复方有效部位的新工艺”就是树脂吸附精制法的延伸。此法精制得到的成品不吸湿，成分稳定，服用量大为减少，疗效集中，颇能符合现代人的用药要求。此法待全面研究成功后，对某些类型的中成药来说是重大的进步。

此外，上海中成药工程中心开发的絮凝法分离技术，能够使成本降低4/5。絮凝技术是一种简单有效的固液两相体系分离方法。它是指固液两相体系中的固体颗粒、胶体颗粒以及大分子物质，由于受到絮凝剂的压缩双电层以及电中和等作用而脱稳，然后在宏观或微观力的推动下相互接触、碰撞，发生网捕和吸附架桥作用，聚集为大而密实的颗粒体的过程。该过程加快了颗粒的沉降速度，降低了过滤阻力，提高了分离效果。絮凝技术可单独操作，也可和过滤、离心等固液分离方法组合使用，作为预处理、中间处理或深度处理的手段。它具有设备投资少、处理效果好、易于操作、管理简单等优点。在中药领域，人们对絮凝技术的应用进行了很多研究工作，取得了令人满意的成果。

（三）干燥技术

干燥的重点就是温度。常用的较理想的方法是喷雾干燥，其次是真空干燥。对于价值高、效价高或注射用的制剂，以真空次序冷冻干燥更宜，冷冻干燥保存有效成分效果最好。另外，用烤房等常规干燥法，虽由于成本低被广泛使用，但随着对中成药有效成分稳定性的进一步研究，常压烘干面临更新改进。众多的研究表明，常压烘干时有效成分的破坏很明显。微波干燥也常常用于中成药的生产过程中。

（四）连续生产线设备

针对传统中药提取制药工艺所呈现的不足之处，国内目前已经开发出现代中药连续生产线，它是提高中成药生产质量的保证。它集湿法超细粉碎、超声波连续萃取、固液离心分离和喷雾干燥等四大技术于一体，这一组合也是吸取国内在提取、分离、干燥设备优点进行的优化组合，也可以说是精选设备组合而形成的工艺。该现代中药连续生产线只需一次加中药材3～5倍的溶媒就可完成提取。经固液离心分离后，可直接进入喷雾干燥，喷雾干燥方式是瞬间干燥不易破坏热敏性物料，同时省去了蒸发浓缩环节。而按传统工艺生产，由于长时间浓缩且浓缩温度高易破坏热敏性物料。同样，喷雾干燥后的粉体均匀，无需再作粉碎或整粒处理。故现代中药连续生产线有着其经济性、合理性、连续性和高效性等特点，特别适用于热敏性物料及各种中草药、动物植物提取制药的生产。图2-4-1显示的是现代中药连续生产线的流程图。

合理的中药工艺与设备能提高有效成分的提取率和药用植物的利用率，可提高药物机体吸取率和生物利用度，也可提高生产效率与降低成本。因此，工艺流程与设备的选择也是中药生产的关键。现代中药连续生产线所形成的中药生产工艺是对传统生产工艺的一次革命，其意义将推动我国中药生产朝着现代化、连续化和规模化发展，从而达到提高产品质量和降低成本的目的。

上述的整个工艺制备过程中还应全面推行GMP管理制度，包括：①生产管理规范化：各环节、每个工序及中间体均有明确责任者，每个环节严格记录和控制。②产品质量管理规范化：取样方法及范围、分析方法及判定、分析结果反馈、留样观察等规范化。③生产车间卫生规范

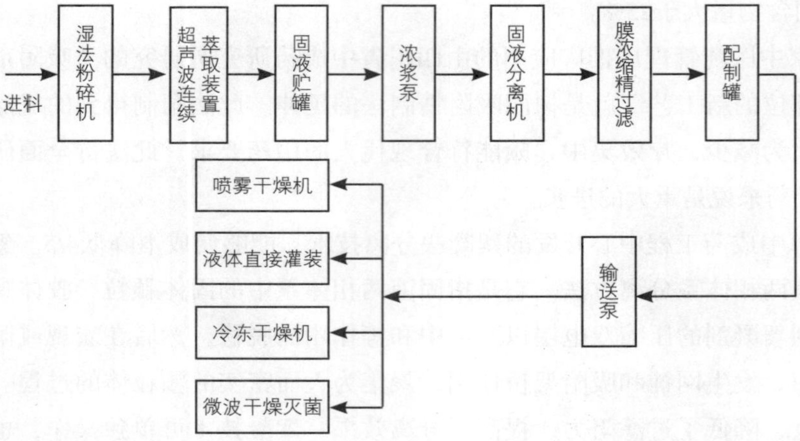

图2-4-1　现代中药连续生产线的流程图

化管理：人员、设备、器具、场所及验收内容及制度等规范化。④主要生产环节自控化：充分应用新技术、新设备和新材料，如电视监视系统分析监测、计算机测控并处理等，以监控整个生产过程。

（五）剂型选择

剂型是药物使用的必备形式。《中药新药研究的技术要求》提到，中药剂型的选择应根据临床需要、药物性质、用药对象与剂量等为依据，通过文献研究和预试验予以确定。应充分发挥各类剂型的特点，尽可能选用新剂型，以达到疗效高、剂量小、毒副作用小，以及储运、携带、使用方便的目的。

众所周知，古老的炮制、煎熬方式制成的膏丹丸散，难以下咽，味苦难服，见效慢，让国人敬而远之。如何从引入现代科技入手，让中药从黑糊糊、让人望而生畏的中药汤变成易被人接受的软胶囊、颗粒剂和中药注射液等现代制剂，使之成为可与西药媲美的现代中药，形成独具特色的竞争优势，是现代中药探索者的神圣职责，也是中药质量控制的现代发展趋势。

为满足临床使用的要求，即在最适宜的时间内最能提供所期待的药效，必须选择好剂型，才能使中成药的生物利用度好，使用服用方便、容易、安全，有效部位比例高；药物质量稳定、可控，贮藏运输不影响疗效；出厂后较长的一段时间内，药品的质量较稳定。在国外，生产浓缩型草药制剂，由于使用方便、疗效确切，非常受欢迎。尤其是日本，将中成药传统的复方制剂，经浓缩、精制，生产出了一系列现代中成药制剂。

世界上发达国家制剂品种已在数万种以上，许多原料药都有6～10种剂型，以满足各种治疗的需要。而药剂学、生物药剂学、药动学、物理化学、材料学等学科的发展、交叉、渗透、推动，产生了口服控释制剂、透皮控释制剂、靶向给药制剂等释药系统，已使定量、定时、定位地释药，减少剂量，改善靶组织、靶器的药物浓度，降低毒副作用，提高药物治疗效果成为可能。我国的复方丹参滴丸等中成药制剂已经通过美国FDA的预审，但是目前品种、数量太少。

然而，现代浓缩剂型与中成药传统剂型在疗效上的一致性仍需做大量对比实验加以论证。同时，中成药的品种也较为繁杂。因此，建立简便、有效的中药材和中成药制剂的质量标准显得非常重要。

另一方面，制剂工艺、辅料都需进行优选，即选合适的设备与生产线，优选辅料以使药品能最好地发挥疗效，要求用量最小，释放度好，稳定性好，按要求适时提供疗效。对成型工艺条件诸因素和水平可考虑采用正交设计来优选最佳条件。

二、提取物投料——中成药标准化基础

中药现代化的口号喊了多年，之所以进展缓慢的一个重要原因，投料方式是一个主要的发展瓶颈，要将传统中成药的膏丹丸散改造成为现代化剂型，最主要的是进行提取物投料改革。

（一）中药提取物

产品质量跟投料的标准化关系很大，在此先从中药提取物概念谈起。

提取物（Extracts）又称为中药提取物或者草药提取物。中药提取物有比例提取物和标准提取物之分，比例提取物是将精选的中药材采用多功能提取（包括对挥发油的充分回收）、低温浓缩、喷雾干燥等工艺方法加工而成；标准提取物常常是按国际规范，采用有机溶合剂提取及大孔树脂分离技术，确保有效成分含量达到国际标准。

广义的中药提取物是指以世界范围内的传统草药为原料，利用现代植物化学提取分离技术，提取分离所获得的、具有明确指标成分的单一组分或混合组分。

在国际市场，中药提取物商品形态包括三类：

一是纯度达到95%以上的，以单一化合物为检测对象的中药提取物，其结构清楚、药效明确、药理学研究资料全面，属国外药典登载品种或药品专利保护品种，在国内一般称其为天然药物或植物化学药物，如芦丁、甘草酸、紫杉醇等均属此类。

二是经过一定分离如柱层析分离、沉淀分离、萃取分离等分离工艺过程所获得的部分成分较为集中的多组分中药提取物，或有效部位有明确的含量测试指标，被测成分一般为活性成分，含量在20%～50%之间，并得到药物学界相对公认的提取物，如银杏黄酮、蓝莓提取物。但由于它们还含有相当的其他成分，对这些未知成分的药理作用并未深入研究，因而，在使用时不断有新的发现。

三是经过水或乙醇提取、未加分离的单一中药浸膏粉或流浸膏，这些浸膏粉有明确的质量控制标准。

上述三种类型的中药提取物在不同国家、不同地区有不同用途和法规管理。

据悉，2005年2月16日商务部颁布了贯叶连翘、当归、枳实、红车轴草、缬草5个中药提取物的行业标准，同期发布了重新修订的《药用植物及制剂外经贸绿色行业标准》。这些标准对促进国内企业产品质量的提高提供了可参照的数据，同时对于企业采用先进的检验检测技术和方法，控制产品的重金属含量、农药残留量和微生物限量等安全性指标，完善并规范质量标准体系起到推动作用。

（二）中药标准提取物

中药标准提取物（Standardized Extracts of TCM）是指采用现代科学技术，对传统中药材进行提取加工而得到的具有相对明确药效物质基础以及严格质量标准的一种中药产品，可作为中药制剂的原料药。

中药标准提取物的化学成分，是多种药理活性物质按特定比例组成的集合，它继承了中药

多成分的特点，体现了原中药材特定的中医功效。无论作为单味药，还是组成复方，它完全可以替代原生药使用，并且在质量控制方面有着无可比拟的优越性。它采用先进的工艺技术（如通过树脂柱对植物的有效部位进行分离），以药效学或临床为基础，对中药材或中药复方进行提取加工而得到的一种具有相对明确药效物质基础、质量标准严格的一种中药产品，所以其物理性状好，有效活性物质富集程度高（如银杏标准提取物中有效成分含量是原料中的50倍），故可应用现代制剂技术将其制成质量稳定、服用方便的中药新制剂。

中药标准提取物有以下三个特点：

1. 明确的物质基础。

中药标准提取物，可分为有效部位和有效成分两层次。它不是指某种单一活性成分，而是多种药理活性物质组成的集合，其质量控制应用指纹图谱，且对集合中某些主要成分应明确其定量指标。

不管是单味中药还是复方，其化学成分大都是非常复杂的，但针对不同的药理功效总有其特定的药效物质基础，研究这些物质基础是最基本、最重要的工作，不然就谈不上质量标准和现代化生产工艺问题。中药的多成分决定了其治疗作用的多靶点与多层次，因此，对单一药或复方来说，寻找单一的有效活性成分并非最佳途径，而在有效部位或有效成分层次上多种药理活性物质的特定组合，才更能体现中药的作用特点。

2. 特定的药理活性。

中医临床用药讲求整体观、系统论和辨证论治的法则，中医治疗是多系统、多靶点和多层次发挥全方位药效作用的治疗方法，所有这些都非单一成分所能达到的。中药标准提取物则能较好地体现中医药的这种优势和特色，其药理作用和临床疗效是多种成分作用的复合结果。

另一方面，中药标准提取物反映着原中药材的特定功效持点。中药的应用讲究配伍，相同的药材在不同处方中的作用和地位各异，即同一药材在不同处方中，其发挥作用或起主导作用的物质基础是不同的。因此对某些药材来说，一种药材可以有几种不同的标准提取物，每种标准提取物有一个最佳的组分构成比例，以体现它的不同功效。

3. 严格的质量标准。

中药标准提取物之所以能代替中药材和饮片，成为中药制剂的原料药，关键还在于它具有严格可控的质量标准。其质量标准主要内容应包括：植物基原、制备工艺、性状、鉴别、检查、含量测定等项目。植物基原方面，对生产用的中药材应进行严格的品种鉴定，包括植物的科、属、种等；性状和检查万面，应对其形、色、气、味及粒度、密度、溶解性等物理性质进行描述，并对水分、灰分、重金属、砷盐、农药、溶媒残留、辅料等进行分析和限度检查；要特别注意对有效成分或指标成分的定性定量检测及建立特征指纹图谱鉴别方法，HPLC、HPTLC、GC、GC-MS、LC-MS分析仪器和技术在中药提取物的质量控制中会得到广泛应用。例如，德国采用有效成分的定性定量控制，如银杏提取物中要求含24%的银杏总黄酮苷和6%的银杏内酯。

4. 严格的生产控制。

中药标准提取物生产过程控制实行标准化。产品生产过程的恒定是产品质量均一性的前提，因此，中药提取物的标准化除了制订和执行产品质量标准外，更重要的是对其生产过程控制实行标准化，如对其提取、分离、浓缩、干燥、粉碎和筛析、包装、贮藏等制定和执行标准生产操作规程。

（三）提取物投料

根据从事二十几年中药质量研究的经验，通过对中成药标准的分析，我们提出一个观点，就是标准化的提取物投料是中成药标准的基础。这是因为，把中药变成中药标准提取物，就使中药制剂的原料药从质量不稳定的原药材或饮片，变为质量相对可控的中药标准提取物，保证了中药成品质量的可控性。

目前，我国的中药复方制剂（中成药）基本采用“料对料”管理，即规定药材的投入量要与制成品相关联，从理论上说符合中医的传统中药服用方法，也遵循中药处方“一帖一煎”的模式。然而，“一帖一煎”模式如未能够标准化，便会出现中成药质量不稳定的情况。虽然生产出的产品都能符合国家规定的质量标准，但是各个企业的实际质量差异很大，使得临床应用中的疗效产生波动。因为若此模式运用到工业化生产，即工艺放大后实际上存在的各类问题便会集中暴露出来。如药材采集地点与时间的不同、设备的型号不同、提供工艺掌握的不同、管理程度不一和人员素质不同等，均会给提取物造成很大的差异。药材投料必须严格控制好，一旦投料估计有偏差就无法通过中间生产环节进行调节。目前提高质量标准是一个很热门的话题，对很多中成药增加了新的含量测定指标，使企业制剂难度大大增加。事实上如果对含量测定指标稍微“严格”一点，比如定出上下限或把范围缩小，很多中成药的生产过程都无法达到产品一致的统一要求。没有严格的投料和工艺过程，标准提高只能说是“空中楼阁”，正如国家食品药品监管局副局长吴浈2007年2月27日在中国政府网接受专访时所说的：“药品质量是生产出来的，不是监督出来的。”

因此，有必要创新一种更为合理的工艺标准来保证产品的始终稳定。要想大幅度提高中药企业中成药生产过程质量的稳定性和可靠性，必须从政策和理念上有所革新。可以尝试中成药生产采取以标准化生产的提取物为原料药，同时建立提取物标准，如化学药原料一样；允许批准复方中药提取物。采用中药提取物（包括复方提取物）作为制剂投料的依据，也即是将标准化的中药提取物作为原料药进行生产、使用和管理，制成成分可测可控、功效稳定一致的中成药。由此，中药的质量控制才能实现对药材质量、原料药（提取物）质量以及最终成品的质量的全面控制和全程控制。

例如汉方药补中益气方、小柴胡汤、大承气汤、小建中汤、葛根汤提取物等，它们是在“标准汤剂”概念上形成的新型产品。可见，标准化的中药提取物充分体现了中药复方的优势，是中药生产规范化、标准化的基础。

对质量控制非常严格的中药注射剂生产，提取物投料更是产品稳定可控的保证。以茵栀黄注射液为例，其主要成分有茵陈提取物、栀子提取物、黄芩苷及金银花提取物，但目前标准中这几种提取物只在标准正文之后附上简单的工艺。我们可以作如下探索：首先要对药材和原料药标准化，如规范化种植、采收、加工、净制。其次是以质量为目标对提取物工艺标准化，这将有力保证产品各成分转移率的稳定，可使指标成分含量的波动和指纹图谱的变异控制在较窄小的范围内，保证不同生产批次的提取物与产品都基本稳定在标准值范围内。第三才是实际意义上的制剂工艺标准化，重点控制热原和不溶性微粒等重要指标，如此才能够生产出质量稳定、疗效可靠的产品——这就是我们对中药注射剂提取物投料的基本思路。

不过，目前中国药典和有关药品标准中尚未采用“中药提取物”这一概念，而代之以“浸膏”、“流浸膏”。《中国药典》2000年版共收载单味中药（流）浸膏13种，有17种中药制剂以中药提取物组方，如银黄口服液的金银花提取物和黄芩提取物、益心酮片的山楂提取物、银杏叶片的银杏提取物等等。但是目前国家药典和标准中尚没有复方浸膏提取物，这可能是影响中药现代化生产的缺憾。在国外，有的国家已从立法程序上允许植物提取物作为处方药进行登记，或在药典中收载了标准化提取物，并对提取物进一步规范和分类，按内在质量分为“量化提取物”、“标准提取物”和“纯化提取物”等。

此外，值得一提的是，现行的注册管理办法规定，中成药中的药材提取物作为原料，必须单独申报标准，而同时未建立复方提取物管理制度，这将会妨碍中成药提取物的发展。我们在第九章将会深入探讨这一问题。

三、德国植物药

德国是进行植物药研究最古老、管理最完善的国家，是全世界中成药上市品种最多的国家之一，其银杏制剂、贯叶连翘制剂等在国际市场都有很强的竞争力。

（一）植物药的形式

《德国药品目录》中所收载的药品，近40%是以植物作为来源的。欧洲植物药组成很少有超过四味的复方制剂，大都是1～2种药，并加工成片剂、颗粒剂、胶囊剂、针剂和栓剂等现代剂型。对植物药的使用，德国多采用植物提取物，以提取物为主要形式的草药产品占全国药品市场总额的10%，占全国OTC市场近30%，且其草药产品被认为是药品而不是食品补充剂，并为医疗保险所覆盖。它包括了三类商品形态：一是有效的天然单体化合物药物，二是经过分离的多组分天然植物提取物，三是未经过任何分离的草药粉末和草药油脂等多种形式的组分。他们采用现代技术从单味药中提取活性成分或有效部位组方，复方亦是采用各中成药的标准提取物或有效成分组方，个别品种还配伍化学药物。他们将较先进的提取、分离、纯化、干燥等设备和技术应用于提取物的生产，在生产过程中采用现代生产技术和检测手段，以确保产品质量的稳定和较高的可控度。

（二）植物药的管理

德国在立法程序上允许植物提取物作为处方药进行登记，德国注册药品中约有800种植物药产品得到批准。在复方的质量控制方面，不同于日本通过全过程的GMP控制，德国是采用各种单味药提取物（标准提取物）进行配制的方法解决，而FDA同时认可这两种方法的制作过程。在我国，把复方看作各单味药有效部位（提取物）相加（新修订的新药规定中）是允许的，但前提条件应是：合煎与各单味药单煎混合的药效相等或没有大量的新化学成分产生。

德国《药品法》对进口草药，有一整套的监控程序和标准，中药饮片或中成药须在指定的药检机构作物理性状和化学成分的检测，必须符合下列条件方准于进口：①符合《中华人民共和国药典》德译本或英译本。②重金属含量不超标，极限量为铅5.0ppm、镉0.2ppm、汞0.1ppm。③黄曲霉素含量：B_1不得超过2mg/kg，B_2、G_1、G_2不得超过4mg/kg。④农药残留量小于0.01ppm。⑤微生物检测：需氧菌＜107，霉菌＜104，大肠杆菌＜102，肠道菌<104，并且不含

致病菌（如沙门氏菌），其他微生物含量也不超标。

（三）植物药的标准

以现代科学技术开发出的植物药（属中药）最成功案例之一的银杏叶提取物为例来说明德国植物药的标准。银杏叶提取物（Ginkgo Biloba extract，GBE）被广泛运用于药品、膳食补充剂、化妆品等，1999年全世界销售额据估计在50亿美元以上，2001年后上升到60亿美元的市场销售额。虽然银杏现在在欧洲、北美开始种植，但是中国仍是主要产地。

GBE原由德国Schwabe公司制定企业标准，后被德国E委员会采纳，于1994年7月19日以法律形式公布，作为国家标准，随后大多欧共体成员国采纳其标准。1999年8月，欧共体药品审查委员会兽用药品委员会发布银杏总结报告（EMEA/MRL /668/99终稿），对其中银杏酸作了规定。EMEA文件强调该标准同样用于人，该标准同时也被北美国家所采纳。

现将该标准［德国E委员会银杏叶提取物标准（1994.7.19）］列出如下：

药名　银杏叶用丙酮／水方法提取（35：1～67：1），活性成分归于AKK NO.05939。

药物组成　干银杏叶用丙酮／水提取方法及纯化步骤不加浓缩或分离成分。药／提取物比例是35：1～67：1，平均是50：1。

提取物特点　黄酮甙（flavonone glycosides）22%～27%，其取决于槲皮黄酮和四羟基黄酮包括异鼠李素（经HPLC）。黄酮平均分子量*Mr*=756.7（槲皮黄酮甙），四羟基黄酮甙平均分子量*Mr*=740.7。萜内酯（Terpene lactones）5%～7%。其中大约银杏苦内酯A.B.C（Ginkgolides A.B.C）2.8%～3.4%及白果内酯（bilobalide）2.6%～3.2%。银杏酸（Ginkgolic acids）<5mg/kg，这个范围包括了提取时和分析上的差异。

另一方面，作为欧盟成员国，德国也执行《欧洲药典》。《欧洲药典》列出了提取物通则，2000年增补版中收载了3种标准化提取物：芦荟、番泻叶和颠茄叶标准化提取物，并且正在探讨对提取物进一步规范和分类，按内在质量分为量化提取物、标准提取物和纯化提取物。欧洲形成了各种药用植物的标准化提取物：紫锥菊、缬草、短棕榈和银杏叶等。

四、日本汉方与生药制剂

世界各国对植物药或中成药的管理各不相同，日本、韩国等均以药品形式对中成药进行管理，其中韩国，其中成药与中国基本相同，因而对我国中成药认同度最高，是我国中成药主要出口国；日本对中成药管理，原则上与西药一致；东南亚国家由于受中华民族传统文化的影响及大量华人的存在，尽管在中草药的管理上情况不同，但大都非常推崇中草药，也是我国传统中草药主要消费和出口地区。

值得一提的是日本汉方与生药制剂。汉方是日本化的中国传统医学，4世纪中期中医药经由朝鲜传入日本，后唐时，中国医学已开始直接传播到日本。幕府末期以前称其为本道，后来被称为汉方。日本人创立了汉方流派“后世方”，汉方药则是在其理论指导下应用的药物，在发展过程中已经形成了独自的体系。1976年厚生省确定了汉方药医疗保险制度，即批准可以使用中国《伤寒杂病论》的210个古方生产汉方药。汉方药产业随之得到迅猛发展，至1992年达到鼎盛阶段，1998年其汉方药年产值已超过1000亿日元，仅津村株式会社一年的产值就相当于我国中药产品该年出口总额。在国际中药市场上，日本的正露丸、救心丹、柴苓冲剂等产品占有70%

的市场份额，大大超过我国。

汉方制剂分为医疗用汉方制剂和一般用汉方制剂。日本目前有汉方药厂200多家，生产汉方药共计900多个品种，政府承认汉方药制剂的组方合理性和疗效，但只限于张仲景时代的210种中药经典方剂。依据210个古方生产汉方药的日本，在国际市场上的覆盖率却达到80%，而其原料的75%又由我国输入。

救心丹是由中国经典古方“六神丸”改造而成，而中国所有中成药的出口尚抵不过日本的救心丹。国产中成药不及日本汉方制剂之处，在于缺乏明确的标准、药理研究及临床功效数据。

日本的汉方药与我国中药属于同根同源，但又存在着差别，如原料的基源与规格不同，处方内容不同，调剂与质量的稳定性不同，等等。日本汉方药大多使用颗粒剂，被称之为“颗粒剂汉方”，处方中广泛使用的是浸出物制剂而不是煎剂，这类制剂在稳定性、药效与安全性方面易于标准化，重现性高，且调剂与服用简便。

日本从1960年起开始汉方药研发，“官、产、学”结合研究，哪个机构该做什么一清二楚。政府还立法通告全国汉方药生产企业按照标准重新生产、重新申报，用了整整15年，上下一心完成汉方药制剂的标准化。日本在开发研究汉方成药制剂时，选用我国名医典籍中的古方，很少选用现代临床应用的经验方。从功能主治分析，临床定位较清晰，如救心丹就是一例。

（一）“标准汤剂”

在日本，汉方药管理提出了“标准汤剂”的概念，要求制定标准汤剂的化学基准与生物学基准。何谓标准汤剂？称取相当于日剂量中药制剂的标准药材，加20倍量的水，煎煮30分钟以上，浓缩至原体积的一半，趁热过滤，即可制得标准汤剂。标准汤剂有其一定的品质指标：①一般项目，如外观性状、浓度、pH、相对密度等；②定性项目；③挥发油含量测定；④指标成分含量测定。

“标准汤剂”的工艺要求十分严格，如对生药选择、粉碎细度、升温速度、提取次数、浓缩方式、干燥方法等都有详细规定。厚生省要求汉方颗粒剂生产商提供中间体（浸膏）及成品（最终制剂）的生产工艺过程细节以及在化学、生物学上与标准汤剂具有同一性的研究资料，确保在化学（指标成分）及生物学（药理作用）上与标准汤剂具有同一性，以确保汉方颗粒剂的质量。

标准汤剂充分体现了中药复方的优势，是中药复方研究及生产规范化、标准化的基石，日本在这方面做了很多工作。

汉方颗粒剂（浸膏制剂）处方的一般表示方法为多少克颗粒内含多少克浸膏粉，以浸膏粉的重量来表示组成，类似于化学药的制剂处方。如津村的医疗用葛根汤浸膏颗粒说明书（2007改定）的组成表示：“本品7.5g含有从以下的混合生药中得到的干燥浸膏3.0g：葛根4.0g、桂皮2.0g、大枣3.0g，芍药2.0g、麻黄3.0g、生姜2.0g、甘草2.0g”。由于汉方浸膏制剂是以浸膏作为制剂处方依据的，因此批次之间除了浸膏相同外，指标成分含量也基本相同，保证了产品批次之间的稳定性和一致性。以日本津村的小柴胡汤颗粒为例，含量控制的4个指标成分：甘草酸、柴胡皂苷b_2、黄芩苷和黄芩苷元误差范围都控制在10%之内。

其实以“标准汤剂”作为质量控制的研究在国内并不陌生，“配方颗粒”尽管目前还争议很大，但随着研究的深入，应用范围越来越大。例如，长期以来麻黄汤都是水煎入药，服用不便且质量标准不明确，而将单味药材水煎液制成配方颗粒并随方配伍冲服，是中药现代化发展的一种新思路。王丽莉等[2]通过HPLC指纹图谱比较了麻黄汤配方颗粒剂与其传统汤剂的主要指标成分相对含量的变化，确定了26个共有峰，得到了以甘草次酸为参照的相对峰面积值，结果两者主要指标成分的相对含量差别不大，麻黄汤配方颗粒剂有其合理性，这为麻黄汤配方颗粒剂的可行性提供了一定的依据。

（二）质量管理

早在1976年，日本就制定了《药品生产质量管理规范》（GMP），并于1976年4月开始实施；1989年，日本又出版了《汉方GMP》一书，汉方药制剂GMP按此标准实施。日本同样也将提高品质作为汉方药开发战略的重要支柱之一，以日本汉方药颗粒剂的生产为例，其处方多选用古典传统方剂，基于标准汤剂，重视方剂及单味中药的复方作用，多方位严格控制颗粒剂的内在质量；在原药材的选用、提取、浓缩、干燥以至成型等过程中，尽量避免主药指标成分的损失和破坏，故采用高效、低温（甚至冷冻）制备技术和相应的先进设备；在质量上，与标准汤剂进行化学、药理学、生物学等方面的比较，得到厚生省认可后，进一步在粒度、稳定性、包装材料等方面严格要求，以确保汉方药颗粒剂的质量。由于它继承了汤剂的综合疗效，易吸收、显效快，又具备成药易贮存、易携带、易服用的优点，同时克服了服用量大、工艺不合理、成分破坏严重等缺点，使日本汉方药受到了社会的普遍认可与欢迎。

日本对于汉方药生产企业实行全程质量控制，他们非常重视生产高品质的汉方和生药制剂，把提高品质作为汉方药开发战略的重要支柱之一。为确保汉方药的品质，日本汉方药企业从原料生药开始一直到最终形成制剂都实行严格的品质管理。例如为防止生药及汉方制剂中混入残留农药等不纯物或容易引起副作用的物质，除了采用严格的质检标准外，还从基原植物开始严格选材，改良栽培技术，进行不纯物实验等，以确保安全性。

70年代初，日本津村天堂公司制成“津村小柴胡”颗粒，治疗慢性肝炎，成为畅销药，在短短几年内津村天堂公司成为世界瞩目的制药企业，财富积累走向巅峰，约占汉方药销售总额的25%。在1990～1994年，日本厚生省对小柴胡汤改善肝功能障碍的作用给予认可，并纳入国家药局方，出现百万患者争先应用的盛况！但以后陆续有引起肺炎的报道，自1994年1月至1999年12月，总计报告发生188例间质性肺炎，其中22例死亡，1997年公司破产，2000年社长津村昭被判处有期徒刑3年。

（三）质量标准

日本汉方药企业协会还在研究制定新的汉方和生药制剂的品质标准，不仅要研究成分、含量、规格等标准，而且还将对能够保证汉方和生药制剂有效性的生物学评价标准进行研究。

含量测定是主要的检测指标。从1985年起，日本厚生省要求所有的汉方药制剂都要经过检查和审理，其中包括至少选择两种化学成分作为指标性成分，对其进行含量测定。含量测定指标性成分的选取：日本汉方药研究工作的特点是从制剂着手分析，选取制剂中的有效成分，而且是处方中两味药以上的有效成分作为指标性成分，以适当的分析方法同时测定其含量。

含量测定指标性成分选取：比较重视这些成分的理化性质，要求满足以下特点：①溶于水；②稳定；③不因煎煮而被破坏；④不易挥发；⑤专属性强。

含量测定分析方法：HPLC是较常用的分析方法。在制备受试品溶液时，大多采用不同浓度的醇溶液进行超声波提取；内标物选择易得的、结构简单且与指标性成分相似、理化性质相近的化合物；样品中指标性成分的色谱峰通常与对照品色谱图的保留时间相比较加以确认。经常与光电二极管阵列检测器联用，可得到三维光谱—色谱图，同时获得定性、定量及色谱峰是否单一组分的信息。

含量测定结果的评价：在日本，标准煎剂的定量测定结果被规定为制剂质量的评价模式，所有的中药制剂均将与标准煎剂进行比较，其中指标性成分的含量差应在30%以内。并且提出了转换率的概念，即指标性成分在中药制剂中的含量，与实际测得的指标性成分在日剂量标准煎剂中的含量相比较。

举柴胡作为具体品种的例子。柴胡中的柴胡皂苷含量、芍药的芍药苷含量均随产地、采收季节的变化而变化。所以，日本从栽培到采收及药材的加工十分注意精选优质的原材料，投料前严格控制其指标成分含量等。日本不仅制定了严格的中成药材质量标准，而且还有许多日本制药厂发展了专门的中成药材种植基地，以确保获得稳定质优的原药材。

在安全性和均一性方面，日本汉方药业协会还要求各生产企业根据设定的日本药局方的生药微生物限度试验法充实和强化试验体制，防止汉方和生药制剂的微生物污染；推行原料及制剂的指纹图谱技术来控制有效成分的稳定性，保证不同批次产品的均一性。

另外，为了提高中成药的品质，日本对可能影响中成药产品质量的各个方面，包括从形态鉴别到干燥减量，从浸出物含量到重金属、砷类化学物质的限度以及定性、定量等内容也都制定了严格的质量规范，而且大部分药厂内部质控标准都高于日本药典，这些很值得我们借鉴。

（四）标准管理

1985年，日本厚生省（卫生部）发出通知，为规定中成药质量，要求从中成药中选出2种以上的“指标物质”，设定出含量规格如下：含厚朴的中成药中厚朴酚与和厚朴酚同时定量；含陈皮中成药汤液中脱氧肾上腺素的定量；含大黄中成药汤液中番泻甙的定量；知母及含知母中成药中知母皂甙β-Ⅱ，知母皂甙A-Ⅲ及芒果素的定量。

《日本药典》收载了大量的汉方药及其制剂210种，厚生省颁布的《日本药局方》中收载的药品品种，纯度试验要求重金属在50ppm以下，砷盐在2ppm以下。

与日本汉方药相似，韩国的中药基础研究也十分活跃。1985～1989年间，韩国对我国的80多个经、古方和现代方进行了研究，研究内容主要包括用现代科学技术阐明方剂的传统功效、揭示药效的作用机制、研究中药的质量控制标准。值得一提的是，韩国在传统中药牛黄清心丸的基础上，开发了口服液和胶囊的改进型产品，并已经向中国专利局申请了这两项产品的专利。通过中药的基础性研究工作，提高所研制中药的现代化水平，目的是以获取更大的经济利益。据统计，1990年年产值即达5亿美元，其中通过对我国“牛黄清心丸”一个品种的研究，其获取的产值就达0.7亿美元。1994年下半年又成立了官方的韩医药专门研究机构，仅科研经费每年就有400万美元。同时，韩国的企业集团对中药的基础性研究资助起了很大的作用。

【本章参考文献】

第一节：

肖树雄.中药现代检验新技术.广州：羊城晚报出版社，2003.

肖树雄.中药现代质量标准研究（上、下册）.广州：羊城晚报出版社，2004.

第三节：

1. 卢志雁，叶锦文，苑文平. 七种药物中黄曲霉毒素测定与分析[J]. 中医药学刊，2001，19（5）：527～528.

2. 李春蓉，许凌枚，林斌超.中药材中污染黄曲霉毒素的调查[J]. 海峡药学，1994，6（3）：80～81.

3. 李汶，庄学聪. ELISA法测常用中药黄曲霉毒素B1[J]. 中国药事，2000，14（2）：100～102.

第四节：

1. 袁丽萍，马利敏.中药注射剂的安全性评价进展[J].中国新药杂志，2007，（21）：1738～1741.

2. 王丽莉等.麻黄汤配方颗粒剂与标准汤剂的HPLC指纹图谱研究.

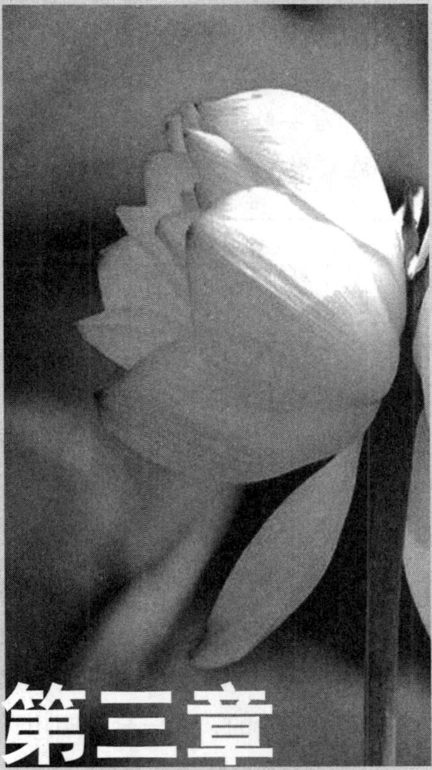

第三章

中成药标准存在的问题

在第二章，我们从检测技术、检测指标、安全性控制和制备方式等几方面介绍中成药标准发展趋势，但相应地，我国中成药在标准项目设定方面还存在着很多问题。由于历史原因，中药的标准体系也同样存在着很多问题，需要我们认真进行剖析。此外，标准研究与评价、标准生态与管理等存在的问题是标准存在问题的外部因素。

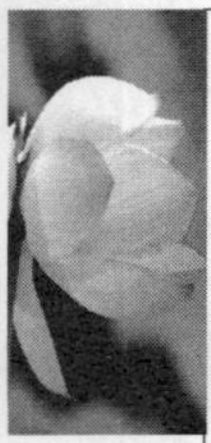

第一节 标准内容存在的问题

中成药标准一般包括名称、处方、制法、性状、鉴别、检查、含量测定、剂量、规格等项目，由于存在着很多问题，所以必须进行标准提高。

一、名称问题

名称问题有下列几种情况：

（一）同名异方和同方异名

原部颁中成药标准同名异方约130个品种，如当归片和当归丸、百花定喘丸与百花定喘片等；同方异名约60个品种，如八味肾气丸与桂附地黄丸、当归补血精与当归调经颗粒等。

（二）不符合命名原则

明显有功效诱导或夸大功效的，如高血压速降丸、近视乐眼药水等；含有属于国家保护动植物的名称且已进行更换的，如犀角地黄丸、虎骨木瓜酒等；复方制剂使用单味药名称，如天麻丸、醋炙香附丸等；有明显不健康内容、迷信色彩或名称不雅的，如嫦娥加丽丸、康寿丸等；名称中使用代号的，如三号蛇胆川贝片等；根据传统剂型改制已失去原有特征的，如狗皮膏早已改成橡胶膏了，已与狗皮无关。

（三）名称中后缀的剂型名

如多剂量包装的合剂命名为口服液；饮、液、精、膏等也需要进一步明确剂型归属。

二、习用药材

很多品种的处方中，地方习用药材问题较为突出，如：药材基源不清，缺少标准；多来源药材，存在同名异物现象；同一药材，各地用药部位不同。药材基源不清很容易出问题，如关木通事件。

举例说，原《部颁标准》第三册收载的“开光复明丸”由十八味药组成，原标准无任何检测项目，专家提出该品种应增加黄连、黄柏、大黄、龙胆等药味的薄层鉴别以及栀子、黄芩的含量测定；又如收载于《部颁标准》第十三册的“小儿抗惊片”，原标准无检测项目，由于该品种处方中含有朱砂、雄黄等矿物药，专家提出应增加朱砂中可溶性汞盐和雄黄中三氧化二砷的检查，并增加朱砂的含量测定、天麻的HPLC含量测定等。

三、组方问题

许多中成药标准涉及含有大量重金属类药材，甚至含有适应症禁忌的药材，如缠喉散、磁朱丸等含矿物药日服用剂量超过药典规定。即使处方中含有毒性药材具有必要性，但安全性指标没有设定。

另外，处方中总生药量太少，如咳嗽糖浆1000ml药材含量才45g；处方中含有涉及伦理问题和不科学的药味，如人中黄、人中白等，以及以羊肉、狗骨、活乌龟、活蚂蚁等为主要药味。

四、制法问题

主要表现在三方面：

（一）制备工艺明显不合理

有的是提取的成分与功效不吻合，如丹参舒心胶囊的制法为弃去丹参水提部分，保留醇提部分，造成有效成分丢失；有的是工艺过程破坏有效成分，如安阳膏药采用高温油炸的方法提取药材血竭，不符合制剂学要求。

（二）原制法有不完善地方

原制法不完善的地方没有随现有工艺的改变而完善。如血栓通注射液原料，原标准采用提取物或半成品投料，但目前提取物或半成品的生产工艺已经改变，对此，应按合理的方法修改工艺并进行标准修订。

（三）同品种的处方、制法不统一

主要表现在：同品种制法存在明显差异，如保和液与保和口服液的处方、剂型、功能主治都一样，但制法却存在较大差异，甚至有质的改变。

五、鉴别问题

常见的鉴别问题是鉴别药味少、未对贵重药材及毒性药材进行鉴别。薄层鉴别方法常见的问题有：专属性差、未提供薄层照片、阴性样品有干扰或阴性样品点样量过少等。

六、方法问题

含量测定方法的选择原则是经济实用，既要体现分析方法的进步，也须兼顾我国大多数申报单位及药检部门的实际情况，避免采用不切合实际的高精尖方法。

目前，对常规成分都有很多检测方法可供选择，如黄芩苷已有较成熟的HPLC方法，那就不必再采用分光光度法；盐酸小檗碱也有较成熟的HPLC方法，不必再采用薄层扫描法。

含量测定方法学研究是质量标准研究的重要内容。常见的问题有：样品测定的浓度超出线性范围、方法学研究项目考察不全、阴性干扰、检测条件选择依据不足等。有的品种样品经前处理后，实际加样回收率低，应说明实际情况。

七、指标问题

质量需要通过真正反映其安全性及有效性的成分表现出来。在中成药质量标准中，含量测定指标与药物安全性、有效性的关联性很强，应根据其功能主治及所含成分选择合适的含量测定指标。

含量测定指标选择不当是标准中的常见问题，如以丹参为主药治疗心血管疾病的复方制剂，标准选择测定丹参酮而没有选择丹参酚酸。又如，用于治疗痔疮的中成药，处方中以五倍子为君药，采用了水解后总没食子酸量为测定指标，不能反映产品的有效性，这是因为结合状态的鞣质可与蛋白质作用产生收敛作用，产生更强的收敛效果，其质控指标应选择水解后的总没食子酸量与未水解时游离没食子酸量之差，以间接反映结合状态鞣质的含量。

另外，在中成药质量标准中，目前普遍存在着许多适应症完全不同的中成药却采用相同的含量测定指标，如芍药苷、黄芪甲苷、盐酸小檗碱、大黄素、绿原酸等，难以真正反映其质量，也给造假分子可乘之机。

八、动物保护

目前动物来源的中药比例还不小，尽管许多疗效确切，但受到一定动物保护方面的限制。在制定中药质量标准时，应该考虑动物保护的因素，其处方尽量不用禁用动物，或替用允用动物。如有的处方中含有国家保护动物，如象牙、豹骨、穿山甲等。

国际上，含有虎骨或麝香的制剂早已被禁用，其他的羚羊角、穿山甲等属于二类保护动物，应用也受到一定的限制。而引流熊胆由于会引起熊的痛苦而受到各界非议，其应用已被抵制。全蝎、蜈蚣等虽不是受保护动物，但由于生活习惯或毒性在一些国家被禁用。其他因动物药的原因被禁用的还有六神丸等。

九、其他问题

如同品种或不同处方、不同制法和规格的品种，功能主治一致但用量却不一致。存在着规格、功效、用法等问题如下：

（一）规格问题

主要是药品规格过多，且不规范或不合理。包装规格更多，如小儿七星茶颗粒目前有21个生产厂商、多个包装规格，如表3-1-1。

表3-1-1　小儿七星茶颗粒多规格包装简表

规格	包装规格	批准文号	生产厂商
每袋装7g	10袋	国药准字Z45022248	北海市北部湾制药厂
每袋装7g	6袋/盒	国药准字Z44022568	佛山德众药业有限公司
每袋装7g	6袋/盒	国药准字Z44023122	佛山冯了性药业有限公司
每袋装7g	10袋/盒	国药准字Z35020183	福州闽海药业有限公司
每袋装7g	12瓶/盒	国药准字Z44023436	广东华天宝药业有限公司
每袋装7g	7g/袋	国药准字Z44022172	广东化州中药厂
每袋装7g	7g/袋/盒	国药准字Z44021078	国中成药
每包装7g	10包/袋	国药准字Z44023746	广东阳江制药厂有限公司
每袋装7g	12瓶/盒，10袋/包	国药准字Z44023189	国中成药
每袋装7g	7g×20袋	国药准字Z45020197	广西梧州制药（集团）股份有限公司
每袋装7g	7g/袋	国药准字Z44022160	广州白云山制药股份有限公司广州白云山中药厂
每袋装7g	每盒装10袋	国药准字Z44023698	广州羊城药业股份有限公司
每袋装7g	20小袋	国药准字Z44022659	国中成药
每袋装7g	10袋/盒	国药准字Z44020606	国中成药

（续表）

规格	包装规格	批准文号	生产厂商
每袋重7g	7克	国药准字Z45022174	钦州金页药业有限公司
每袋装7g	10袋/中袋	国药准字Z44022527	国中成药
每袋装7g	12袋装	国药准字Z45020569	三金集团桂林同济堂制药有限责任公司
每袋装7g	7g×9袋	国药准字Z61020527	陕西海普药业有限公司
每袋装7g	10袋/包	国药准字Z45021415	国中成药
每袋装7g	20袋/盒	国药准字Z53021230	云南白药集团股份有限公司
每袋装7g	10袋/包	国药准字Z44021610	湛江向阳制药有限公司

（二）功效问题

有的品种功能与主治表述不规范，存在扩大适应症等问题。

（三）用法问题

有些是用法不合理或已知可能造成毒副作用，如含汞制剂用于破溃皮肤，会产生毒性；有些是剂型服用不方便，如眼用制剂外用用法“取适量，用蒸馏水或冷开水溶散后，点入眼睑内”。有的品种处方虽然合理，但剂型选择不当，导致服用剂量过大或过小。

放射残留是近年引起重视的问题，为保证中药材或其粗制品的卫生学合格，同位素辐照已不是什么秘密了。国际上，一些国家有辐照残留标准（1999131EEL），无标准超剂量的辐照，对中药所含的成分有影响，辐照残留也应引起重视。

第二节　标准安全性控制问题

标准安全性控制问题实际上是普遍的，既有中药本身毒性成分的问题，又有残留成分的问题，我们先从比利时“中药致癌”谈起。

2000年，比利时发生了一起数百人由于长期误服有毒草药减肥而导致肾衰竭现象的事件，根据调查认为是该减肥药中使用了中药木通（关木通），是木通中含有的马兜铃酸引起的中毒，这比国内“龙胆泻肝丸”（处方含“关木通”）导致尿毒症早了好几年。该事件本来是制造商误用中药而致，但却导致了西方医学界保守势力借此事件对使用中草药的群起攻之。美国New England Medical Journal、《纽约时报》、《时代周刊》、CBS的60min节目等主要报纸、电视台、电台等媒体相继发表醒目的新闻报道，一时间“中药可以致癌”传遍美国。舆论的喧哗误导社会对中药的认识，也必然影响中药在美国的发展。

又例如，美国的食品药物检验分析中心在检验从中国进口的植物药提取物和药材样品时经常发现不合格物品：麻黄提取物中掺有化学合成麻黄素；贯叶连翘提取物完全是另外的替代品，银杏叶提取物黄酮指数低微，人参所含农药超标等等。在2001年4月，FDA发表的植物药不安全警告的名单中包括防己、细辛、威灵仙、木通、青藤等10余种常用中药。这些现象加上媒体渲染，致使保健产业界专业人士对中国的中药和植物药产品产生疑问：中国政府没有管理中草药的质量吗？中药是不安全的吗？目前很多国家都对中药产品有禁忌，详见表3-2-1。

表3-2-1　有关国家对中药禁忌举例

国　家	禁　　忌
美国	禁止含有铅、汞、朱砂成分的中药进口，禁用黄连和含有某些动物或矿物成分的中成药
加拿大	禁用含汞、砷、砒霜、铅等重金属及有毒元素超过规定的中成药
德国	禁用含马兜铃酸的专利药、草药及提取物
英国	禁用川乌、草乌、附子、马钱子等
日本	汉方药仅限于210种，禁用朱砂、雄黄
韩国	禁用大黄
新加坡	禁止销售黄连、黄柏等，禁售含犀牛角的药品
印度尼西亚	禁用当归、川乌、丹参、五灵脂、红花制成的胶囊

下面我们从中药本身的毒性成分、重金属和有害元素、农药残留、黄曲霉素、微生物等方面谈谈标准安全性控制问题。

一、毒性成分

主要是指中药本身的毒性成分。

中药成分复杂，对机体不可避免地会有不同的反应，这就是“逢药三分毒”所指，所以应对中药临床反应作重新评价。个别中药本身含毒性成分，近年在国际上发生了几件较有影响的中药毒副反应事件，如日本柴胡事件、新加坡黄连事件、美国麻黄的副反应、比利时减肥事件，甚至巫丹事件（20世纪90年代，因服用中药导致兴奋剂检查不合格，后发现是马钱子引起），提示我们对中药质量标准，尤其是对含有毒性成分的中药必须制定出相应的检测指标，如马兜铃酸限度、乌头碱限度、士的宁限度等。

对处方中含毒性药材品种国家曾专门发文《含毒性药材及其他安全性问题中药品种的处理原则》。在质量标准研究方面尤应非常重视，主要应关注以下两方面的问题：

（一）关于用法用量的问题。为保证制剂的安全性，须关注制剂中所含毒性药材是生品还是制品，内服还是外用，是否超过法定标准用量等。如药典规定细辛“口服，1～3g”，雄黄“内服：每次0.15～0.3g，入丸、散用；外用：适量，涂患处”。

（二）关于毒性药材的质量控制问题。目前对含毒性药材的中药制剂质量控制的一般要求：处方中含有标明剧毒或大毒的药味，内服制剂和外用制剂用于疮面、黏膜等易吸收的部位或制剂中添加了促进药物透皮吸收的促透剂时，应在制剂中建立相应的毒性成分的限量检测法或含量测定法，且要求有严格的限量或含量范围，以确保制剂的安全。其中对毒性成分，应规定含量高限；对既是有毒成分又是有效成分的，应规定含量范围。

二、重金属和有害元素

重金属一般包括铅、铬、铁、铜、锌、镍、钨，铜、铁、锌为必需的营养元素，镍、铬毒性较低。另外，汞及砷（归非金属）也应控制量。各种金属离子的毒性不一，测定总的重金属量不一定能很好反映其安全性，因此，建议采用原子吸收光谱法分别测定铅、镉、汞、铜等单一重金属的量，这样可更准确地反映药物中重金属的实际情况。我国《中国药典》2005年版新增了采用原子吸收或电感耦合等离子体质谱法测定控制的重金属和有害元素有汞、砷、铅、镉、铜，而2001年国家已制定了中药出口的重金属限量标准。

目前，多数国家如美国、德国、英国、日本、新加坡、加拿大等均有食品或相应中药制品的重金属限量标准。

重金属超标是中药出口时常常遭禁用的原因，如牛黄清心丸在加拿大遭禁用等。常遭禁用的药有朱砂、砒霜、雄黄、雌黄及安宫牛黄丸、紫雪丹、紫金锭等。

三、农药残留

与重金属和有害元素一样，我们在第二章的“安全性控制发展趋势”中对污染来源、防止污染、检测方法、控制标准几方面都已进行了详述。以前中药多为野生，不存在农药残留问题，但现在随着中药的规模发展，对中药材需求量很大，常常是大面积种植，为了减轻或消除病虫害，经常使用农药。甚至周边地区应用农药或以前应用农药后在土壤中有蓄积等，均可导致中药中农药残留超标。

目前中药多以食品或保健品进入国际市场，不同国家对农药残留的检查虽有差异，但常见农药均在检查之列。

四、微生物及外生性毒素

中药的卫生学较差，目前原药材还无卫生学标准，中药传统剂型的卫生学标准较低。而发达国家对食品或中药制品的卫生学标准要求较高。随着中药大量地走向国际市场，微生物检查不合格也将成为中药遭禁用另一新原因。

一些特殊发酵中药或制品的黄曲霉菌等外生性毒素超标应当引起重视，它一样会使中药遭禁用。

第三节　中药概念与定位问题

上面两节，我们分析总结了中成药标准存在的问题，它们都属于标准的表象问题。下面几节，我们将标准存在的问题进行深层次的剖析，即从中药的定位、标准的研究和管理方面分析中药标准存在的问题。

对中药准确的概念与定位的界定，决定着中医药的前途和命运，也决定着标准对中成药的控制目标与控制路径。这里引述张贵君[1]教授在这方面的论述。

一、中药是什么

首先要明确中药究竟是什么？中药是在中医药理论和临床经验指导下用于防治疾病和医疗保健的药物，这个药物是由饮片作为原料配伍的传统复方及其制剂。确切地说，传统复方及其制剂才是疗效确切的中药，是治疗疾病的直接物质，即药效物质，它由具有功能的饮片组成。

二、中药的定位

下面通过四个流程来说明中药准确定位或概念界定这个问题。

（一）药材

流程：药用植物、动物、矿物→药用部位→药材

使用与管理：进入地方市场管理，技术人员是农民，在自由市场和工商管理市场交易。不符合临床用药要求。非医药专业管理。

定位：非药品。

（二）饮片

流程：药材→加工→炮制→饮片

使用与管理：进入国家药品管理范围，技术人员是中药师，药店、医院经营，药厂的原料药，符合临床用药要求（有四气、五味等）。医药专业管理。药品。需要医生临床处方使用，极少数品种在临床单独使用。

定位：药品。

（三）复方

流程：饮片→配伍→复方

使用与管理：具有功能主治，临床使用，主要是汤剂或散剂，医生临床处方用药，患者服用（疗效确定）。

定位：传统中药。

（四）制剂

流程：复方→在传统中药的基础上工厂制造→制剂

使用与管理：具有功能主治，剂型多种，药店、医院经营，患者服用（疗效确定）。

定位：近代中药。

由此可对中药进行准确定位或概念界定：饮片和复方制剂才是中药，复方制剂是疗效确切的中药，是治疗疾病的直接物质，即药效物质。

三、中药的起点

通过上面的定位不难看出，中药的起点是饮片，即配伍原料（配伍组分）。过去的研究有相当的一部分是把药材作为中药研究，属于中药的定位错误，产生的后果是非常严重的。

中药是经过中医临床学验证的药效物质，那么我们对中药的研究应该从临床使用的复方开始，而多数“现代中药”的研究正好与之相反，违背了传统的中药发展规律，研究的结果不是在继承传统中药基础上的“现代中药”，导致了研究脱离临床。

由于中药研究起点的错误，出现了以药材替代饮片的现象，导致了真正的中药原料（饮片）缺少标准或没有标准，这涉及中医药的存亡问题。

必须指出：中药用于治疗疾病的起点是作为临床处方使用的饮片，也就是说进入国家药品管理系统、医疗使用系统和药品流通领域的才称之为药。建议国家药典收载的标准应该是饮片及其制剂的标准，因为这才是药店经营和医院使用的中药；中药工厂生产的制剂，其原料药必须是饮片，否则违反了中药的用药原则和规律，会导致中药疗效的不确定性。

第四节　标准研究与评价问题

中药如何研究决定生产出来的产品的形式，而建立标准的目的是如何对这个产品进行合理评价。如果是按照传统中药的模式进行研究，其合理的标准是应该符合中医药的特点，对产品进行整体性和有效性评价。但目前中成药标准往往还存在着研究方法的技术路线、整体性和有效性评价方面的问题。

一、中药研究方法的技术路线不清晰

国际上常把中药称为生药，为与国际接轨，遂将中药改成生药，认为中药和生药等同，所以在研究论著中经常出现生药、中药名词混淆的现象。中药和生药归属于两个不同的学科体系，不能混为一谈。我们先来看两者研究方法的技术路线：

其一，中药的研究是从临床开始，疗效是确定的，起点就是药物：

中药（药典规定使用的药物）→药效组分→作用机理→组分中药→临床重新比较验证→临床中药（现代中药）。

其二，生药的研究是从生物开始的，疗效不确定，起点是动、植物：

生物（药典没有规定，临床不能使用）→成分研究→活性实验→药效成分→按照新药研究的路线进行研究→临床验证→化学或生物新药→临床使用（药典收载，生物药或化学药）。

所以，采用生药的研究方法研究中药，研究出来的既非中药也非天然药物。

目前，一谈中药质量研究就是化学成分的含量测定，认为用研究生药的技术路线去研究中药的质量、测定某种或某些化学成分就是质量研究。还有，现行中药标准的化学对照品的含量指标没有可信域，即不能表述中药的安全性、有效性和稳定性，也就是说，所谓的标准缺少实用性，与中药的生产和应用脱节。

正确的路线应该是以中医药理论为依据，充分利用现代医学科学发展的成果，吸取现代物理学、化学、信息科学的优势，建立高效、微量、准确、快速的中药有效成分的分离方法，建立规范化的中药药理动物模型、评价方法和指标，开展方剂配伍理论性的基础研究，以科学数据阐明其药效、作用机制及方剂配伍规律的科学性。加强中药毒理学理论和方法学研究，以解决中药配伍禁忌、中药方剂中配伍使用减毒增效的作用机制等问题，为研制安全、稳定、高效的中药打下坚实的理论基础。本书在第九章提出了一个具有中医药特色的中药标准创新模型。

二、中药标准少用整体性的评价方法

根据系统的整体性原理，所谓系统是由相互联系、相互作用的若干要素构成的具有特定功能的有机整体。中成药就是由若干味药配伍构成具有特定功能的有机整体，而有机整体的功能不同于构成它的各味药的性质与功能，也不同于构成它的各味药的功能之简单相加之和，它是具有新功能的一副复方药。如补中益气汤（含黄芪、甘草、人参、当归、橘皮、升麻、柴胡、白术）主治脾胃气虚，中气下陷。拆方实验发现，升举清阳的升麻、柴胡二药对肠管蠕动无明显影响，但从全方中减去此二药时，促进肠蠕动效果明显减弱，且不持久，表明升麻、柴胡与方中其他药有协同作用，产生了整体效应。

中医理论强调中药的整体效应，强调“君臣佐使”的配伍，辨证施治用的是药味而非某个化学成分，重视各化学成分在药效上的协同作用。目前普遍存在着中成药质量研究以化学物质为基础，所设计的检测方法都是对某一成分的鉴别和含量测定，缺乏整体性，不能完全反映中成药的质量。由于中药化学成分的多样性和复杂性，还有许多饮片的有效成分不能确定，而且中医用药讲究配伍、随症加减，药效之发挥不能为一两个化学成分所体现。因此仅以中药内一两个有效成分作为定量、定性指标如同管中窥豹一样，远不能从整体上反映中药的内在质量。例如：麻黄具发汗功能，可治哮喘且疗效明显，自古沿用至今；而从麻黄中提取的麻黄素治疗哮喘的效果却不如麻黄明显。又如，人参皂甙消除疲劳、强壮身体的功效远不如人参的效果显著。再如黄柏，可以规定其小檗碱含量必须在1%以上，并同时含有木兰碱、巴马丁和药根碱，但符合这一规定的药材不单是关黄柏、川黄柏，黄连也完全符合这一规定。然而，在临床上黄连是不能与黄柏等同使用的，因为黄柏和黄连在其他成分上还有差异，成分上的不同造成它们在功能主治和疗效特长的不同。还有，苦参碱与苦参在中医看来完全是两回事。

大家都还记忆犹新，三聚氰胺事件中，为了使蛋白质含量能达标，不法奶农非法添加含氮量很高的三聚氰胺，三聚氰胺事件对中国中药产业也是一次警醒！由于生产过程的损失等原因，中成药所含化学成分的含量与药材中的化学成分的含量是不一致的，一般地说均低于药材成分的含量。那么，使用药材的成分含量作为标准来评价中成药，其结果可能会是绝大多数的中成药不合格，尤其是药厂在生产中进行质量控制时，只能采用增加剂量和添加化学对照品的方法来适应规定的标准。这样会导致中药疗效的不确定性，造成对中药疗效和安全性的信任危机。

因此，仅凭测定少数几种化学成分想保证药材的质量是不可能的。评价中成药的质量不是根据构成它的各味药的性质和功能来评估，而应根据它的新质、新功能来评估。它的质量标准是一种全新的、不同于西药的评价指标，因而就不能沿用西药的质量标准。

如上述的补中益气汤（丸），《中国药典》2005年版标准是对白术、甘草、当归、橘皮进行薄层色谱鉴别和对黄芪甲苷进行含量测定，缺乏一个对整体进行质量评价的方法，如指纹图谱或生物检定法。

中药标准整体性还有另一层意思。目前，中成药普遍存在着只针对标志性成分的检测标准，这显然已经不能满足药品行业安全、有效的要求。化学标准、生物标准、生产标准三标合一的综合标准已经势在必行。特别是针对直接危及生命的重金属、农残及霉菌等物质的限量的绿色标准成为确保中药安全的首要屏障。

三、中药标准有效性评价模式欠完善

中药的质量必须用临床指标或能代表其药效组分的指标去标识，脱离临床评价的指标去研究标准是没有实际意义的。中药标准的有效性评价模式缺失包含至少三层意思：

（一）缺乏有效性成分指标，仅有指标性成分

这样的例子比较普遍，在此不作赘述。

（二）不同功效的中药用同一种成分评价其质量

具有不同功效的中药而含有相同或相似化学成分的现象比比皆是，在现行的中药标准中，用相同的成分标示其质量的不一而足，如人参和三七，白芍和赤芍等等。从药品的使用角度来看，用相同成分来控制不同中药的质量实在让人费解，这种质量标准既不科学也没有意义。

（三）未引入生物学评价方法

从上面分析可见，单一指标成分的定性、定量分析，未能切实地、全面地反映中药临床功效，加上次生代谢产物的多态性、微量性、不稳定性，使得以成分作为质量评价指标更加大打折扣。因此，中药的质量研究，不应仅仅局限于形态、化学的指标，在有效成分不明确或不确定的情况下，评价其生物活性效能，更显重要。生物学的评价方法，更能反映中药的内在质量。同样是天然产物，抗生素类早期的评价不也采用了“效价”测定方法吗？

生物学方法也是一种较好的质控方法，适合于有效成分不明而生物活性明确的中药制剂，在某种程度上相当于将体外的药效试验作为质量控制的手段。其优点在于，生物学检查结果可在一定程度上反映中药某一方面的药效作用。如某含地龙冻干粉的胶囊，可进行蚓激酶的纤溶活性检查；某进口植物药将药物对白血病细胞的细胞毒作用列入了质量标准；黄体生成素、卵泡刺激素、缩宫素生物检定法都可尝试用于具有相应作用的中药；基于中药对细胞、细胞因子、基因、蛋白（酶）影响的体外试验，也是可以尝试的方法。生物学方法的要求较高，需要灵敏度高、重现性好，还要排除复杂中药成分的干扰。

如陈小章[1, 2]博士运用膜片钳技术对上皮细胞的研究取得国际瞩目的研究成果，可对白凤丸、藿香正气水等的功效统一为膜电位的变化，为制定包含有效性指标的药品标准打下基础。本书第九章我们也将讨论生物色谱技术用来作为评价中药质量的方法。

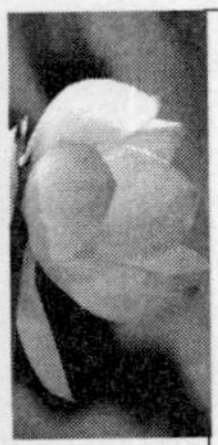

第五节　标准生态与管理问题

“生态”一词现在通常是指生物的生活状态，即生物在一定的自然环境下生存和发展的状态。标准生态，即标准的生存和发展状态，包括其生存环境。中成药标准的问题，既有整个社会针对传统医药的法律制度问题，又有标准发展的方向性问题，还有标准本身存在统一规范问题。这既是宏观层面的问题，需要政府作出正确的决策及制定与之配套的管理法规；又是微观层面的问题，需要标准化组织制定好指导原则和技术要求，可见这些都属于标准的生态与管理问题。下面我们将分别进行讨论。

一、现有法律法规有碍传统医药发展

上述谈到中成药标准存在的很多问题若要得到解决，有赖于传统医药法律体系的完善。虽然《中华人民共和国中医药条例》于2003年10月1日起实施，但中医政策仍然落实不到位，“中西医并重”仍然停留在口号上。正如国家中医药管理局人事与政策法规司副司长桑滨生[1]在2006年初所说的，鉴于现行的一系列相关法律法规还存在着上述诸多问题，远远不能适应我国传统医药发展的需要，因此亟待制定一部全面系统的传统医药专门法，进一步建立健全传统医药法律法规体系。

据了解，目前除《中医药条例》外，与传统医药有关的法律法规总体上看内容比较分散、不系统，特别是体现传统医药的特点不够，在许多方面还存在空白，对传统医药的扶持、保护、发展还很不够。比如在民族医药和中药资源保护以及传统医药知识产权保护等方面存在法律空白，尤其在知识产权方面，现行的专利法、商标法、著作权法等法律对传统医药知识产权保护的特殊性基本没有体现，难以提供有效的保护。其次，现行的涉及传统医药的法律法规，主要是参照西医西药的模式制定的，无法有效体现中医药等传统医药的特点和自身发展规律，在一定程度上不仅起不到保护作用，反而还可能会制约传统医药的发展。另外，由于现行的涉及传统医药的法律法规更多地是规范、管制，缺乏有效的保护、发展措施，在一定程度上也制约了传统医药的健康发展。

传统医药法律草案将对十二个问题予以规范，其中包括现行传统医药的管理体制与机制问题、现行制度尚未充分体现传统医药的特点及自身发展规律问题、传统医药的发展模式问题、继承不足与创新不够问题、传统药多头管理问题、传统医药资源与知识产权缺乏问题。这都是中成药标准发展所面临的问题。在将建立起的五大基本制度中，如继承发展的扶持保障制度、传统医药管理制度、传统医药的资源与知识保护制度等与中成药标准管理密切相关。因此，中成药标准要健康发展也有赖于传统医药法律体系的完善。

二、标准在现代化的纷争中迷失方向

所谓中药现代化，就是将传统中医药的优势、特色与现代科学技术相结合，以适应当代社会发展需求的过程。它的目标就是在继承和发扬中医药的优势和特色的基础上，充分利用现代科学技术的方法和手段，借鉴国际通行的医药标准和规范，研究开发能够合法进入国际医药市场的中药产品[2]。

中药标准是按照传统模式走，还是与国际接轨？伴随着中医药现代化的纷争，中医药发展模式之争论一直没有停止过，以下先摘录一些代表性意见：

（一）中药现代化课题研究

1992年，科技部中国科学信息研究所徐绍颖教授归国后，向科技部申请了“促进中药出口创汇的战略与政策研究”的课题，正式拉开了中药现代化的一个序幕。4年后，在原国家科委社会发展司司长甘师俊、国家中医药管理局副局长李振吉等人的领导下，进行了中药现代化发展战略研究。随后，中国新药研究与开发协调领导小组提出中药现代化科技产业行动计划，得到了国家批准。

（二）传统中药须具有现代相关科学内涵

传统中医药有其独特的优点，应重视饮片以及饮片使用的发展现状，与西方药厂合作，只有这样我们的中药才能进入世界市场，适应世界需要。血脂康是一个非常成功的中药品种，因为它应用现代科学技术进行研究，源于传统高于传统，是现代意义上的中药。北京中医药大学校长郑守曾在“现代中药发展战略高层论坛”上指出，我们中国的现代中药，目前还没有摆脱替代以及补充的地位，所以西方称之为补充医学、替代医学。因此我们现在的战略首先要开发首选药物。其次，对中国传统中药进行重新组合，开发出具有针对性的新药品种。

（三）保持中药特色须坚持主体战略

中国中医科学院院长曹洪欣在“现代中药发展战略高层论坛”[3]上指出，现代中药发展应该坚持主体战略。所谓主体就是指中医药作为中国文化的组成部分，这门科学几千年来为中华民族的繁荣昌盛作出了重大的贡献。在当今西方科学还原论不能解决问题的时候，大家能够在人文与自然科学结合的过程中想到东方医学，想到中国中医药，是我们应该关注的。

（四）中药现代化的反思——否定“中药研发等同于西药”

“中医药发展战略研究课题组”负责人、中国科技信息研究所研究员贾谦说，在该研究中要搞清楚中药的药效物质基础，提取有效成分，争取两三种现代化中成药进入国际主流医药市场，同时提出了中药的标准，并提出了“敲开美国FDA大门”之类的口号。当时，确实是把中药研发等同于西药研发，目的只为了进入国际市场。但1999年11月，他写了《中医药现代化、国际化的反思》。他甚至在相关报告中提出，中药不等于植物药，不能把中药降低为植物药。西方国家并没有中药的标准，硬是要接轨，必然是阉割中医药的精髓和灵魂。因为中医是从宏观看问题，西医是从微观看问题，同时中医是中庸医学，而西医是对抗医学，而且中药在5000年的历史中，并没有因为耐药性而被淘汰。由于中西医的两个体系，中西医甚至对毒性的认识都是不同的，中医历来“聚毒药以供医事”，并非有毒就不能使用，这些在西医看来是不可思议的。

（五）中药现代化的反思——否定“按照西药的思路来发展中药”

按国际管理药品的相关标准来实现中药现代化，等于是按照西药的思路来发展中药。

北京时珍中草药技术有限公司总经理周成明当初是反对中药材生产质量管理规范认证的主

要旗手。他说，按照这种中药现代化的思路，相当于认为中国几千年来的传统药材产区生产的药材是不规范的。中药材是在复杂多变的生态系统中栽培，而且正是这些气候条件才造就正宗的药材。其间，周成明写就了《中药材GAP认证的七大危害》。从2004年的下半年开始，周成明的言论借助媒体、研讨会不断扩大。在西安等几次会议上，周成明与国家药监局的官员针锋相对——国家药监局官员对周提出的“七大危害”逐一反驳。

（六）中药现代化的重点——加强中医药功效指标量化研究

在第二届中国中医药发展大会上，国家食品药品监督管理局原副局长任德权指出，实现中医药现代化，首先要实现中医药理论的现代化。在实现中医药理论现代化中，最具有潜力的是加强中医药功效指标量化研究问题。当今社会处于数字化信息时代，基因组学、分子生物学、循征医学等现代科学技术与人们的生活和工作密不可分。

他在回答《中国中医药报》关于中药现代化今后发展趋势时说：

1. 安全性。

中药的安全性问题尤其是上市后的安全性问题值得关注，现在的中药使用比过去要复杂得多，现在的群众，包括我本人生病的时候不会光吃中药，有时候也吃西药、吃保健品……这些药物的相互作用是怎么样的？比如说你吃阿司匹林的同时吃六味地黄丸，是否有副作用，这些情况都要继续研究。

2. 有效性。

传统中药如果进入国际市场，有效性就必须用现代语言来表述，不能说滋阴补气，否则他们不理解。一个更深入的工作是我们今后要做的技术工作，中药有效性的功效量化，滋阴补气怎么客观化、量化？如果能够客观化、量化了，不但我们自己掌握容易，让世界接受也容易。

3. 质量稳定性。

中药是一个物质群，不是单一化的结构，仅一味药里面就有上百个成分。如何使它稳定，每批产品相对一致，保证它的安全一致、功效一致？在这方面我们进行了有益的尝试，第一个敲开FDA大门的天士力药业集团，10年前就开始搞GAP，从规范药材种植、产地稳定入手，再通过工艺研究进行质量控制、工艺在线控制，做到最后的物质群组分，使其能够清晰地显示出药材的稳定性。但是现在回过头来看，他们的基础工作还不够，还要再努力。

（七）中药现代化是系统工程

国家中医药管理局科教司高思华司长指出，中药现代化是一个系统工程，不只是一个剂型的改进、一个工艺的改进，也不只是出一个新药就是中药现代化。应该是在中医理论指导下，从中药的资源管理，到中药种植、加工、炮制、制药设备、工艺、创新药物全方位的一个现代化。在现代化的过程当中，升华出一套现代化的中药理论，形成一个与现代科学相互交融的现代化中医药理论体系，形成符合中药自身特点的疗效评价体系和标准，形成符合中药特点的安全评价体系和标准。中药不同于化学药，也不同于生物药，用它们的评价体系去衡量中药显然不够科学。中药现代化的另一个标志就是能够形成与资源、环境、中药工业、中药农业和谐统一的可持续发展的机制。中药的现代化应该和中医理论紧密地结合在一起，提出一套有利于知识产权保护和利用的机制。

（八）中药现代化必须兼顾继承与借鉴

2004年，中药饮片炮制专家王孝涛在《实现中药现代化相关问题的思考和建议》中写道：中药现代化应在继承中医辨证用药特色和中药生产自身发展规律的基础上，充分利用和借鉴现代科学技术和西方制药技术的经验，研究创新，实现中药的现代化。

综上所述，伴随着中医药现代化的纷争，激烈的标准模式之争，使标准失去了发展的方向，从而使标准在体现“安全、有效、可控”方面进展不大。

三、统管标准的规范缺位造成杂乱局面

既然目前我国中药品种繁多、质控水平低已是不争的事实，历史和中国特色当然可以作为部分挡箭牌，但管理机构规范缺失或不到位也是不可忽视的原因之一。我们撇开行政和经济的因素，从纯技术角度简要列举几个问题：

1. 未根据技术标准战略制定出中长期中药标准发展规划，包括设计国家中药标准体系。

2. 未对已经统一的数量繁多的国家标准实行分类或分级管理，制定中药标准的分类原则、收载遴选原则，包括形成国家标准的退出机制。凡事求多求全，如不分类别差别化对待，难以管好。

可喜的是，目前国家药品评审中心对新报批的中药已实行了差别化管理，中药质量标准视所开发的药物的类别和剂型的不同而不同。如中药二类新药制剂中的主要成分必须基本清楚，应有其化学成分的理化常数、结构测定等有关数据；三类新药制剂多为复方制剂，要有各组分尤其是主要组分的主要成分或有效部位的一般理化性质的文献资料或研制过程中试验材料及结果。如将二类中药的有效部位制成注射剂，其有效部位的含量应不低于总固体量的70%（静脉用不低于80%）；若制成口服片剂等，其有效部位的含量应不低于总固体量的50%。

但对目前已上市的近万个中成药在标准方面该怎么样差别化管理，其力度显然还很不够。

3. 未对不同类别的国家标准作出统一的要求，即分别制定指导原则和技术要求，国家标准的统一规范工作还亟待加强。

4. 未结合医疗保险制度、知识产权保护制度，以及药品包装管理法规综合考虑标准的设置方式和制定内容。

由此可见，统管标准的规范缺位，“标准的标准不标准”是造成目前标准体系杂乱局面的主要原因。

【本章参考文献】

第三节

[1] 张贵君.中药研究的误区思考与创新研发的新思路.中国中药杂志，2007，32（13）：1367～1369.

第四节：

[1] 朱进霞，陈小章. 白凤丸及其主要活性成分对机体及胃肠道上皮细胞离子转运功能的影响[J]. 生理学报，2007，59（4）：477～486.

[2] 谢晨，王晓飞，祈秀娟. 藿香正气水对猪远端气道完整上皮HCO_3^-分泌的作用[J]. 生理

学报，2008，60（1）：90～96.

第五节：

[1] 桑滨生. 传统医学法律地位日益受到各国关注. 法制日报，2006-03-22.

[2] 赵映前. 我国当前中药现代化研究工作的现状与思考. 湖北中医杂志，2005，27（7）：46～47.

[3] 现代中医药. 现代中药发展战略高层论坛报道http：//www.chinamtcm.com/html/27771.htm.

第四章

中成药标准诊断要略

前面几章，我们从中成药的概念谈到中成药标准的历史沿革，从中药现代化的“继承”与“接轨”纷争谈到中成药标准的发展趋势，并指出了存在的问题。回到现实，如何诊断，找出标准存在问题的目的何在？这正是本章要讨论的主要内容。我们将在后面的章节里谈及制定《中成药标准提高指导原则和技术要求》，这也作为中成药标准的诊断标准或依据。

在前面章节已讨论了中成药标准存在的问题之后，如何对每个中成药标准进行望闻问切后提出医治“良方”呢？我们先制定诊断原则，再结合具体实例研究如何进行诊断。

第一节　诊断原则

一、概述

按照《药品管理法》的规定，“药品必须符合国家药品标准”，“国务院药品监督管理部门颁布的《中华人民共和国药典》和药品标准为国家药品标准”。国家药品标准是国家对药品的质量和检验方法所作的技术规定，是在正常的原辅料与正常的生产条件下生产的药品质量是否符合要求的判断标准，是药品生产、销售、使用和检验部门共同遵守的法定依据。

随着科技的进步与发展，药品质量控制与检验技术也在不断进步与发展，根据标准化的发展规律，药品标准也必须持续进行修订。如何诊断现有标准正文存在着的问题，是进行标准修订的第一步工作。

根据国家有关权威部门在不同阶段对药品标准的规范要求，特制定下列四项原则。

二、诊断原则

“科学、规范、实用”是国家药品标准制定的总的指导原则。制定中成药标准诊断原则的目的，就是通过提纲挈领方式，迅速找出中成药质量标准正文中实际存在的不符合“安全、可控、科学、合理”的问题。现归纳出四句话，并列出四大诊断原则。

格式规范如主干，
科学设项看含量。
数值点睛须组对，
标准通篇求安全。

（一）格式规范原则

“格式规范”是中成药质量标准本身的形式要求。这要求中成药标准应按现版《中国药典》和《国家药品标准工作手册》的格式和用语进行规范，做到用词准确、语言简练、逻辑严谨。具体应包括四方面的内容：一是名称应按要求进行规范，避免带有封建迷信色彩、含降糖降脂、带有西药名等。二是判断剂型类别，格式按现版“制剂通则”进行规范，如制法项内容与现行版药典附录制剂通则要求不符的，应与药典统一（如含糖量等）。三是含量及规格应按要求表达。四是功能主治应按要求规范。

（二）科学定项原则

“项目科学”是药品标准项目诊断的科学性要求。由于早期制定的中成药标准已严重滞后于药品生产现状和药品检验工作的发展，缺少一些必要项目，或项目设置不科学经常在中成药标准中见到。对标准中的项目应该按照行动计划要求科学设置，具体应包括三方面的内容：一是标准中的处方、制法、规格及制成总量（国家保密品种按保密形式报送）等项目都应该列出。二是没有标准的中药材和提取物要制定相应的质量标准，并附在标准正文之后。三是标准中的鉴别应具专属性，含量测定项目一般必须具备。

（三）数值准确原则

“数值准确”是中成药质量标准的准确性要求。由于质量标准是中成药品质和工艺质量方面的标尺，数值在标准中是否能准确显得非常重要，具体应包括三方面的内容：一是标准的处方量应准确，并且应按1000个制剂单位（毫升、克、袋、片、粒等）的量列出制剂中所有的药用成分。二是制法中应明确列出关键的工艺参数，明确或制定制成总量。三是含量测定制定的限度应该恰到好处，偏高或偏低都不合理。

（四）安全环保原则

“安全”是药品标准的最基本要求。药品标准是强制性标准，安全性是强制执行的主要内容，是政府维护群众用药安全的体现，而“环保”是对检验操作者和环境的保护要求。对药品标准的安全环保要求主要体现在中成药标准中应设置安全性指标和使用安全性检测方法，避免对检验者健康造成威胁和对环境造成污染，具体表现在三方面的内容：一是对含生川乌、生草乌、生附子等生的毒性药材或含有马兜铃酸的药味的品种应制定已知毒性成分的限量检查。二是对含矿物药和毒性药材应该设置毒性成分、重金属、砷盐等检查项目。三是检测方法中尽量采用毒害小、污染少的试剂、试药，建议不使用毒性较大试剂如苯、三氯甲烷等；原标准中使用的苯等有毒溶剂建议尽可能用其他试剂替换。

三、制定说明

（一）制定背景

正如在第三章“中成药标准存在的问题”中提到的，由于历史原因，中成药标准已严重滞后于药品生产现状和药品检验工作的发展，这既有中药标准体系存在的问题，又有中成药标准本身存在的诸如名称、习用药材、组方、制法、指标、检测方法等问题，还有根据现代观点来看存在的安全性指标方面的问题。这些问题往往交织在一起，盘根错节，严重影响了中成药标准的可控性、科学性，给人民群众的安全有效用药带来不便。对这些存在的问题，既不能用传统中医药的观点，粗放式地对中成药质量进行控制，又不能按照西药的观点，过分强调对所有组分进行含量控制，不切合我国中医药发展水平实际，全盘否定历史上形成的中成药标准。面对中成药品种繁多、历史复杂的实际情况，面对标准修订参与者实际上技术水平和专业背景参差不齐的情况，在按照要求对现有标准进行修订之前，首先要做的工作就是诊断出标准存在的问题。为了达到能够制定出“安全、可控、科学、合理”中成药质量标准的目标，我们以小范围的广州市名优中成药品种为试验，探索了如何从整体上对中成药标准进行提纲挈领地诊断的一些具体做法，根据药典委的有关要求，起草制定了《中成药标准诊断原则和诊断要点》。

（二）制定依据

“四大原则”并非凭空而定，是根据我国中医药发展水平和国家的有关要求而设置的。制定“四大原则”，首先要了解中成药质量控制的发展趋势和目前中成药质量标准存在的问题；其次要符合中成药的基本特点和中成药质量标准制定的基本原则；第三要符合国家有关权威部门在不同阶段对药品标准制定的规范要求，如国家药典委对国家药品标准的制定一贯是要求遵循“科学、规范、实用”的原则，国家审评中心对中药新药质量标准的技术评审一贯遵循“安全、有效、质量可控”准则；第四要运用诊断的一些基本技术。下面着重谈第四点。

中医学认为，事物之间存在着相互作用的关系和因果联系，人体是一个有机的整体，局部的病变可以产生全身性的病理反应，全身的病理变化又可反映于局部。因此，疾病变化的病理本质虽然藏之于“内”，但必有一定的症状、体征反映于“外”，局部的表现常可反映出整体的状况，整体的病变可以从多方面表现出来。通过审察其反映于外的各种疾病现象，在医学理论的指导下进行分析、综合、对比、思考，便可求得对疾病本质的认识。因此中医诊断的基本原则是“整体审察、诊法合参、病证结合”，中医学对疾病的诊断方法是望、闻、问、切“四诊”，收集到的病情资料主要包括症状、体征和病史。中药的经验鉴定是运用眼、耳、鼻、舌、手等感官来识别中药的形、色、质、气、味，从而鉴别中药的真伪优劣。两者诊断的基本相同点都是“从外到内，由表及里，从简到繁”。

作为衡量中医治病的药物的质量，对中成药标准是否存在问题，我们设置诊断原则首先也应该遵从这个规则，即按照从格式、项目、数值再到内容的次序。其次对每一步骤的诊断内容提出要求，即格式主要看规范，项目主要看设置是否科学，数值看是否准确，内容本很多，但我们在制定原则时主要考虑最重要的安全环保要求。

因此，综合上述要求，我们提出了提高标准行动计划的“四大原则”，即标准诊断“格式规范、科学设项、数值准确、安全环保”四大原则。

（三）制定意义

制定《中成药标准诊断原则和诊断要点》能够对提高标准行动计划和新版药典修订工作进行指导，快速找出目前中成药质量标准明显不科学、不合理、水平低、可控性差的问题所在，这是最终能够制定出“安全、可控、科学、合理”的中成药标准的前提。

（四）原则解读

“四大原则”要求能够提纲挈领地快速找出目前中成药质量标准明显不科学、不合理、水平低、可控性差的问题所在，追求的是简单易记的形式，其制定是经过深思熟虑的。

1.“格式规范”置于首位。

写什么东西都应该有规范，即了解一下此类体裁的结构，如写信，写小说等。写中成药标准也一样，也有其固有的格式、规范。

“规范”的形式是标准的格式和用语，是标准的“主干”。

“规范”的依据是现版《中国药典》和《国家药品标准工作手册》的格式和用语。

“规范”的内容虽然有很多，但在此处只要求看最主要的名称、剂型、含量及规格、功能主治等几个部分是否规范?

2.“项目设置”置于其次。

“项目”是标准的“枝”。设置的要求是否科学，这包含常存在的两个问题：一些必要项目缺少，一些项目设置不科学。

“项目缺少”有四种情况：一是一些中保品种或保密品种，处方和制法都不写出。二是多规格往往没写全。三是由于以前没作统一规定，有的品种没写出制成总量。四是有的标准采用地方习用药材作原料，还没制定标准。对处方中用到的提取物，有的品种没在标准正文之后按规定附上标准，包括处方和制法。

“项目设置不科学”指鉴别没有专属性（如理化反应），鉴别项目不足等。必须具备的含量测定项目其实在地标升国标时已有规定，但目前还有些标准缺少含量测定项目。

3.“数值”和“安全”都是内容问题。

如果说“格式”和“项目”是标准的“主干”和“枝条”，那么“数值”和“安全”就是标准的“花”和“叶”，都是标准的内容。内容问题很多，此处只把最容易看出的数值和最重要的安全问题点出来。

需要说明的是把安全环保置于末位并非说其不重要，而是根据对标准诊断的次序，因为这部分是属于内容部分。

第二节 诊断要点

我们根据四大诊断原则拟订了六大诊断要点。前者谈如何把握诊断的方向，后者谈如何掌握诊断要领。现归纳出六句话，并列出六大诊断要点：

格式要规范统一，处方看组成剂量，
制法看参数辅料，鉴别求清晰环保，
检查为安全设置，含量重方法指标。

下面我们对此分别进行简要叙述：

一、格式

格式的规范统一主要是针对标准正文格式、项目、名称和剂型等。

（一）格式

一个完整的中成药质量标准应该包括以下几个项目：名称、处方组成、制法、性状、鉴别、检查、含量测定、功能与主治、用法与用量、规格、贮藏等。其格式应符合现版《中国药典》和《国家药品标准工作手册》，做到用词准确、语言简练、逻辑严谨。药品标准的体例格式、文字术语、计量单位、数字符号以及通用检测方法等应规范统一。

（二）名称

名称应按要求进行规范，避免带有封建迷信色彩、含降糖降脂、带有西药名等。

（三）剂型

判断剂型类别，格式按现版“制剂通则”进行规范，如制法项内容与现行版药典附录制剂通则要求不符的，应与药典统一（如含糖量、防腐剂用量等）。

二、处方

对处方的诊断主要是看组成与剂量，具体如下：

1. 核对处方药味是否明确：基源不明确的，必须对动植物进行学名鉴定，明确药用部位；多来源药材存在同名异物情况，尽量选定固定品种；药材法定标准如发生名称变化或品种分列的，需核实并明确。

2. 核对原有的国家标准处方中药材名称、处方剂量及制成总量，看是否符合有关规定。例如："关木通"修订为"川木通"；"青木香"修订为"土木香"；"牛黄"修订为"人工牛黄"；"麝香"修订为"人工麝香"；"五味子"修订为"南五味子"。

3. 核对处方中药味是否有特殊炮制规格，必要时补充标准。

4. 核对处方中各药材是否原有正式质量标准（历版药典、部标、地方标准），如缺，则予制定。提取物也应制定相应的质量标准，并附标准之后。

5. 核对处方是否按1000个制剂单位（毫升、克、袋、片、粒等）的量列出制剂中所有的药用成分剂量，否则应予订正。

6. 核对处方药材剂量和处方制成量是否与原有的国家标准一致，否则应予订正。

三、制法

核对原有标准，制法是否能够反映药品的生产工艺过程？对质量有影响的关键生产工艺及必要的技术参数是否列出？如水煎工艺中的加水量、提取时间、浓缩时的相对密度等。辅料和添加剂的种类及用量、成品制成量等是否列出？如与规范不符应予修订。

四、鉴别

中成药常用的鉴别方法有显微鉴别和理化鉴别。建立鉴别方法时，应选择专属性强、重现性好、灵敏度高、操作简便的方法，薄层色谱应清晰，采用的试剂应符合环保要求。具体关注以下几点：

1. 详细看方法是否专属、可行，否则应予修订。

2. 原标准中薄层色谱鉴别的展开剂和提取溶剂如使用苯、三氯甲烷等有毒试剂，必须用其他试剂替换。

3. 各品种标准的鉴别项应写出完整的内容。当与其他品种的鉴别项内容相同时，不再写成"取本品，照×××（品种名称）项下的鉴别项试验，显相同的结果（反应）"。

4. 鉴别项的书写顺序是否按显微鉴别、理化鉴别。理化鉴别的书写顺序依次应为一般理化鉴别、光谱鉴别、薄层色谱鉴别、高效液相色谱鉴别及气相色谱鉴别。

5. 中药标准物质问题。

所鉴别的药材如多基原，应固定一种。

查看对照药材是否中检所能提供，如不能提供，应该提供对照药材样品（一般2～5kg）、制定标准和附制作3份腊叶标本，并送中检所标定；或予说明。

同样，标准物质如非中检所提供，应由生产企业提供，并经中检所复核标定；或予说明。

五、检查

检查项目的设置应该与所收载的剂型相适应，重点关注安全性检查项目的设置是否足够，项目的可行性、操作方法是否合理。

还应关注处方中是否含有毒药材，虽然原标准没有相应的检查，但按目前的要求建议增订，如矿物药、细辛、附子、马钱子等。含矿物药的中成药应该做重金属检查、砷盐检查，含青木香、防己、细辛等的中成药应做马兜铃酸检查，含乌头、附子等的中成药应该做乌头碱检查，含马钱子的中成药应该做士的宁检查，以及注射剂的安全性检查等。

六、含量

含量测定是中成药标准的主要项目，诊断是否存在问题，主要看方法和指标。

在审核原标准时，如原标准因故还未建立，尤其是针对君药中有效成分的含量测定项目，应予增订；含量限（幅）度指标根据多年数据考察偏高或偏低等不合理的情况应根据实测数据重新制订。

对复方制剂含量测定项目的选择一般应该遵循下列原则：应首选君药及所含贵重药；含剧毒的药更应重点研究；对上述药味基础研究薄弱或在测定中干扰成分多，也可依次选定臣药等其他药味进行含量测定，但须在起草说明中阐述理由。

含量测定方法中如经历年检验有不符合含量测定相关的技术要求的，应予改进或修订，如阴性对照有干扰、重现性不好、回收率偏高或偏低、线范围性太小等。

处方中的药材多基原，且被测成分在不同基原中含量相差悬殊。例如葛根药材，《中国药典》2000年版收载基原包括野葛和粉葛，两者含量悬殊，必须固定葛根投料的基原，含测指标应根据所投的实际品种予以订正。

含测指标根据药材转移率计算太低的，应结合工艺的实际情况，必要时也应改换其他指标。

对于含量测定项目的可控性问题，如含量测定限度低于万分之一，必须增加其他含量测定指标；如测定有困难，必须考虑增加浸出物测定。

需要指出的是，对标准的诊断并不是仅仅从标准的字面上进行的，还必须建立在对原标准的方法进行认真复核检验基础上，才能够提出中肯的复核意见。

第三节 诊断实例

前两节我们已经制定了四大诊断原则并据此拟定了六大诊断要点。本节我们将根据上述内容对示范研究品种进行诊断，提出修订意见，并在第七章进行修订实施。

一、妇科养坤丸

（一）原标准

【处方】熟地黄　119g　甘草　80g　地黄　119g
川芎（酒制）　60g　当归（酒蒸）　119g　延胡索（酒醋制）　60g
黄芩（酒制）　119g　郁金　60g　木香　119g
杜仲（盐制）　80g　香附（酒醋制）　80g　白芍（酒炒）　80g
蔓荆子（酒蒸）　119g　砂仁　60g

【制法】以上十四味，粉碎成细粉，过筛，混匀。每100g粉末加炼蜜30～40g与适量的水泛丸，干燥，制成水蜜丸；或加炼蜜95～105g，制成大蜜丸，即得。

【性状】本品为棕褐的水蜜丸和大蜜丸；气香，味苦、微辛。

【鉴别】取本品，置显微镜下观察：纤维淡黄色，梭形，壁厚，孔沟细木栓细胞黄棕色，壁薄，微波状弯曲，多层重叠。分泌细胞类圆形，含淡黄棕色至红棕色分泌物其周围细胞作放射状排列。内种皮细胞黄棕色或棕红色，表面观类多角形，壁厚，胞腔内含硅质块。橡胶丝呈条状或扭曲成团，表面带颗粒性。纤维束周围薄壁细胞含草酸钙方晶，形成晶纤维。

【检查】应符合丸剂项下有关的各项规定。

【功能与主治】疏肝理气，养血活血。用于血虚肝郁而致月经不调，经闭痛经、经期头痛等。

【用法与用量】口服，水蜜丸1次7.5g，大蜜丸1次1丸，1日2次。

【规格】大蜜丸每丸重11.3g。

【贮藏】密闭，防潮。

广东省药品检验所　起草

（二）诊断问题

根据“四大诊断原则”，原标准在格式规范方面缺乏含量项，只列出了大蜜丸的规格，对水蜜丸的规格无规定；项目设定科学性方面，原标准中只对其显微特征进行了鉴别，而且并未明确指出特征的归属；未设任何处方中任何药材的薄层鉴别或含量测定；主要辅料炼蜜，现也有用果葡糖浆代替，原标准中并未体现；在安全环保方面问题不大。

根据“六大诊断要点”对妇科养坤丸进行全面诊断，现将诊断出来的问题列表，见表4-3-1。

表4-3-1　诊断问题简表

妇科养坤丸	
项目	问题
格式	缺乏含量项
处方	符合要求
制法	主要辅料只提及炼蜜，但现也有用果葡糖浆，标准中未列出
鉴别	仅有显微鉴别，且未明确指出显微特征的归属
	鉴别味数少
检查	符合要求
含量	无含量测定项，不能有效控制质量

（三）修订意见

根据上述提出的问题，对标准提高工作提出如下几点修订意见：

1.增加2味显微鉴别，如熟地黄、蔓荆子等。

2.增加TLC鉴别，如延胡索、木香、香附、当归和川芎、白芍、地黄等。

3.增加黄芩的含量测定。

二、障眼明片

（一）原标准

【处方】	石菖蒲	决明子	肉苁蓉	葛根
	青葙子	党参	蔓荆子	枸杞子
	车前子	白芍	山茱萸	甘草
	菟丝子	升麻	蕤仁（去内果皮）	菊花
	密蒙花	川芎	黄精	熟地黄
	黄柏	黄芪		

【性状】 本品为糖衣片，除去糖衣后显棕褐色；味苦、微酸。

【鉴别】 （1）取本品15片，除去糖衣，研细，加甲醇30ml，浸泡3小时，滤过，滤渣用甲醇10ml洗涤，洗液并入滤液，加活性炭4g，水浴上温热5分钟。滤过，滤液浓缩至约1ml，加新鲜配制的苯胺溶液（苯胺15ml加浓盐酸1ml）2滴，即显黄色，渐变成棕黄色。

（2）取本品30片，除去糖衣，研细，置锥形瓶中，加乙醇50ml，加热回流30分钟，倾出乙醇液，滤过，再加入70%乙醇50ml，加热回流30分钟，滤过，合并滤液，浓缩至约15ml，移入分液漏斗中，用醋酸乙酯提取2次，每次20ml，合并醋酸乙酯提取液（水溶液备用），用无水硫酸钠脱水后，回收醋酸乙酯至约0.5ml，作为供试品溶液。另取葛根对照药材1g，同法制成对照药材溶液。照薄层色谱法（附录Ⅵ B）试验，吸取上述两种溶液各5μl，分别点于同一硅胶G薄层板上，以氯仿－甲醇（9：1）为展开剂，展开，取出，晾干，用氨蒸气熏片刻，置紫外光灯（254nm）下检视。供试品色谱中，在与对照药材色谱相应的位置上，显相同的灰蓝色荧光斑点。

（3）取［鉴别］（1）项下的醋酸乙酯提取后的水溶液，用氨试液调节pH值大于10，用氯仿40ml提取，氯仿液用无水硫酸钠脱水，蒸去氯仿，残渣加无水乙醇1ml使溶解，作为供试品溶液。另取黄柏对照药材1g，加酸性乙醇20ml，加热回流，蒸去乙醇，用氨试液调节pH值大于10，同法制成对照药材溶液。照薄层色谱法（附录Ⅵ B）试验，吸取上述两种溶液各5μl，分别点于同一硅胶G薄层板上，以正丁醇–冰醋酸–水（4.2：0.6：1.5）上层液为展开剂，展开，取出，晾干，在紫外光灯（254nm）下检视。供试品色谱中，在与对照药材色谱相应的位置上，显两个相同颜色的荧光斑点。喷以稀碘化铋钾试液，供试品色谱中，在与对照药材色谱相应的位置上，显相同颜色的斑点。

【检查】 应符合片剂项下有关的各项规定（附录Ⅰ D）。

【功能与主治】 补益肝肾，退翳明目。用于初期及中期老年性白内障。

【用法与用量】 口服，1次4片，1日3次。

【贮藏】 密封。

广东省药品检验所 起草

（二）诊断问题

根据“四大诊断原则”，原标准存在格式规范方面缺乏含量项，也需要增加薄膜衣片剂型；在项目设定科学性方面，原标准处方黄柏、葛根在《中国药典》2005年版已进行了品种分列，制法由于中保的原因未列出，鉴别项的苯胺鉴别专属性不够；在数值准确方面，制法上成膏的主要工艺参数未明确，主要辅料的品名与用量未写出；在安全环保方面问题不大。

根据“六大诊断要点”对障眼明片进行全面诊断，现将诊断出来的问题列表，见表4-3-2。

表4-3-2 诊断问题简表

障眼明片	
项目	问题
格式	缺乏含量项；有企业增加薄膜衣片剂型，未在标准中体现
处方	黄柏、葛根在《中国药典》2005年版已进行了品种分列，应予以明确；标准为中保品种，未列出处方量
制法	成膏的主要工艺参数未明确，主要辅料的品名与用量未写出
鉴别	仅有一项理化反应，以及葛根与和黄柏两项薄层色谱鉴别
	鉴别味数少
	黄柏TLC中展开剂不分层；由于川黄柏几乎不含巴马汀，仅有盐酸小檗碱斑点，故标准中“供试品色谱中，在与对照药材色谱相应的位置上，显两个相同颜色的荧光斑点”不妥
检查	需调整适应糖衣片和薄膜衣片的检查项目
含量	无含量测定项，不能更有效控制质量

注：对标准的诊断并不是仅仅从标准的字面上进行的，还需要对原标准的方法进行认真复核检验才能够提出相应的复核意见，如上述的黄柏鉴别。

（三）修订意见

根据上述找到的问题，对标准提高工作提出了如下几点修订意见：

1.黄柏、葛根明确来源。

2.修订黄柏的TLC鉴别。

3.增加3～4味TLC鉴别（如石菖蒲、决明子、枸杞子、菟丝子、黄芪等）。

4.增加白芍的含量测定。

三、小儿七星茶颗粒

（一）原标准

【处方】薏苡仁 625g 稻芽 625g 山楂 312.5g
淡竹叶 468.8g 钩藤 234.5g 蝉蜕 78.1g
甘草 78.1g

【制法】以上七味，取薏苡仁、稻芽加水煎煮二次，每次2 小时，合并煎液，滤过，滤液浓缩至每1ml 药液相当于原生药1g，加入乙醇使含醇量达45%，静置，滤过，低温浓缩成稠膏。取山楂等五味加水煎煮二次，每次2小时，合并煎液，滤过，滤液浓缩成稠膏，加入上述稠膏，拌匀，加蔗糖粉适量，制成颗粒，干燥，分装成100袋，即得。

【性状】本品为红棕色的颗粒；气微，味甜、微苦。

【检查】应符合冲剂项下有关的各项规定（附录10页）。

【功能与主治】 定惊消滞。用于小儿消化不良，不思饮食，二便不畅，夜寐不安。

【用法与用量】 开水冲服，1次3.5～7g，1日3 次。

【规格】每袋装7g。

【贮藏】密封。

福建省药检所　起草

（二）诊断问题

根据“四大诊断原则”，原标准在“格式规范”方面缺乏含量项，剂型判断不准确，性状项也需要修订；在项目设定科学性方面，原标准只有性状和检查项，无药材或提取物的鉴别和含量测定项；在数值准确方面，标准处方量不规范，其用量是按100个制剂单位（袋）的量列出的；在安全环保方面问题不大。

根据“六大诊断要点”对小儿七星茶冲剂进行全面诊断，现将诊断出来的问题列表，见表4-3-3。

表4-3-3　诊断问题简表

小儿七星茶冲剂	
项目	问题
格式	缺乏含量项；剂型判断不准确；已对性状进行修订，标准中未说明
处方	处方量不准确
制法	制成量不准确
鉴别	缺
检查	原标准规定应符合冲剂项下有关的各项规定，应为颗粒剂
含量	无含量测定项，不能有效控制质量

（三）修订意见

根据上述找到的问题，对标准提高工作提出了如下几点修订意见：

1. 补充规范制成量，规范处方量。

2. 增加3味TLC鉴别，如山楂（薏苡仁）、钩藤、甘草。

3. 增加薏苡仁或山楂专属性方法含量测定项。

4. 核实性状。

第五章

中成药标准提高策略

在上一章，我们讨论了如何找出标准存在的问题，提出修订或增订原有质量标准方案，即开出医治标准的“良方”。对每个需要提高的质量标准，应该按《药品注册管理办法》、《中药新药研究的技术要求》、《中药新药研究指南》（药学、药理学、毒理学）等相关法规和国家药典委的有关规定，结合中药质量控制技术水平的现状与发展趋势，制定《中成药标准提高指导原则和技术要求》，按一定规范对标准进行“医治”。

因此，本章将主要讨论中成药标准提高策略，标准提高指导原则与技术要求，并在第六章将之示范性地落实到具体品种的应用中，初步构成完整的中成药标准提高理论与实践。

第一节　中药标准制定概述

新颁布的《药品注册管理办法》第一百五十六条写道，药品注册标准的项目及其检验方法的设定，应当符合国家食品药品监督管理局发布的技术指导原则及国家药品标准编写原则与细则的有关要求。我们知道，药品标准是国家对药品的质量和检验方法所作的技术规定，它是衡量药品质量的尺度和准则，而这个标准如何制定出来，更加需要有一个统一的规范，这正是我们将要讨论的问题。

据了解，我国药品的评审工作是严格按照一部法律《药品管理法》、一部法规《药品管理法实施条例》、数个部门规章（如《药品注册管理办法》等）的要求，规范地开展的。同时，从中央（中检所）到地方（省市级药检所）形成了一套完善的药品检测体系；形成了一个以一部《中华人民共和国药典》和一系列局颁标准为核心的国家药品标准体系，现有国家药品标准总计达1.5万余条。药品审评中心为了保证审评规范，建立84项操作规范，64项药品评审技术标准和指导原则。

在此，我们必须先弄清楚中成药质量标准特点、制定原则和技术要求等规范，才能够制定出合乎要求的中成药质量标准。

一、中成药的基本特点

在制定中成药质量标准之前必须了解一下中成药的特点。中成药从质量标准方面来说，概括起来有以下三个特点：

（一）品种繁多

至2007年底，SFDA审核颁布了国家中药标准9100多个。对如此繁多的品种，比较有效的方法就是实行合理分类，差别化管理。

（二）成分复杂

每种中药就是一个大的复合物，成千上万个成分，再加上不同的处分组合和不同的提取工艺，导致中成药的成分很复杂。这要求必须对中药、天然药物进行大量的活性成分研究，才有助于阐明中药明确的作用机理。这是制定出能够反映中医药特色标准的基础。

（三）研究基础薄弱

我们已在第一章和第三章详细谈到了中成药标准的发展历程和存在的问题，了解到目前国内中成药的研究基础还很薄弱。然而，过去很多研究只局限于按照化学药品的模式来研究中药，只能使中药“西化”，未能从本质上阐释中药防病治病的物质基础和作用机理，也未能制定出体现中医药特色的标准。

二、中成药标准制定的基本原则

在说明中成药质量标准制定的基本原则之前，要先弄清在什么样的情况下制定中成药标准才会有意义，即制定中成药质量标准的前提。笔者经常看到，有的企业花很多精力去制定标准，并且都已经进行了很严格的方法学验证，但投入到应用中，不同批次测定出来的结果变动很大。究其原因是投料药材、工艺等没有控制好。我们在第二章第四节中对这个问题已作了分析。

一个中成药质量标准的制定应该在下列三个“稳定”前提下才能完成：①处方组成固定。如果处方组成没有固定，总处在变动的状况下，那么就失去了制定这个标准的意义了。②原料品种、质量稳定。对中成药的每一味药材都要求有质量标准，包括提取物。③生产工艺稳定。这包含三层意思：已筛选制定出合理的工艺方法和工艺路线；各项工艺参数稳定；经过中试生产。

药品标准是法定标准，要求制定组织本着诚实信用、信息披露、非歧视性管理的原则负责制定，推动实施。中成药质量标准制定应该坚持以下三个基本原则：

（一）坚持中医药理论和特点

中药不同于天然药物，更不是化学药，无论采取何种方法都应该以中医药理论为指导，没有了这个基础，就不是中药，而属于天然药物了。如中药黄连、大蒜，根据西药药理学研究表明具有抑菌消炎作用，西药临床试验认为，凡细菌感染者均可用之，此时它们为西药。但根据中医药理论研究表明，黄连自身性质为苦寒药，它仅适用实热证细菌感染者；而大蒜则为热性药，它适用于虚寒证细菌感染者。可见，若不懂中医药理论，就很难正确地对症下药。因为中医药的特点是运用整体观念，辨证论治，既要考虑环境因素（如细菌入侵）又要考虑被入侵病人内部状况（如是实热证者，还是虚寒证者），同时还要考虑药自身性质（如黄连为苦寒药，大蒜为热性药），将三者辩证统一思考，用药对症，才可杀菌，协调人体内的平衡，调动体内的积极因素，提高抵抗能力、恢复能力。相反，若将药用错了，依据中医药理论分析，对病人虽能达到杀菌的目的，但达不到调节人体内部平衡的目的，显然不利于人体内部的平衡并走向健康。

中医临床用药注重整体观点，这不仅是中医药几千年来的用药习惯，也是中医药区别于西医药的重要方面。同样，中成药质量标准的制定要体现中药的特点，摆脱单纯分析方法的束缚，采用综合和辩证方法，以系统整体观念为指导，建立和完善中药质量标准体系。其检测方法和检测指标的制定要脱离化学药品单一成分定性定量的模式，要体现复杂体系整体控制的设计思想，以建立符合中医药特点的质量标准体系，逐步由单一指标性成分定性定量向活性、有效成分及生物测定的综合检测过渡，向多成分、组分测定及指纹或特征图谱整体质量控制模式转化。

（二）要符合我国中医药发展水平和国情

我国中药质量标准从无到有，从宏观至微观，经历了漫长的发展历程。随着医药产业和药品检验技术水平的发展，必须逐步实施对早期制定的国家药品标准进行提高，切实加强国家标准对药品质量的控制水平，保证人民用药的安全有效。还要借鉴现代医药学的发展成果和有关国家传统医药的管理经验，研究建立一套符合现代科学技术发展水平、能够得到国际公认的中

药标准规范体系，加快中药国际化历程。

（三）体现安全、有效、稳定和可控

安全、有效、质量可控是药品的基本属性。安全是前提，有效是目的，质量可控是保证。药品质量的可控性是药品的基本属性之一，是药品的安全性和有效性的基础。质量标准是监控药品质量的重要手段，是质量可控性的具体体现。

制定、修订药品标准时，应充分考虑来源、生产、流通及使用等各个环节影响药品质量的因素，设置科学的检测项目、建立可靠的检测方法、规定合理的判断标准；在确保能准确控制质量的前提下，应倡导简单实用；药品标准的体例格式、文字术语、计量单位、数字符号以及通用检测方法等应统一规范。只有综合考虑药品标准的目标性原则、科学性原则与合理性原则，才能够实现制定良好的药品标准，适用于对合法生产的药品质量进行控制，体现安全、有效、稳定和可控。同时，还应使药品标准朝着WTO对传统医药必须“安全、有效、稳定、均一、经济”的要求的方向努力。

三、中药标准制定相关技术要求

我们在第二章已经从处分设计、原料控制、检测手段、指标设定、指纹图谱五方面说明了中成药质量控制的发展趋势，那究竟如何去评价一个产品的检测方法或如何规范产品的质量标准呢？其实国家在不同时期都会出台一个中药质量标准制定指导原则和技术要求的，它是新药研究的指南，是质量标准制定与修订的指导原则，也是新药审评的依据。例如，早在1999年就发布了《中药新药研究的技术要求》，对中药新药研究中质量标准各要件的制定都提出了具体要求。目前，制定中药质量标准的主要依据是参照2005年版《中国药典》的《中药质量标准分析方法验证指导原则》和2008年国家药典会发布的《〈中国药典〉中药质量标准研究制定技术要求》。下一节我们还要讨论这次中成药提高标准行动计划的指导原则。

（一）《中药质量标准分析方法验证指导原则》

中药质量标准分析方法验证的目的，是证明采用的方法是否适合于相应的检测要求。在建立中药质量标准时，分析方法须经验证；在处方、工艺等变更或改变原分析方法时，也须对分析方法进行验证。须验证的分析项目有：鉴别试验、限量检查和含量测定，以及其他需要控制的成分（如残留物、添加剂等）的测定。中药制剂的溶出度、释放度等检查中，其溶出量等检测方法也应作必要验证。验证内容有：准确度、精密度（包括重复性、中间精密度和重现性）、专属性、检测限、定量限、线性、范围和耐用性。

需要指出的是，本原则对需要验证的分析方法及验证的具体指标作了比较详细的阐述，但是文中未涉及各具体指标在验证时的可接受标准，国际上已颁布的指导原则中也未发现相关的要求。另一方面，大多数药品研发单位在进行质量研究时，已逐步认识到分析方法验证的必要性与重要性，也大都在按照指导原则的要求进行分析方法验证，但验证完后却因没有一个明确的可接受标准，而难以判断该分析方法是否符合要求。这是这个指导原则需要完善的地方。

（二）《〈中国药典〉中药质量标准研究制定技术要求》

为编制好《中国药典》等国家药品标准，使国家药品质量标准的起草、复核及审定工作更加科学化、规范化，保证增修订品种质量标准中检测方法的科学性、专属性、重现性和可行性，保证设定的方法与指标基本能控制中药的质量，规范标准起草与复核的试验工作，国家药典委员会组织专家起草制定了本技术要求。对中药质量标准的制定还提出了一些指导性的原则和操作性很强的技术要求，要求制定的中药质量标准要体现中药的特点，其检测方法和检测指标的制定要脱离化学药品单一成分定性定量的模式，要体现复杂体系整体控制的设计思想，以建立符合中医药特点的质量标准体系，逐步由单一指标性成分定性定量向活性、有效成分及生物测定的综合检测过渡，向多成分、组分测定及指纹或特征图谱整体质量控制模式转化。

在2010年版《中国药典》修订工作开始时，国家药典委还制定了基本原则和目标。

1. 基本原则。

（1）提高药品质量、维护公众健康；

（2）继承、发展、创新；

（3）科学、实用、规范；

（4）可控性、先进性。

2. 目标。

（1）增加和完善中药安全性检测方法，建立科学合理的控制指标；

（2）建立与品质直接相关能有效控制质量的专属性检测方法；

（3）建立符合中医药特点的质量标准体系，逐步由单一指标性成分定性定量向活性、有效成分及生物测定的综合检测过渡，向多成分、组分测定及指纹或特征图谱整体质量控制模式转化。

（三）《中药、天然药物注射剂基本技术要求》

对特殊的中药产品——中药注射剂，还有更严格的要求。2007年底，国家出台了《中药、天然药物注射剂基本技术要求》，对新申报的中药注射剂，首次对成分进行明确量化，对其中所含成分的明确规定更为严格，与以往中药注射剂净药材入药可测成分达20%～25%，有效部位入药可测成分达70%～80%的相关规定相比，要求有效成分制成的注射剂，其单一成分的含量应不少于90%；多成分制成的注射剂，总固体中结构明确成分的含量应不少于60%。另外，明确结构的成分，应当在指纹图谱中得到体现，一般不低于已明确成分的90%；对于不能体现的成分应有充分合理的理由。

四、中成药标准内容与格式规范

一个完整的中成药质量标准应该包括以下几个方面的内容：名称、处方组成、制法、性状、鉴别、检查、含量测定、功能与主治、用法与用量、规格、贮藏等。下面我们将分别进行简要叙述。

（一）名称

中成药的命名应当符合《中国药品通用名称命名原则》、《中药命名原则》，不得与已有国家标准的药品名称相同，剂型的表述，参照最新版《中国药典》。

名称格式为：中文名称（必要时用括号加注副名），汉语拼音名。单味制剂应有拉丁名。

1. 名称中后缀的剂型问题：剂型应放在名称之后，剂型的表述，参照最新版《中国药典》。需要进一步明确的剂型名称，如饮、液、精、膏等要进一步归属剂型。

例如，冲剂早在1995年版《中国药典》已改称颗粒剂，至今还有申报以“××冲剂”来命名，须注意规范。

目前已有了亚剂型分类的，应进一步明确到亚剂型，如：片剂、贴膏剂等。

根据传统剂型改制但已失去其原有特征的，如：狗皮膏早已改成橡胶膏了，与狗皮无关。

《中国药典》一部收载合剂，其中的单剂量包装称“口服液”，因为口服液名称已经深入人心，有的一两百毫升的多剂量包装的“合剂”也命名为“××口服液”，欠规范。

一些药品名称中没有明确剂型，如：紫雪、一捻金、龟龄集、健延龄。

2. 中成药中文名。

不应采用人名、地名、企业名称。如：同仁乌鸡白凤丸、云南红药等。

不应采用固有特定含义名词的谐音。如：名人名字的谐音等。

不应含有明显功效诱导或夸大功效的用语。采用夸大、自诩、不切实际的用语，如：“宝”、“灵”、“精”、“仙”、“强力”、“速效”等。如：飞龙夺命丸、嫦娥加丽丸、雏凤精、男宝胶囊、防衰益寿丸、心舒宝片、软脉灵口服液、治糜灵栓、感特灵胶囊；强力感冒片、速效牛黄丸、中华跌打丸、中华肝灵胶囊、东方活血膏。名称含有“御制”、“精制”等溢美之词，如：御制平安丸、秘制舒肝丸、精制银翘解毒片。

不应含单纯病名，如：“降糖”、“降脂”、“减肥”、“健美”、“抗病毒”等，如：高血压速降丸、降压平、降压片、近视乐等。

不应采用封建迷信色彩、不健康内容、不雅的用语。如：仙方活命散、雪山金罗汉止痛涂膜剂、媚灵丸、烂耳散、小儿抽风散。

一般不采用“复方”二字命名。如：复方丹参片等。

不应使用代号，如：三号蛇胆川贝片。

一般字数不超过8个字。

3. 单味制剂一般应采用中药材、中药饮片或中药提取物加剂型命名。某一类成分或单一成分的复方制剂的命名，应采用成分加剂型命名。如：丹参口服液、蛹虫草菌粉胶囊、云芝糖肽胶囊、西红花多苷片等。必要时可采用药材拉丁名或其缩写名，如：康特莱注射液。

4. 由中药材、中药饮片及中药提取物制成的复方制剂，根据处方组成的不同情况可酌情采用下列方法命名。

（1）可采用处方中的药味数、中药材名称、药性、功能等并加剂型命名。

1）用处方主要药材名称的缩写并结合剂型命名，如：香连丸由木香、黄连二味药材组成；桂附地黄丸由肉桂、附子、熟地黄、山药、山茱萸、茯苓、丹皮、泽泻等八味药组成；葛根芩连片由葛根、黄芩、黄连、甘草等四味药组成。注意药材名称的缩写应选主要药材，其缩写不能组合成违反其他命名要求的含义。

2）采用主要功能加剂型命名。如：补中益气丸、除痰止嗽丸、大补阴丸。

3）采用主要药材名和功能结合并加剂型命名。如：牛黄清心丸、龙胆泻肝丸、琥珀安神丸等。

4）鼓励在遵照命名原则条件下采用具有中医文化内涵的名称。如：六味地黄（滋阴）丸、十全大补丸等。

5）复方制剂不宜采用单味药名称，如：天麻丸、醋制香附丸。

（2）源自古方的品种，如不违反命名原则，可采用古方命名。如：四逆汤（口服液）。

（3）由两味药材组方者，可采用方内药物剂量比例加剂型命名。如：六一散，由滑石粉、甘草组成，药材剂量比例为6：1；九一散，由石膏（锻）、红粉组成，药材剂量比例为9：1。

（4）采用形象比喻结合剂型命名。如：玉屏风散，本方治表虚自汗，形容固表作用像一扇屏风；泰山磐石散，本方为安胎剂，形容安胎作用固若泰山磐石。

（5）采用主要药材和药引结合并加剂型命名。如：川芎茶调散，以茶水调服。

（6）必要时可加该药临床所用的科名，如：小儿消食片、妇科千金片、伤科七味片。

（7）必要时可在命名中加该药的用法，如：小儿敷脐止泻散、含化上清片、外用紫金锭。

5. 中药与其他药物组成的复方制剂命名，应符合中药复方制剂命名基本原则，兼顾其他药物名称。

（二）处方

处方是制剂的基本依据。处方不合理，就不能保证用药安全、有效；处方中药味不明确，或制成量不明确，就难以保证不同生产批次的成药质量一致。如处方中含有毒性药材，质量标准须制定有关毒性成分的限量检查或含量测定并规定安全的限度范围。

处方的要素包含药材名称、各药材的用量和制成总量。其写法规范为：

1. 成方制剂应列处方；单味制剂为单一药味不列处方，而在制法中说明药味及其处方量。

2. 处方量的规范：应按1000个制剂单位（毫升、克、袋、片、粒等）的量列出制剂中所有的药用成分。中成药制剂处方中规定的药量，是指净药材或炮制品粉碎后的量。如原有标准的处方未按规范要求的量列出，应重新计算处方量。

3. 药引及辅料：处方中的药引（如生姜、大枣等），如为粉碎混合的应列入处方中；煎汁或压榨取汁泛丸的，不列入处方，但应在制法项注明药引的名称、用量。一般辅料及添加剂，如炼蜜、酒、蔗糖、饴糖、防腐剂等，亦不列入处方，可在制法中说明。

4. 药味顺序排列：应根据中医药理论，按“君臣佐使”顺序排列，或按药品作用主次排列。

5. 保密品种编写方法另有规定。

6. 应注意2005年版《中国药典》分列的药材。如：

葛根（葛根、粉葛）、黄柏（川黄柏、关黄柏）、金银花（金银花、山银花）、前胡（白花前胡、紫花前胡）、紫草（软紫草、硬紫草）、土木香（土木香、藏木香）。

前版药典已分列的品种也应注意。

另外，含马兜铃酸类药材的替换或减去。

如：关木通、青木香、广防己、马兜铃、朱砂莲、寻骨风、天仙藤、细辛等。

7. 保护动物问题。处方中所含药材源于国家野生保护动物的，如豹骨、羚羊角、天然麝香、穿山甲等，须注意药材是否有合法来源。中成药生产使用的中药材，不能违反国家有关濒危野生动植物保护条例等法规的规定，如《国家重点保护野生动物驯养繁殖许可证管理办法》、《特许猎捕证》等。具体法规及名录可在国家林业局的网站（http：//www.forestry.go.cn）查找。《国家重点保护野生药材物种名录》（1989）正在修订中。卫生部文件：卫药发

（1993）第59号，“关于对处方含犀牛角和虎骨的中成药改变成分和更改名称等有关问题的通知”中取消犀牛角、虎骨的药用标准。天然麝香的使用，也有相应的管制规定。近年，我国麝类资源总量已不足20世纪50年代的5%，且基本为零散的“岛屿”状分布，其中原麝和黑麝已濒临灭绝，林麝也岌岌可危。经国务院批准，发布林业局局长令，从2003年2月起，将我国濒危野生动物麝从国家二级保护野生动物调整为国家一级保护野生动物。今后，我国将限制天然麝香用于除药用外的其他商品生产，并且中药生产所需天然麝香必须从现有库存或人工繁殖获得，经国家林业局审批同意后，方可启用、调运。

（三）制法

制法项应反映药品的生产工艺过程，写出对质量有影响的关键生产工艺及必要的技术参数。应叙述药味数、药材的处理方法或提取方式及所用的溶剂、浓缩和干燥等操作步骤、辅料和添加剂的种类及用量、成品制成量等。要求文字简明扼要，内容符合生产实际情况，对操作步骤的规定尽可能适用于不同的生产设备。

1. 药材粉末的粗细程度一般用《中国药典》凡例中粉末分等的术语来表示，如“粗粉”、“中粉”、“细粉”、“极细粉”等，而不用药筛的筛号或目号来表示。药筛的筛号和目号与粉末分等的对应关系详见《中国药典》一部凡例中的有关内容。

2. 采用含提取工艺制成的颗粒剂、片剂、胶囊剂等剂型的品种，用于调整制成量的辅料可不规定用量。

3. 在注射剂制剂工艺中，活性炭用量应用重量“g”来表示。

（四）性状

性状项内容通常是对除去包装后的药品的外观和气味进行描述，应依次描述药品的颜色、外形和气味。外观的描述与气味的描述用分号分开。描述颜色时应尽量避免使用不确切词汇，如：米黄色，豆青色，土黄色。一般情况下，制剂的颜色可以定为一定的颜色范围，注意尽量不要跨色系。颜色范围的书写顺序由浅色至深色，如：黄色至棕色。对复合颜色的描述以辅色在前主色在后，如：“黄棕色”即以棕色为主黄色为辅。还应注意以下几个问题：

1. 糖衣丸和薄膜衣丸应先说明包衣材料及丸的类型，再描述丸心的颜色。采用其他材料包衣的丸剂，应先说明外观颜色及丸的类型，再描述丸心的颜色。

2. 包衣片应先说明包衣材料，再描述片心的颜色；夹层片还应对夹层的颜色进行描述。

3. 胶囊剂品种则应先说明为硬胶囊还是软胶囊（或胶丸），再描述内容物的性状。

4. 气雾剂和喷雾剂品种应先说明其剂型，再描述内装药液的性状。

5. 外用药和毒性药不要求描述味。

（五）鉴别

中药制剂常用的鉴别方法有显微鉴别和理化鉴别。建立鉴别方法时，应选择专属性强、重现性好、灵敏度高、操作简便的方法。具体要求如下：

1. 同方不同剂型的品种，对同一药味鉴别的方法应尽量保持一致。

2. 建立多植物来源药材的鉴别方法时，应找出其共同的反应或组织特征。

3. 各品种标准的鉴别项应写出完整的内容。当与其他品种的鉴别项内容相同时，不再写成“取本品，照×××（品种名称）项下的鉴别项试验，显相同的结果（反应）”。

4. 鉴别项的书写顺序为显微鉴别、理化鉴别。理化鉴别的书写顺序依次为一般理化鉴别、光谱鉴别、薄层色谱鉴别、高效液相色谱鉴别及气相色谱鉴别。

对各方法还有一些不同的具体要求：

1. 含有药材粉末的制剂可以设立显微鉴别，对于以贵重药和细料药原粉入药的品种，应尽可能设立显微鉴别项。

2. 薄层色谱鉴别应选择适宜的薄层板、展开剂及显色方法，使图谱达到斑点清晰、分离度好的要求。

3. 高效液相色谱法应选择适宜的色谱柱、流动相和检测器等条件，采用对照品、对照药材或对照提取物作对照，观察液相色谱图，供试品色谱中应呈现与对照品保留时间相同的色谱峰，或与对照药材、对照提取物特征峰保留时间相同的色谱峰。

（六）检查

中成药的检查一般包括下列几方面的内容：

1. 理化性质检查：熔点、折光率。

2. 制剂通则检查：水分、重量差异、崩解度等。

3. 杂质或有毒物质限量检查：灰分、酸灰。

4. 有害污染物和残留物的检查；重金属、砷盐、农药残留、微生物及其代谢产物等的限量检查。

检查项目的书写顺序依次为：相对密度、pH值、乙醇量、总固体、水分、折光率、炽灼残渣、重金属、砷盐、装量差异或重量差异、溶散时限、有机溶剂残留量、农药残留量等。注射剂品种的检查项目书写顺序依次为：pH值、水分、蛋白质、鞣质、树脂、草酸盐、钾离子、重金属、砷盐、热原、无菌、溶血与凝聚及其他等。

（七）浸出物

中药固体制剂还可以选择测定浸出物含量的方法，以控制药品质量。设立的项目必须有针对性，确有控制质量的意义，常用溶剂有水、乙醇、乙醚等（溶剂的选择应有针对性）。如挥发油和脂溶性成分可测定醚浸出物含量；皂苷类成分可选用正丁醇作为溶剂测定其浸出物含量。

（八）含量测定

含量测定是标准中的主要项目，应尽量选择简易可行、便于操作和应用的方法。对含量测定有下列几项基本要求：

1. 应首选君药、贵重药、毒性药的已知有效成分和特征成分作为含量测定指标。

2. 应尽量首选与其药材含量测定方法相同的方法。

3. 一般情况下应规定含量的下限；毒性药、化学药以及在规格项注明被测成分标示量的药品应规定含量的上限和下限。

4. 中药制剂含量测定的限度，大致可以分为三种情况：

（1）规定了最低限度。通常以“本品（每制剂单位）含……以……计不得少于……”表示，以这种方式进行含量限度规定的，通常为有效成分、指标成分或特定的同一类成分（如总生物碱等）。

（2）规定了最低限度和最高限度。多为中药制剂所含有毒成分（同时又是有效成分）或中药新药中的2类或5类制剂的有效成分、有效部位。

（3）规定了最高限度。多为含量极低的毒性成分（如细辛中马兜铃酸的控制及重金属、砷盐的控制）。

5. 通常是以最小制剂单位来计算药品服用量的，如某颗粒剂以“每袋含……以……计不得少于……”表述。这是因为含量测定限度的制定与日服用量有关，比如有的颗粒剂标示“每克含……以……计不得少于……”，根据药典规定，质量标准具含量测定项的制剂的装量（重量）差异是以平均装量（重量）计算，因此就有可能造成不同批号间由于装量的不同而导致日服用量的差异。

6. 含量测定项的书写格式因测定方法不同而异。书写内容要求准确叙述各项的具体操作，文字简明扼要，层次清楚。如果所用的方法已收载于《中国药典》附录中，应引用附录。如果标准中的含量测定项为两个或两个以上时，应在每项之前加注被测药味或被测成分的名称。

中成药的含量测定方法分为重量法、容量法、分光光度法、薄层色谱扫描法、高效液相色谱法、气相色谱法及其他检测方法。复方制剂因所含药味多、成分复杂，通常选用薄层色谱扫描法、高效液相色谱法和气相色谱法等测定单一成分。在无干扰的情况下，也可选用容量法、重量法和分光光度法测定某类成分。对各方法还有一些具体的要求：

（1）重量法。

要求叙述供试品的提取、分离、纯化的步骤以及干燥条件，必要时须提供换算因子（采用四位有效数字）。

（2）容量法。

容量法包括酸碱滴定法、银量法、容量沉淀滴定法、络合滴定法、碘量法、重铬酸钾法和硫氰酸铵滴定法。用于中药制剂分析时，供试品需经过提取或有机破坏后再进行滴定。

1）供试品取样量应满足滴定精度的要求，即消耗滴定液10～20ml。

2）应选用变色敏锐的指示剂。

3）为了排除在加入其他试剂时所混入的杂质对测定结果的影响，以及便于回滴定法的计算，可采用“将滴定的结果用空白试验校正”的办法。

4）应给出每1ml滴定液相当于被测成分（用分子式表示）的滴定度（采用四位有效数字）。

（3）分光光度法。

分光光度法用于中药制剂的含量测定，视品种具体情况可选用紫外－可见分光光度法和原子吸收分光光度法。

1）紫外－可见分光光度法。

一般采用对照品比较法或标准曲线法。书写内容分为对照品溶液的制备、标准曲线的制备、供试品溶液的制备、测定方法项，并规定含量限度。“对照品溶液的制备”需叙述配制对照品溶液的具体操作，并注明其浓度。“标准曲线的制备”需叙述用于绘制标准曲线的对照品溶液和空白溶液的配制、测定波长及绘制标准曲线的要求。采用对照品比较法时，“供试品溶液的制备”项的内容独立成段；采用标准曲线法时，“供试品溶液的制备”的有关内容合并于

"测定法"项中。

2）原子吸收分光光度法。

测定中药制剂中的金属元素及某些非金属元素的含量可选用原子吸收分光光度法。书写内容分为对照品溶液的制备、供试品溶液的制备、测定法项，并规定含量限度。

（4）薄层色谱扫描法。

薄层色谱扫描法用于中药制剂的含量测定，视品种的具体情况可选择反射方式的吸收法或荧光法，用双波长或单波长扫描。测定方法通常采用外标法，在标准曲线范围内，供试品与对照品同板点样、展开、扫描，技术要求应符合现行版《中国药典》一部附录中的有关规定。书写内容包括供试品溶液和对照品溶液的制备方法、点样及点样量、薄层板、展开剂、展开条件、检测方法等，并规定含量限度。

（5）高效液相色谱法。

高效液相色谱法用于中药制剂的含量测定具有专属性强、分离度好的特点。其书写内容分为色谱条件与系统适用性试验、对照品溶液的制备、供试品溶液的制备、测定法项，并规定含量限度。其中"色谱条件与系统适用性试验"项的内容包括固定相、流动相、检测波长、理论板数及被测成分与相邻物质峰的分离度要求等。

流动相中溶剂的书写顺序按溶剂极性由小到大排列。色谱条件与系统适用性试验包括填充剂、流动相、检测波长、柱温、理论板数。常用色谱柱填充剂有硅胶和化学键合硅胶，后者以十八烷基硅烷键合硅胶最为常用，辛基硅烷键合硅胶次之，氨基键合硅胶也有使用，填充剂应写全名，一般不写"C_{18}"、"C_8"，特殊情况应表明柱子型号和规格。流动相所用溶剂应按溶剂极性排列，极性小的溶剂在前，极性大的溶剂在后，比例按体积配制100ml量表示；凡梯度洗脱，流动相比例采用表格表示，以有机溶剂相作为流动相A，以水相（含酸、盐等）为流动相B；若使用混合流动相的，以含有机相比例较高的为流动相A，含水比例较高的为流动相B。

凡采用紫外检测器，只要写明检测波长为×××nm即可；使用其他检测器应写明检测器种类，如蒸发光散射检测器，示差折光检测器等，但检测器参数不必列出。柱温为温室时可不标明，凡柱温35℃以上，应写明柱温×℃。对分离度的要求为"应大于1.5"时可省略其文字叙述；为其他要求时则应写明。

（6）气相色谱法。

气相色谱法主要用于中药制剂挥发性成分的含量测定。方法中应规定色谱柱或固定相及涂布浓度、柱温、分离度、理论板数、检测器等。测定方法分为内标法和外标法。

1）内标法的书写内容分为色谱条件与系统适用性试验、校正因子测定、测定法项，并规定含量限度。"色谱条件与系统适用性试验"项中应规定固定相、柱温、理论板数及对照品与内标物质的分离度。使用填充柱时，应规定固定相的涂布浓度。使用毛细管柱时，则应注明其柱长、柱内径和涂膜厚度。若采用分流进样，还应明确进样方式和分流比（根据情况可适当调节）。对分离度的书写要求同高效液相色谱法。"校正因子测定"书写内容包括对照品与内标物质混合溶液的配制、测定及计算校正因子。"测定法"项的内容包括供试品溶液的制备、测定和计算。

2）外标法的书写内容分为色谱条件与系统适用性试验、对照品溶液的制备、供试品溶液的

制备和测定法项，并规定含量限度。“色谱条件与系统适用性试验”项的书写要求同内标法。“测定法”项的内容包括对照品溶液与供试品溶液的精密进样量、测定和计算。

（7）其他方法。

测定中药制剂挥发油含量的方法，详见《中国药典》一部附录收载的“挥发油测定法”。

顺便一提，2005版《中国药典》把“含量测定”中样品的超声处理条件都要求作具体规定。

（九）功能与主治

近年来，中药制剂的处方结构发生了改变，不再是传统中药制剂的单一形式。其功能与主治项的内容要依据其处方组成和临床作用来确定。先写功能后写主治，两者用句号分开，要求文字简明扼要。如有西医病名，应写在中医病证之后，中间用分号分开。

对传统处方中药制剂应以中医理论为基础予以叙述，突出主要功能，指导主治，并与主治内容相衔接，逐步做到现代科学成果与传统经验相结合。

（十）用法与用量

此项内容主要包括药品的服用或使用方法、每次用药剂量及每日用药次数。必要时应注明一个疗程的时间。还要注意以下几点：

1. 除另有特殊规定外，内服药的服用方法通常写成“口服”。

2. 颗粒剂的服用方法通常为“用开水冲服”；用温开水送服的可写成“口服”。

3. 外用制剂应写明具体的使用方法。

4. 当内服和外用方法并存时，书写顺序以内服在前、外用在后，两种方法之间使用句号。

（十一）注意

此项一般包括药物的不良反应、用药禁忌和注意事项三方面的内容。其中不良反应系指在常规剂量下出现的与治疗无关的副作用、毒性和过敏反应。用药禁忌系指忌用和禁用该药品的人群和疾病情况。注意事项系指用药时必须注意的问题，如饮食禁忌等。

（十二）规格

中药制剂质量标准应制定规格项。为便于临床用药，制定规格项时应考虑药品的常用剂量。

1. 口服急救药及含毒性药的药品须制定单剂量的包装规格。

2. 液体制剂的规格通常使用容量计量单位（ml）。当液体黏稠时，也可考虑使用重量计量单位（g或mg），但应注意成品的制成量及用药量也应同时使用重量计量单位。

3. 重量为0.1g以下（含0.1g）时，计量单位用“mg”；重量为0.1g以上时，计量单位用“g”。

4. 当多种规格并存时，书写顺序以量小的在前，量大的在后；不包衣的在前，包衣的在后。

5. 规格项内容的末尾不使用标点符号。

制剂规格分为两种情况，一种为单位制剂的重量或装量规格，如丸剂、片剂、胶囊剂、栓剂等剂型品种的规格；另一种为制剂的装量规格，如散剂、颗粒剂、糖浆剂、合剂、酒剂等剂型品种的规格。

（十三）贮藏

贮藏项内容系指保证药品质量稳定的基本贮藏条件。一般情况下，各品种应执行现行版《中国药典》制剂通则中的有关规定。因品种特性而对贮藏条件有特殊要求的，应在该项中予以明确。书写时应准确理解《中国药典》凡例中对贮藏项专用术语的解释，以免误用术语。如："避光"系指用不透光的容器包装，例如棕色容器、用黑色包装材料包裹的无色透明或半透明容器。"阴凉处"系指不超过20℃的地方。

（十四）注

药品标准正文之后有时需要附注文字说明，对标准正文中的某些内容进行补充和说明。如：说明处方药味的植物来源、检验项目中所用试剂的配制方法以及作为处方药味使用的药材提取物等的质量标准等。"注"字采用黑体，顶格排列。

第二节 标准提高指导原则

一、概述

药品标准是衡量药品质量的尺度和准则。按照《药品管理法》的规定，"药品必须符合国家药品标准"，"国务院药品监督管理部门颁布的《中华人民共和国药典》和药品标准为国家药品标准"。国家药品标准是国家对药品的质量和检验方法所作的技术规定，是在正常的原辅料与正常的生产条件下生产的药品质量是否符合要求的判断标准，是药品生产、销售、使用和检验部门共同遵守的法定依据。

随着科技的进步与发展，药品质量控制与检验技术也在不断进步与发展。为保障公众安全有效用药，积极应用现代药品质量控制与检验技术，国家食品药品监管局作出了"提高国家药品标准行动计划"的战略决策，并在国家药典委员会的具体组织下全面开展，计划用3～5年时间，对现有的药品质量标准明显不科学、不合理、水平低、可控性差的品种进行规范和提高，最终达到彻底解决同方异名、同名异方的问题，以及同一品种重复收载的问题。

广东省是中药大省，中成药品种数量在全国名列前茅，但也由于历史原因存在着不科学、不合理、水平低、可控性差的问题。贯彻实施国家药品标准提高行动计划，规范广东省提高中成药质量标准工作，对保障公众用药安全有效，提高中成药质量控制和检验技术水平，提高广东中成药产业竞争力具有重要意义。根据国家食品药品监管局和国家药典委员会的有关规定，广东省药检所特制定《标准提高指导原则》和《标准提高技术要求》，供广东省中成药研究单位、生产企业和药品检验机构在行动计划中中成药质量标准的制定和修订工作中使用。

二、指导原则

"科学、规范、实用"是国家药品标准制定的总的指导原则，通过一系列的工作，最终的目标就是制定一个“安全、可控、科学、合理”的中成药质量标准。广东省提高中成药质量标准的指导原则是在认真贯彻总的指导原则的基础上，参考一系列国家有关权威部门在不同阶段对药品标准制定的规范要求制定的。结合广东中成药品种繁多、历史复杂的实际情况，特制定以下“八大原则”。

（一）质量标准安全性原则

“安全”是药品质量标准的最基本要求。药品标准是强制性标准，安全性是强制执行的主要内容，是政府维护群众用药安全的体现，对药品标准的安全性要求主要体现在中成药质量标准中设置安全性指标和使用安全性检测方法。

指标设置上，对含生川乌、生草乌、生附子等生的毒性药材或含有马兜铃酸的药味的品种应制定已知毒性成分的限量检查；对传统的重金属、砷盐检查法应改为铅、镉、砷、汞、铜测定法，并制定合理的限度；新增中药材应提供重金属和有害元素、农药残留量等数据，易霉变的还应做黄曲霉毒素检查。

检测方法上，应注重绿色环保要求，避免对检验者健康造成威胁和对环境造成污染，尽量采用毒害小、污染少的试剂、试药，建议不使用毒性较大试剂如苯、三氯甲烷等；原标准中使用的苯等有毒溶剂建议尽可能用其他试剂替换。

（二）质量标准可控性原则

“质量可控”是药品标准的目标性原则。为实现“质量可控”，中成药质量标准的建立应充分考虑药品在来源、生产、流通以及使用等各个环节可能影响药品质量的因素，有针对性地确定标准制定或提高的内容，建立相应的检测方法。中成药的质量标准应能反映药品的内在质量，必须能够有效地控制中成药的质量，以确保药品的安全和有效。

“质量可控”贯穿于标准修订研究中。要按“标准提高行动计划表”中规定的项目逐一考虑，不能收入正文的，须将研究情况在说明中写明；可根据实际情况对检验项目和检测指标增加或改变，并注明理由；对原标准中未提出修订要求的项目均应进行考察和规范，如发现方法不合理或目前研究有其他更有效控制质量的方法也应进行修订。

（三）质量标准科学性原则

“准确灵敏”是药品质量标准检测方法选用的科学性原则。一个完善的质量标准既要设置通用性项目，又要设置体现产品自身特点的针对性项目，并能灵敏地反映产品质量的变化情况。检测方法在可控的基础上应尽可能体现与真实值接近的准确性，最大限度减少各种偏差，同时体现该检测方法对被测药品的专属性。中成药质量标准中鉴别试验要尽可能选择色谱鉴别，复方制剂不宜采用化学试验方法；含量测定一般要求测定其具有专属性的有效成分，不宜采用计算分光光度法和吸收系数法。

（四）质量标准合理性原则

“简便实用”是药品标准制定的合理性原则，它包括三方面的内容：

“能用即可”。中成药质量标准的建立，在实现科学性的前提下应考虑其合理性，如用简单的方法可行就不必要制定操作繁琐、设备昂贵的检测项目。行动计划标准的项目应根据不同品种的特性确定，同时要克服和防止一味追求采用所谓标准方法“高”、“精”、“尖”、“新”的不合理、不经济现象，以达到简便实用的目的。

“指标合适”。一个完善的质量标准既要设置通用性项目，又要设置体现产品自身特点的针对性项目，并能灵敏地反映产品质量的变化情况。中成药质量标准中含量测定方法宜选用合理的成分作指标；一般不建议采用制备困难、成本昂贵的标准物质。

“限度合理”。在限度制定时应基于安全、有效性考虑，过低时达不到控制目的，过高时又可能会片面增加生产的难度。应考虑天然产物化学成分易受多种因素影响的复杂性，通过考察多批样品，在掌握含量变化基本规律的基础上制定合理的含量限度。

（五）质量标准先进性原则

“标准先进性”是质量标准现代化和创新性的体现。它包含技术标准战略、行动计划组织模式和“竞争性”法则。形成技术标准的根基是拥有先进的科学技术，技术创新是推动标准发展的原动力。行动计划要求标准制定应充分反映现阶段国内外药品质量控制的先进水平，鼓励企业将创新成果融入药品企业标准中。本次行动计划是由“药典委牵头，以企业为主体”，国家标准应该吸收一些优秀的企业标准或新的检测方法。对多企业生产的同一品种，其标准的制定应在科学、合理的基础上坚持“就高不就低”。

（六）质量标准规范化原则

“规范化”实质上是药品标准本身的内在质量要求，它也包括三方面的内容：

“方法验证”是规范化原则在行动计划的主要表现，体现在对标准的方法评价上，要求对新建立的检测方法、改变原有检测方法、工艺变更、处方变更等均须验证。验证的项目、方法、过程和结果，均应详细记载在药品质量标准修订说明中，同时也要考虑药材与其制剂质量标准的关联性。质量标准中需验证的分析方法包括鉴别、检查（杂质或纯度检查）和含量测定三类，对每一类方法要求验证的项目有所不同，一般包括准确度、精密度、专属性、检测限、定量限、线性、耐用性和范围等项。

“格式规范”是规范化原则的另一表现，行动计划要求标准应按现行版《中国药典》和《国家药品标准工作手册》的格式和用语进行规范，务求做到用词准确、语言简练、逻辑严谨，避免产生误解和歧义。特别提到所有品种均要求明确列出处方和制法及制成总量（国家保密品种按保密形式报送）；报送资料要规范齐全，质量标准及起草说明包括薄层彩照、色谱图均须报送电子版；色谱成像和记录应采用数码相机或数码摄像设备记录色谱图像，并存储为bmp或jpg格式的文件。

“统一标准”是规范化原则的系统化表现，要求行动计划同品种不同剂型的质量标准应统一考虑、注意协调，如选用相同的检测方法及指标、项目等。还应尽量采用《中国药典》附录中已收载的试剂与试液。

（七）标准修订程序化原则

“修订程序化”是增强药品标准适用性的外在质量要求。为保证修订的中成药分析方法适应于不同环境、操作者和产品的检测要求，行动计划作出了一系列程序化的规定，要求起草者制定的分析方法必须进行规范的验证和复核，起草单位收集复核单位复核意见后汇总上报国家药典委，药典委再挂网公示。

行动计划特别明确复核单位的职责及与起草单位的关系：复核单位仅在必要时或修改方法时对起草单位的方法进行再验证，重点是对已经验证的方法复核其对同品种药品检验的可行

性，对同批药品测定结果的重现性。复核单位应同时写出复核说明，写明复核项目、过程、可行性和重现性结果及复核意见。如对原起草方法进行修订，应优于已有方法或原起草方法，并将修订的方法与原起草方法进行比对，写明对原方法修订的理由。

（八）标准修订持续性原则

“持续改进”是与时俱进而又需要相对稳定并逐步优化的过程，持续改进才能使“药品质量标准提高永无止境”。

药品质量标准持续提高必须做到：一方面是通过实践，验证分析方法的可控性和稳定性，以及随着分析方法新技术的发展，不断地改变或优化方法，使检验项目设置更科学、合理，方法更成熟、稳定，操作更简便、快捷，结果更准确、可靠，以保证药品的安全、有效和质量的提高；另一方面是随着生产工艺的成熟和稳定，药品质量不断提高，药品质量标准也随着不断提高完善，使之能更客观、更全面及更灵敏地反映药品质量的变化情况。

三、指导原则制定说明

（一）制定背景

正如在第二章“中成药质量标准的发展历程”中提到的，以往几次标准整顿工作难以统一的一个重要原因就是缺乏有效的组织和一个统领全局的指导原则及技术要求。广东省药检所此次接受的任务是全国同行中品种数最多的，面对药典委分配的艰巨而紧迫的任务，面对广东省中成药品种繁多、历史复杂的实际情况，面对标准修订参与者实际上技术水平和专业背景参差不齐的情况，要做的最主要的事情就是组织、指导和规范。我们以小范围的广州市名优中成药品种为试验，探索了行动计划的一些具体做法，启动了“广州市名优中成药质量标准提高示范性研究 ”，同时根据药典委的有关要求，起草制定了《标准提高指导原则》和《标准提高技术要求》。

（二）制定依据

中成药标准提高“八大原则”并非凭空而定，是根据中成药的发展历史和国家的有关要求而设置的。制定“八大原则”，首先要了解中成药质量控制的发展趋势和目前中成药质量标准存在的问题，其次要符合中成药的基本特点和中成药质量标准制定的基本原则，第三要符合国家有关权威部门在不同阶段对药品标准制定的规范要求。下面着重谈第三点。

国家审评中心对中药新药质量标准的技术评审一贯遵循“安全、有效、质量可控”准则，认为它是综合评价一个药品的基本要素。

中成药提高标准行动计划是由国家药典委组织牵头的。国家药典委对国家药品标准的制定一贯是要求遵循“科学、规范、实用”的原则，质量标准研究起草技术要求按现行版《中国药典》及有关补充要求；对新药试行标准转正提出“安全、可控、科学、合理”原则；在编写“四国药典比较”时，在“国内外药品标准概论”中提出药品标准应遵循“质量可控、准确灵敏、简便实用”的原则；在制订行动计划方案时，又提出对于标准修订规范和提高工作要坚持“科学、实用、规范”的原则，要坚持可控性和先进性原则，同时要兼顾国情、实事求是，要考虑到标准提高成本与药品安全有效、质量可控的相互关系。

因此，综合上述要求，我们提出了提高标准行动计划的“八大原则”，即标准制定“安全、可控、科学、合理、先进、规范”原则，标准修订“程序化、持续性”原则。

（三）制定意义

制定《标准提高指导原则》和《标准提高技术要求》能够对提高标准行动计划工作进行指导，解决目前中成药质量标准明显不科学、不合理、水平低、可控性差问题，最终达到彻底解决同方异名、同名异方、同一品种重复收载问题。按照《标准提高指导原则》和《标准提高技术要求》可统一标准研究内容和格式，使制定出来的标准符合国家标准的要求。

（四）与基本原则的关系

本章第一节我们讨论了中成药标准制定的基本原则。基本原则是根据中成药的基本特点、中成药标准制定前提而设置的，是对中成药标准如何体现中医药特点、时代性和发展方向的总体的原则性要求，是制定标准的总则。标准制定指导原则是对某一时期和某一类任务的原则性指导和要求，是在总则指导下的分则，如“分析方法验证指导原则”、“《中国药典》中药质量标准研究制定技术要求”、“中药、天然药物注射剂基本技术要求”等。

基本原则与指导原则两者存在着一定的依存关系：基本原则规定了总体框架，离开了它而制定具体原则会偏离方向，如不能要求对中药标准的制定像西药一样严格的指标，不能要求制定出高不可攀的中药标准。指导原则是对某一项任务的具体化，如基本原则要求体现“安全、有效、稳定和可控”，那么对中药注射剂该如何要求？对“分析方法验证”又有如何具体要求？基本原则与指导原则两者不能互相替代，两者的关系正如“宪法”与各个“法律”的关系一样。

（五）与技术要求的关系

指导原则只说明一个框架性的、原则性的要求，具体要求应该在技术要求中说明，应该条理清晰，不能胡子眉毛一把抓；技术要求应该是在原则指导下的具体要求，即技术规范，不能太过笼统，不能不涉及具体要求。但限于目前国家对指导原则和技术要求还没有规范性的规定，实际上很多情况下还是“原则”和“要求”没有分清楚。

（六）与诊断原则的关系

按照编写次序，上一章主要谈对标准的诊断，本章谈制定（修订或提高）标准，都有各自的指导原则，但两者有紧密的联系。从对象来说，诊断原则的客体是标准正文，提高指导原则的客体是对修订标准的整个过程，包括设计思路、标准正文、起草说明和方法学验证等。从次序来说，诊断原则在前，指导原则在后。从内容来说，两个原则的部分条文是对应的，如两原则都有安全性条文；诊断原则的“数值准确原则”与指导原则的“质量标准合理性原则”部分内容相同。从依存关系来说，诊断是标准修订（提高）的基础，只有诊断准确了才能够修订成好标准，就如诊断与治病的关系一样；而修订标准的目标是设计诊断原则的前提，不能没有目的地诊断，正是说明这个道理。

（七）部分原则解读

“八大原则”能够提纲挈领地对中成药提高标准行动计划进行原则性指导，其制定是经过深思熟虑的。

“安全性”置于首位。根据目前形势的要求和国家标准是“强制性”的属性，我们将“安全性”列在首位，而行动计划中对安全性的要求主要体现在项目指标设置和操作方法绿色环保

要求上。明确这两点之后，我们再把行动计划的一些具体要求加上去。顺便一提，后来药典委对中药注射剂和中药材熏硫黄都作出了一些安全性方面的具体规定，由于时间、次序等原因没有纳入到原则中去。

“合理性”突出。在原则中强调“合理性”出于两方面考虑，其一，这符合“基本原则”，即中成药标准制定要坚持中医药特点，并符合我国中医药发展水平和国情；其二，在行动计划落实会上，药典委领导特别提到“在这次标准修订规范提高工作中，必须坚持并强调要克服和防止一味追求采用所谓标准方法‘高’、‘精’、‘尖’、‘新’的不合理、不经济现象”。因此，我们把“能用即可”、“指标合适”和“限度合理”作为本次“合理性”要求的原则加上去。

“先进性”体现了中药标准提高应该具有现代化气息。中药要适应现代医学的要求，就必须创新；同时“先进性”也是技术标准的客观要求。在具体写法上设计了“先进性”包含三方面内容：其一，技术标准战略，鼓励“技术融入标准”，体现标准的先进性；其二，行动计划的组织模式，此次汲取了以前的经验和教训，采用“药典委牵头，以企业为主体”方式，与以往做法明显不同，就方式本身而言具有先进性；其三，“竞争性”法则，即药典委最终采纳的标准“就高不就低”，把质控水平高、方法先进的标准纳入到国家标准体系中。

“程序化”是这次行动计划的另一亮点，也符合将要公布的《药品标准管理办法》中的“《中国药典》的制定按立项、起草、复核、审核、公示、批准、颁布、修订与废止等环节进行”的程序。这次行动计划要求在一定的程序上执行，即其程序是“起草、验证、复核、汇总上报、挂网公示”。这既明确了责任，又使国家标准“公开、公平”。这也是汲取了以前的经验教训，避免“杂乱无章”和企业抱怨，既能集思广益，又能体现权威。

“可控性”、“科学性”、“规范性”、“持续性”是对质量标准的一般要求，在作一般性的叙述之后将此次行动计划的要求加入。

另外，根据现阶段知识产权保护方面的客观要求，本考虑拟订“专利信息公开性原则”，但参考国家标准委在“第二届中国信息产业知识产权高层论坛”的意见，国际惯例“国家标准的制定、审批、发布机构是不负责对标准所涉及专利的真实性、有效性、合法性进行鉴别”，故最终还是取消了拟订计划。

第三节　标准提高技术要求

根据标准提高指导原则和药典会有关要求特制定本技术要求，对标准提高的标准正文、起草说明和方法学验证等方面的技术性细节作了规定。由于本技术要求适应提高标准的设计和研究过程，因此，我们还将基本要求和研究要求同时列上。

一、基本要求

（一）规范要求

体例上，中成药质量标准提高研究工作要按现行版《中国药典》及有关补充要求；内容上，遵循“八大原则”；方法学验证，要求按2005年版《中国药典》一部的“中药质量标准方法学验证指导原则”；质量标准起草书写规范，要求按修订的《药品标准工作手册》。

同品种不同剂型的质量标准应统一考虑、注意协调，如选用相同的检测方法及指标、项目等。

（二）修订要求

按“提高行动计划表”中规定的项目逐一进行研究，不能收入正文的须将研究情况在说明中写明。对原标准中未提出修订要求的项目均应进行考察和规范，如发现方法不合理或目前研究有其他更有效控制质量的方法也应进行修订。新修订的项目在选用指标和分析方法等方面应尽可能与现行版药典划一。

（三）格式要求

所有品种均要求明确列出处方和制法及制成总量（国家保密品种按保密形式报送）。制法项内容与现行版药典附录制剂通则要求不符的，应与药典统一（如含糖量等）。没有国家药品标准的中药材和提取物要制订相应的质量标准，附在制剂项下一并上报，提取物要明确制法及制成总量。对原标准中符合要求不作修订的TLC、HPLC、GC、TLCS等均应补充色谱图（包括阴性）， 显微鉴别应补充说明所鉴别的药味归属，国家药品标准未收载的中药材应附药材及显微照片。

色谱成像和记录应采用数码相机或数码摄像设备记录色谱图像，并存储为bmp格式或jpg格式的文件。报送资料要规范齐全，质量标准及起草说明包括薄层彩照、色谱图均须报送电子版。

（四）环保要求

对毒性较大试剂如苯、三氯甲烷等不建议使用；原标准中使用的苯等有毒溶剂建议尽可能用其他试剂替换。

二、研究要求

这里主要是讨论一下标准制定时对主要项目如鉴别、含量测定以及毒性药材的研究要求。

（一）鉴别项目

1. 设定原则。

原则上处方中各药味均应进行鉴别研究。当中药处方中药味较多时，可优先鉴别处方中的君臣药、贵重药、毒性药。一般情况下，药味中所含特征性成分建立了含测方法，可以不必进行鉴别，若测定的成分广泛存在于较多药材中，该药材的鉴别仍有意义。

显微鉴别应选择特征性强、与处方中其他药味无交叉干扰的显微特征作为鉴别依据，所收载的特征应明显、易于检出。

理化鉴别应根据所含成分的化学性质选择适宜的专属性方法，一般不宜采用不易达到专属性要求的一般理化鉴别、荧光鉴别及光谱鉴别。

薄层色谱应尽量采用以对照品和对照药材或对照提取物同时进行对照。

2. 方法研究。

随着各种高效薄层板、自动点样等仪器的日益普及，使得薄层鉴别的分离度及重现性提高，薄层鉴别方法已成为中药质量标准中最重要的质控方法之一。

对于处方中的贵重药材也须注意鉴别方法的专属性，如对天然牛黄与人工牛黄等应注意区分，天然牛黄不含有猪去氧胆酸，而人工牛黄中含有，可利用该特征将两者区分开。

此外，多基源的中药材的薄层行为不同时，可采用对照品对照，如秦艽有4个来源均含有龙胆苦苷，应采用龙胆苦苷对照品作为对照，而不宜采用秦艽药材作对照，相似的品种还有甘草、远志等。

3. 分组鉴别。

对于处方药味较多的中药复方制剂而言，要鉴别其中的每一药味常比较困难，干扰多，工作量大，且不能充分利用每一种色谱条件下表现出的丰富信息。可采用“分组鉴别法”，即按处方药味所含成分的类别进行分组，“合并同类项”，针对某类成分的特点进行样品的前处理、选择薄层色谱条件。

可采用不同的提取溶媒、不同的前处理方法、不同展开系统、不同的薄层板及不同显色剂或检测条件等，制备多张图谱进行鉴别，以达到充分利用色谱信息，提高鉴别效率，体现复方整体特征的目的。如处方中有多个药材含有生物碱时，可利用生物碱的特点，进行样品的提取分离、展开、显色，在一张图谱上同时鉴别多味药材，并体现出该条件下复方的特征。

采用分组鉴别法，利用多张薄层图谱，可鉴别处方中大部分药味，能从多个侧面反映复方的整体特征。进行分组鉴别法的方法学研究时，需要进行对比研究，找出色谱行为特征与处方药味的对应关系。

4. 标准物质。

薄层鉴别需选择适宜的对照物对照。当处方中有一味以上药材同时含有待鉴别成分时，应增加对照药材对照，以提高专属性。如人参与三七、黄连与黄柏等。

对照物可采用几种对照品的混合物，或几种对照药材的混合物，也还可以采用一组已知化合物作对照，类似于基因或蛋白研究中的marker，通过对样品色谱中各斑点与已知物或对照品斑点相对位置关系的描述，体现样品的特征。

对照品还可采用对照提取物（按复方的处方定量取的对照药材，在严格控制复方工艺的条件下制备，并低温贮存）作对照进行鉴别，在一定程度上可反映复方的整体面貌，使对照提取物的色谱行为尽可能与制剂样品一致，起到“指纹”鉴别作用。

（二）含量测定

含测方法是中药质量标准中的关键内容之一。对于复方制剂而言，尽管测定的成分仅占制剂的很小部分，但只要指标选择恰当，也是质量控制的重要手段。

1. 含量测定指标选择。

应根据新药的功能主治及所含成分选择合适的含测指标，尽量体现含测指标与药物安全性、有效性的关联。避免对适应症完全不同的中药采用相同的含测指标，如芍药苷、黄芪甲苷、大黄素、绿原酸等，那难以真正反映中成药的质量。

中药复方制剂含测指标选择需考虑的因素：

（1）需考虑含测指标与中成药的安全性、有效性的关系。首选中成药的有效成分及毒性成分为含测指标。如含有罂粟壳的止咳药中药，应测定吗啡的含量，并确定合理的含量限度范围。

（2）需考虑含测指标成分的理化性质。当中成药中所含有效成分或毒性成分，因缺乏标准品或因其他成分的干扰而确实难以建立含测方法时，可考虑选择与有效成分化学结构相似、理化性质相近的指标成分，或大类成分作为含测指标，以间接反映中成药的有效性或安全性。

（3）需考虑中成药稳定性研究的需要。稳定性研究需要反映中成药稳定性的灵敏指标。如含有苷类成分的中成药，采用水解后苷元的含量为含测指标则难以反映在贮存期间苷类成分水解成苷元的情况。中成药中有几个有效成分都可测定含量时，须选择稳定性较差的成分，以反映药物的稳定性。

（4）传统中药需考虑中医理论的指导作用。传统中药复方制剂为，以中医理论为指导，采用传统工艺制成、以传统功能主治表述的中药复方制剂。其含测指标应考虑君臣佐使的配伍理论，首选君药的成分为含测指标。

（5）需考虑含测指标成分与工艺的关系。如含何首乌的复方，以其水提工艺制成的制剂中大黄素的含量很低，而用四羟基二苯乙烯苷为含测指标较好。

（6）需考虑中药多成分多靶点的特点。处方中含有多个明确有效成分的，或者处方中药味分别按不同路线提取的，建议研究建立多个含测指标；鼓励将有效成分、大类成分、浸出物等指标结合起来，以更全面控制产品质量。

（7）中药含量测定指标的选择需要考虑与基础研究的关联，体现基础研究与应用研究的关系。应充分利用已有的基础研究成果，为中成药的研究和评价提供参考；同时，应结合中成药应用研究的需要进行必要的基础研究，以提高中药质量控制的水平。已有的研究成果、文献资料是药品质量控制研究的基础，应加以充分利用，体现研究的继承性。如板蓝根一直缺少合适的含测指标，现发现其所含喹唑酮成分具有抗病毒活性，且溶于水及乙醇，含量稳定，有代表性，适用于作为板蓝根的质控指标。

（8）其他。含量限度过低者（如低于万分之一），应增加含量测定指标或浸出物测定。在建立化学成分的含量测定有困难时，也可考虑建立生物测定等其他方法。中西药合用的复方制剂，需建立中药及每个化学药的含测方法。

2. 含量测定方法选择。

含量测定方法既要体现分析方法的进步，同时也需要兼顾我国大多数生产单位及药检部门的实际情况。含量测定方法的建立可在参考有关质量标准及文献资料的基础上进行，如黄芩苷已有较成熟的HPLC含量测定方法就不必采用分光光度法；LC-MS尽管为较好的含量测定方法，但由于仪器的普及程度等原因，目前尚难以列入标准中。中药所含成分较复杂，常用的含量测定方法有HPLC、GC、TLCS等。采用TLCS测定含量时，建议明确扫描积分的参数设置（灵敏度、线性漂移等），并对测定条件进行标准化（应采用预制板等），待测斑点的扫描图谱应与对照品一致。

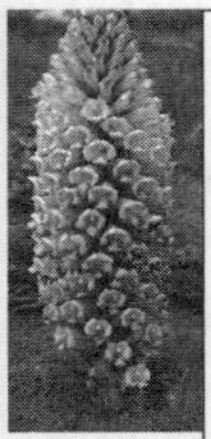

3. 含量测定方法学研究。

（1）前处理方法。

含量测定方法学研究是质量标准研究的重要内容，其核心是样品前处理方法。

中药成分复杂，不经过处理难以满足现代仪器分析对样品的要求。通过前处理，可达到排除制剂辅料及部分共存杂质的干扰、提高分离度、富集样品、缩短分析时间、保护仪器包括分析柱等目的。从定量分析观点看，前处理还需要兼顾回收率问题。采用超声提取时，须明确所用仪器的功率，并注意样品放置的位置。

（2）方法学验证。

对于分析方法要求科学性、规范性，可参照《中国药典》一部“药品质量标准分析方法验证”进行研究。具体范围或限度的确定可根据中药样品的具体情况进行调整。中药复方制剂所含成分复杂，分析难度大。实际工作中，常常可见到省所复核的数据与自检同批样品的数据相差较大的情况。有的品种在研究时用新的色谱柱分离度符合要求，一段时间以后分离度就难以符合要求了。对照品溶液的稳定性是常被忽略的内容，中药的化学对照品配成溶液后常常不够稳定，但由于其价格的原因使用时间较长，需要考察对照品溶液的浓度随时间变化的情况，确定对照品溶液的使用期限。对于单一成分的HPLC含量测定，可在待测成分色谱峰的顶部及底部取3个点，比较其紫外扫描曲线。准确度、精密度、重现性、线性等都是重要的研究内容。

（3）限度的确定。

一般情况下，对有效成分或有效部位新药，建议以有效成分或有效成分总量的标示量投料，并规定制剂的含量范围，如为标示量的90%～110%。中药复方制剂的含量限度仅以低限表示有其缺陷，最好能够以含量范围表示，尤其对于含毒性成分、生物活性较强成分的，应制定合理的含量限度范围。对于处方剂量固定的中药复方而言，由于中药材的含量变化较大，有时难以确定较小的范围，可以根据药材含量的实际波动情况制定较宽的含量范围，以避免可能因药材含量波动过大而带来安全性问题。控制投料药材的含量范围，采用药材混批投料等方法，可有利于保证不同批次药物的质量相对稳定。在确定含量限度时，须考虑药材、大生产条件等实际情况。

（三）毒性药材质量控制

1. 毒性药材种类。

在中成药研制过程中经常会遇到含有毒性药材的情况，特别是风湿、骨科、外科适应症的品种较多。毒性药材具体包括国务院卫生部列入毒剧药管理的28种中药材、《中国药典》2005年版一部记载的72种有毒药材（包括大毒、有毒和小毒药材）、其他法定标准中记载的有毒药材（雷公藤、昆明山海棠、秋水仙等）以及近几年新发现的毒性药材（如含马兜铃酸的细辛等）。如何保证此类品种的安全有效、质量可控，是值得关注的问题。

2. 质量控制要求。

目前对含毒性药材的中药制剂质量控制的一般要求：处方中含有标明剧毒或大毒的药味，内服制剂和外用制剂用于疮面、黏膜等易吸收的部位或制剂中添加了促进药物透皮吸收的促透剂时，应在制剂中建立相应的毒性成分的限量检测法或含量测定法，且要求有严格的限量或含量范围，以确保制剂的安全。其中对毒性成分，应规定含量高限；对既是有毒成分又是有效成分的，应规定含量范围。

3. 质量控制方法。

主要成分明确，质控要求就相对清楚，如川乌、草乌、附子、雪上一枝蒿等均为含乌头类生物碱的药材，而乌头类生物碱是一类活性和毒性都较强的成分，在制剂质量控制中，可通过制定酯型生物碱的限量检查以及酯型生物碱含量测定来控制制剂的质量。主要方法有：

（1）酯型生物碱的限量检查：目前最常用的为乌头碱的限量检查。

（2）酯型生物碱含量测定：采用HPLC法测定乌头碱的含量，制定合理的含量范围。

（3）总生物碱含量测定：对于仅含有乌头类生物碱的制剂，也可采用酸碱滴定法测定总碱含量。

对于目前有些毒性药材（如生半夏、生南星等）主要成分研究尚不明确的品种，应加强研究工作，探索适宜的质控方法。

三、质量标准

参照本章第一节“中成药标准内容与格式规范”。

四、修订说明

（一）品种制修订的历史沿革

1. 写明品种最初来源、各级标准收载情况及修订情况。

2. 若为不同品种合并统一的应注明两标准主要区别和合并理由（如同方异名等）。

（二）名称

1. 有无变更的历史情况。

2. 未后缀剂型名的，应增加剂型名。

3. 不符合命名原则，除含有“灵”、“精”等外，含有“降糖”、“降脂”、“降酶”、“减肥”、“健美”等暗示疗效和有误导作用及不实之词的均应更名。

4. 须进行更名的应按命名原则推荐至少2个以上，并经过查询没有与已批准标准中的名称重名的名称供审核用。

（三）处方

1. 变更的历史情况及原因（濒危、毒性、正名、分列等）。

2. 与药典炮制方法不同的炮制品要注明。

3. 药典多品种来源的如仅用其中一个或几个来源的应明确，并在标准正文页尾加注（如芥子用白芥子）。

4. 国家药品标准未收载的中药材和提取物要制定相应的质量标准，附在制剂项下一并上报，提取物要明确制法及制成总量。

5. 下列品种应特别注意核查和明确方中用药:

五味子、南五味子；粉萆薢、绵萆薢；寒水石、北寒水石；大青叶、蓼大青叶；黄柏、关黄柏；金银花、山银花；葛根、粉葛；土木香、藏木香；山楂、南山楂；败酱草、北败酱草；刘寄奴、北刘寄奴；板蓝根、南板蓝根；牛膝、怀牛膝；金钱草、广金钱草；山豆根、北豆根；橘红、化橘红；苦地丁、紫花地丁、甜地丁；紫草、硬紫草；前胡、紫花前胡等。

国家药品标准处方中规定的药材不能随意替代，如山麦冬、川射干、龙血竭不能替代麦冬、射干、血竭等投料。

牛黄、麝香必须在标准中明确天然还是人工。

6. 处方中提取物名称应规范，凡与已有国家药品标准一致的，一律靠国家药品标准。只适用于特定品种的提取物，一般以药材名加提取物命名，其标准附在该制剂下，注意黄芩提取物与黄芩苷、苦参提取物与苦参碱等不可混淆。

7. 介绍处方中所有药材标准来源、出处（包括地方药材标准）。国家药品标准未收载的中药材应附药材及显微照片。

8. 所有品种均要求明确列出处方及其用量（国家保密品种按保密形式报送）。

（四）制法

1. 修订的历史情况及原因。

2. 有无多企业工艺统一的情况。若有，将各厂家统一情况详细说明，包括统一过程和参与厂家数和各厂家意见等。

3. 正文中未收入的参数或辅料应做详细交待。药典未收入辅料标准的应附相应的辅料标准。辅料应标明化学名。

4. 补充和统一制成量，明确辅料的品名和用量。

5. 制法项内容与现行版药典附录制剂通则要求不符的，应与药典统一（如含糖量等）。

（五）性状

叙述在性状描述中需要说明的问题，包括性状修订情况的说明。

（六）鉴别

1. 先对质量标准中鉴别项内容作整体介绍，与增修订任务表中的要求对比，增加哪些，修订了哪些，删除了哪些，未增加的有哪些均须逐一介绍。删除的项目应逐一说明理由，并将进行过摸索但无法列入正文的方法和操作一并说明。

2. 其次再按标准正文内容的项目顺序逐一说明。所有试验研究图谱均附在相应项目项下，并按技术要求逐一作标记并说明情况。

3. 最后对未列入标准正文的研究内容、操作及附上研究试验图谱逐一说明理由。

4. 显微鉴别：按顺序写明标准中的所鉴别的药味归属。注明增修订情况，并附显微图谱。

5. 薄层色谱鉴别：应说明薄层色谱鉴别的归属，注明增修订项目情况；说明供试品、对照品、对照药材、阴性溶液的具体制备方法。

如采用特殊显色剂应写明配制方法；显色需要在一定时间内观察的要规定观察时间。

说明前处理条件选择、展开条件选择以及测定指标选择等的理由。耐用性试验考察情况说明，并作出评价。说明操作注意事项等。

试验要求：

薄层板：列出使用的高效预制薄层板和预制薄层板的商品名、规格和型号等；自制薄层板应注明固定相种类、黏合剂或其他改性剂种类，薄层板规格、涂布厚度等。

点样：注明供试品溶液和对照品（对照药材）溶液的点样量。除特殊情况外，采用专用毛细管、注射器，手动或配合相应的半自动、自动点样器，接触法或喷雾法点样，将样品溶液以圆点状或条带状点于薄层板上。点样基线距底边10～15mm；高效板基线距底边8～10mm；左右边距12～15mm；圆点状点样，原点直径不得大于3mm，点间距离8～10mm；条带状点样，条带宽4～8mm，条带间距离不少于5mm。普通板点样量为2～6μl，高效板点样量为1～4μl。同时注明点样方式（接触或喷雾）。

展开方式：双槽展开缸应密闭；根据品种的特点，说明是否采用适当方式预饱和或预平衡及控制温度、湿度等，以保证分离效果。薄层板浸入展开剂的深度一般为5mm。除特殊需要外，一般上行展开，高效预制薄层板展开距离5～8cm；预制薄层板展开8cm；自制板展开8～15cm。注明展开方式、展距。

显色与检视：说明采用以下何种方法检视：

直接在可见光下检视，或采用适宜显色剂显色（喷雾或浸渍）后在可见光下检视。

在366nm紫外灯下检视荧光色谱，或采用适宜显色剂喷雾后检视荧光色谱。

在254nm紫外灯下检视荧光淬灭色谱。

6. 化学反应鉴别。

应说明该反应为方中什么药及什么成分的鉴别，阴性有无干扰，并写明化学反应机理。

（七）检查

说明所列检查项目制定、方法选择或取消制剂通则中规定的检查项目的理由，确定限量检查的依据及方法学验证考察情况。重金属、砷盐等考察结果及列入质量标准的理由。还应注意下列几个问题：

1. 按现行版《中国药典》一部通则补充相应新增和修订的检查项目，如膏药软化点测定，酒剂乙醇量，橡胶膏黏附力等。

2. 因品种具体情况另行规定的检查，要说明原因和列出具体数据及限度确定依据。

3. 通则中检查项下规定多种方法的，应注意方法选择的正确性，并写明方法选择的理由。

（八）浸出物或提取物

说明制定浸出物或提取物的理由，所采用溶剂和方法的依据，制定浸出物或提取物限度的依据和实测数据，各种浸出条件对浸出物量的影响及变化情况。

含糖等辅料多的剂型对浸出物的测定有一定影响，一般不建议使用乙醇（甲醇）浸出物，可根据所含成分选用合适的溶剂。

（九）含量测定

1. 先对建立含量测定方法研究情况作整体介绍。与增修订任务表中的要求对比，增加哪些，修订了哪些，删除了哪些，未增加的有哪些均须逐一介绍。

2. 其次对未列入标准正文的研究内容、操作及附上研究试验图谱逐一说明理由。

3. 对已建立的含量测定方法和测定指标说明选择依据及目前国内外的研究情况。如测定熊果酸，因薄层扫描法无法将熊果酸和齐墩果酸斑点区分开来，而液相色谱可区分，因而选择HPLC法。黄连有特征性的荧光，因而选择TLCS法；丹参中丹酚酸B现代研究证明为活血化瘀的主要成分，因而增加丹酚酸B指标成分的含量测定等。对于测定的指标性成分尽量不要选择经过化学转换的水解产物。特别是不要使用分解或降解产物作指标，如5-羟甲基糠醛等。

4. 说明仪器名称（包括检测器种类，色谱柱填料、粒度及长度等）、样品来源及批号、对照品来源及编号、所使用试剂情况。

5. 方法学验证的内容书写顺序按《中国药典》2005年版一部附录XⅧ A《中药质量标准分析方法验证指导原则》，即：先后顺序分别为准确度、精密度、专属性、线性、范围、耐用性。

6. 样品测定，列出具体数据并提供限度制定依据。

7. 限度制定，测定实际投料用药材含量，根据药材含量结果计算转移率，制定合理的含量限度，并考察制剂工艺中不同环节对转移率的影响，说明所定指标的合理性。

8. 所有实验考察数据均要求列表表示。

9. 提供HPLC、GC等色谱图要求：色谱图应包括供试品、对照品和阴性对照。均采用工作站记录色谱图，并存储为bmp格式的文件。除特殊情况外，一般在色谱图上除标明对照品的代号或保留时间外，其他峰的保留时间可不在图中标注，色谱图坐标须标注清楚。编辑文本时在图像外空白处标记测定成分和供试品来源及批号、被测色谱峰的保留时间、分离度和理论板数。图谱要求：对照品及样品的被测峰高度应在1/3～2/3之间。

10. 薄层色谱法用于含量测定必须使用预制薄层板（高效或普通）。

11. 试验要求：

（1）仪器、药品与试剂。

1）仪器的名称、检测器的种类。

2）对照品要提供来源和纯度实验图（纯度实验应按要求满足进样量，记录色谱峰面积，调节参数保证杂质峰积分，在主峰保留时间3倍后停止测定）。

3）色谱柱：液相柱写明填料的种类、粒度，色谱柱的长度。不可仅写商品柱的名称，气相柱写明填充柱固定相的种类，涂布浓度、柱长度或毛细管柱的种类、长度、内径、膜厚度。

（2）液相色谱条件。

1）实验条件的选择。

① 最大吸收波长的选择：附对照品光谱扫描图，并注明所用溶剂的种类。

② 流动相选择：将试用过的流动相简要注明，并附图。梯度洗脱中梯度的改变应详细写明是缓慢升还是直接升至规定浓度，分离度要符合要求，分离度达不到要求的色谱应将杂峰分离情况注明。必要时可采用二极管阵列检测和质谱检测，进行峰纯度检查。

色谱条件应确保待测成分峰与相邻的其他峰能满足分离度的要求。

2）前处理条件的选择。

① 提取方法的选择：要求列表提供具体数据 。

② 提取溶剂的选择及溶剂用量、提取次数等的选择：要求列表提供具体数据，一般采用至少3种梯度。

③ 提取时间的选择：一般采用至少3种时间梯度。

④ 转化反应（如水解等）条件的选择：应写明方法选择的依据和操作中注意事项。

⑤ 采用柱分离要详细提供色谱柱的处理、填充方法，洗脱溶剂的体积选择依据（应提供测定数据），以及不同厂家型号的填料考察数据。

采用成型固相萃取柱，应注明品牌，必要时增加系统适用性试验。

（3）气相色谱条件。

1）柱温的选择：简要说明选择的理由。

2）毛细管气相色谱进样方式的选择：应注明分流进样还是不分流进样，说明选择的依据。

（4）方法学验证（略）。

（5）样品测定。

1）列出具体数据并提供限度制定依据。

2）转移率采用实际投料用药材进行计算。并考察制剂工艺中不同环节对转移率的影响，说明所定指标的合理性。

（十）功能与主治

说明是否有修订，以及修订情况。

（十一）用法与用量

说明是否有修订，以及修订情况。

（十二）规格

1. 规格应进行规范，不合理的规格要删除，新增规格应明确出处。

2. 注意补充丸剂百粒重、糖衣片要补充片芯重量，薄膜衣片（丸）要规定片（丸）重，单剂量包装丸剂要规定装量等。

（十三）贮藏

说明是否有修订，以及修订情况。

五、方法学验证

在进行质量研究的过程中，一项重要的工作就是要对质量标准中所涉及的分析方法进行方法学验证，以保证所用的分析方法确实能够用于在研药品的质量控制。为规范对各种分析方法的验证要求，我国已于2005年颁布了《分析方法验证的指导原则》。指导原则的目的是证明采用的方法是否适合于相应的检测要求。新建立的检测方法、改变原检测方法、工艺变更、处方变更等均须验证。

需验证项目有：鉴别试验、限量检查和含量测定，以及其他需控制成分（如残留物、添加剂等）的测定。

验证内容有：准确度、精密度（包括重复性、中间精密度和重现性）、专属性、检测限、定量限、线性、范围和耐用性。

方法学验证实验一般要求使用同一个批号的样品和对照品。

（一）准确度

1. 准确度系指用该方法测定的结果与真实值或参考值接近的程度，一般用回收率（%）表示。准确度应在规定的范围内测试。用于定量测定的分析方法均需做准确度验证。

2. 试验方法。

可用已知纯度的对照品做加样回收测定，即于已知被测成分含量的供试品中再精密加入一定量的已知纯度的被测成分对照品，依法测定。

根据实际情况，可选用下列方法之一进行测定：

第一种：同一浓度6份样品（供试品取样减半，1∶1加入对照品）。

第二种：取相同量的同一批供试品9份（一般为质量标准中供试品取样量的一半），按三种比例加入对照品，设计3种加样浓度。中间浓度加入量应按1∶1比例，高低浓度可分别选0.5∶1、1.5∶1的比例。加入的对照品的量要适当，一般不得少于或多于供试品中含有量的1倍（即在1∶2和2∶1之间）。

第三种：取3种不同取样量的供试品，每个取样量各3份，建议结合范围的考察设计成3种浓度。中间浓度应在选定的中间点上，取其半量再按1∶1比例加入对照品，其他两个浓度可以选择范围的最高、最低点进行测定。

第四种：按标示量计算的组分，其准确度的验证可参照化学药，取3个不同浓度9份样品（样品浓度减半，按0.8∶1、1∶1、1∶1.2的比例加入对照品）。

第二、三、四种方法均要求制成3个浓度共9份样品（三个不同浓度，每个分别制备3份供试液）测定。

3. 计算方法。

计算公式：回收率% =（$C-A$）/$B\times100\%$

式中——A为供试品所含被测成分量

B为加入对照品量

C为实测值

4. 数据要求。

应报告供试品取样量、供试品中含有量、对照品加入量、测定结果和回收率（%）计算值，以及回收率（%）的相对标准偏差（RSD%）或可信限。

（二）精密度

1. 精密度系指在规定的测试条件下，同一个均匀供试品，经多次取样测定所得结果之间的接近程度。精密度一般用偏差、标准偏差或相对标准偏差表示。用于定量测定的分析方法均应考察方法的精密度。

2. 精密度包含重复性、中间精密度、重现性。

（1）重复性。

系指在相同操作条件下，由同一个分析人员在较短的间隔时间内测定所得结果的精密度。

可选用下列方法之一进行测定：

第一种：选取同一浓度6份供试品测定含量，用6个测定结果进行评价。

第二种：选取3个不同浓度9份供试品测定含量（3个不同浓度分高、中、低，每个不同浓度分别制备3份供试品溶液），用9个测定结果进行评价。

（2）中间精密度。

系指在同一个实验室，不同时间由不同分析人员用不同设备测定结果之间的精密度。至少3人用同一设备或同一人用3台不同设备，对同一批（或同一份）样品测定含量。计算不同操作者或不同设备的相对标准偏差。

（3）重现性。

系指在不同实验室由不同分析人员测定结果之间的精密度。当分析方法将被法定标准采用时，应进行重现性试验，也即是药检所之间复核检验。复核检验的目的、过程和重现性结果均应记载在起草说明中。重现性由复核单位负责计算相对偏差。

3. 数据要求。

应报告供试品取样量、测得结果和标准偏差、相对标准偏差或可信限。

（三）专属性

1. 专属性系指在其他成分可能存在的情况下，采用的方法能正确测定出被测成分的特性。鉴别、限量检查、含量测定等均应考察其专属性。

2. 阴性对照制备方法。

（1）空白实验一般为除去待测药味，按制法制成空白样品，再按正文方法同法操作制成。

（2）测定成分同时为2种以上药材含有的建议分别做每一药的空白再做减去2味以上的空白。

3. 薄层色谱鉴别。目测无相应斑点为判定标准。

4. 含量测定和限量检查。

（1）复方制剂可仅提供空白实验的考察数据，同时提供峰纯度检查的考察数据更好。空白样品色谱图在相应保留时间（或位置）应无色谱峰，若有色谱峰出现，色谱法（GC/HPLC/TLCS）中一般干扰峰面积在5%以下一般认为干扰可忽略不计。

（2）单味药材应作峰纯度检查。

5. 数据要求。

显微鉴别、色谱光谱鉴别等应附相应的代表性图像或图谱。色谱法和其他含量测定分析方法，应附代表性图谱，包括供试品、对照品和阴性对照图谱。

（四）检测限

1. 检测限系指供试品中被测物能被检测出的最低量。用已知浓度的对照品进行实验。

2. 确定检测限常用的方法有两种：直观法和信噪比法。

（1）直观法（目测法）。

一般用于非仪器分析方法。在薄层板上点不同量的对照品，以目测斑点可检出的最小量为准。

（2）信噪比法。

先进空白溶剂，测出噪音，再进样已知浓度的对照品，根据其对应的峰高值，将对照品溶液稀释至约3倍信噪比的浓度，即为检测限。

3. 数据要求。

应附测试图谱，说明测试过程和检测限结果。

（五）定量限

定量限系指供试品中被测成分能被定量测定的最低量，其测定结果应具一定准确度和精密度。用于定量测定的分析方法均应确定定量限。

常用信噪比法确定定量限。先进空白溶剂，测出噪音，进已知浓度的对照品，根据其对应的峰高值，将对照品溶液稀释至约10倍信噪比的浓度，重复进样5～6次，计算峰面积的相对标准偏差，规定TLCS＜3%，HPLC/GC＜2%，若偏差太大，应重新配制合适浓度的对照品溶液，进样，计算相对标准偏差。此浓度即为定量限。

（六）线性

1. 线性系指在设计的范围内，测试结果与供试品中被测物浓度直接呈正比关系的程度。

2. 应在规定的范围内测定线性关系。线性试验应能同时满足准确度、精密度、范围测定试验要求。

3. 试验方法。

（1）用已知浓度的对照品进行实验，要求制备系列浓度的溶液，进样同样体积或制备同一浓度的对照品溶液，改变进样体积作线性，要求至少5个梯度以上。

（2）线性浓度范围至少作10倍，应大于范围中的高低限浓度区间，计算相关系数。

4. 数据要求。

应报告对照品溶液的制备方法、测得峰面积、浓度范围，列出回归方程、相关系数和线性图。

（七）范围

1. 范围系指能达到一定精密度、准确度和线性，测试方法适用的高低限浓度或量的区间。

2. 范围应根据分析方法的具体应用和线性、准确度、精密度结果及要求确定。

3. 试验方法。

（1）含量限度有规定上下限的，一般设定范围低限为含量限度的50%～70%，范围的高限为含量限度上限的130%～150%。考察方法的准确度。

（2）含量限度仅规定低限的，一般设定范围限度的50%～70%至含量限度的 2～5倍以上。考察方法的准确度。

（3）以标示量表示的，可参照化学药，一般设定范围为标示量的80%～120%。

4. 数据要求。

（1）要求至少根据准确度的考察数据确定范围的高低点，且每个浓度至少有6份测定数据，分别计算高低点的相对标准偏差，并满足以下规定：TLCS＜5%，HPLC/GC＜3%。

（2）准确度考察要求供试品减半取样，按1∶1比例加入对照品后达到所规定的考察浓度。

（3）范围准确度应报告数据与准确度要求一致。

（4）在操作过程中除取样量和进样量可改变外，一般不得改动实验操作中的规定如溶剂体积、提取时间、萃取次数等。如实验结果证明的范围区域不合适，应根据样品情况改变考察区域或改变标准中样品的前处理条件，使适合日后样品可能的含量范围。如以后发现考察范围过小可通过实验数据扩大。

（5）应确定适合本方法检测的高低限浓度或量的范围，尽量覆盖日后样品可能的含量范围。

（八）耐用性

1. 耐用性系指在测定条件有小的变动时，测定结果不受影响的承受程度，为把方法用于常规检验提供依据。开始研究分析方法时，就应考虑其耐用性。

2. 如果测试条件要求苛刻，则应在方法中写明。经试验，应说明小的变动能否通过设计的系统适用性试验，以确保方法有效。

3. 供试品溶液制备。

（1）供试品溶液提取条件的考察。

（2）提取方法的选择：要求列表提供具体数据。

（3）提取溶剂的选择及溶剂用量、提取次数等的选择：要求列表提供具体数据，一般采用至少3种梯度。

4. 液相色谱法。

（1）色谱柱：至少考察3根不同商品规格的色谱柱；注意每根色谱柱应调整流动相至满足系统适用性实验后测定，测定同一批样品（溶液）的含量，样品至少平行2份，每份进样2针，对照品可取1～2份，提供不同柱分离的色谱图（计算理论板数、分离度及拖尾因子），分别计算样品的含量和柱间的相对标准偏差。

（2）对样品溶液进行稳定性的考察，取样品溶液，在一定时间间隔进样测定，一般不得少于6小时，计算不同考察时间峰面积（含量）的RSD值，一般不得过2%。

（3）柱温：至少考察室温和40℃。

（4） pH值的影响要求进行考察。

（5）流动相比例的调节范围应参照欧洲药典的要求，每个比例流动相至少进2针。

以上（3）～（5）不是必须要求的项目，如试验方法确实需要，可作考察。

5. 气相色谱法。

（1）至少选用2根不同商品规格的色谱柱进行考察，出具系统适用性适用的（调整柱温、进样体积等条件）色谱图，及含量测定数据（每次测定平行2份），计算不同色谱柱的RSD%。

（2）稳定性考察，在供试品溶液配制后连续测定至少6小时的稳定性，计算RSD%，一般不得过2%。

6. 薄层色谱法。

考察主斑点的分离度和拖尾情况，以下各项考察均应提供薄层色谱照片。

（1）薄层板：至少考察2种不同品牌的薄层板斑点的分离情况，预制板和自制板均可。

（2）温度：至少考察一个低温（4～10℃）和一个室温。

（3）湿度：至少考察一个高湿（75%）和一个低湿（20%）的影响。

（4）可根据实际情况增加考核项目，预平衡的影响暂不作要求。

【本章参考文献】

周跃华. 中成药质量标准研究中常见问题浅析. 中成药，2004，26（11）.

第六章

中成药标准提高实例

在第五章，我们详细讨论了中成药标准制定指导原则与技术要求，结合第四章提到的对妇科养坤丸、障眼明片、小儿七星茶颗粒三个示范品种提出的修订意见，本章根据第五章的要求，将上述三个品种标准提高修订情况写出作为实例。其中原标准及修订实例详见第四章。

第一节　妇科养坤丸

一、妇科养坤丸质量标准草案

妇科养坤丸

Fuke Yangkun Wan

【处方】

熟地黄	119g	甘草	80g	地黄	119g
川芎（酒制）	60g	当归（酒蒸）	119g	延胡索（酒醋制）	60g
黄芩（酒制）	119g	郁金	60g	木香	119g
杜仲（盐制）	80g	香附（酒醋制）	80g	白芍（酒炒）	80g
蔓荆子（酒蒸）	119g	砂仁	60g		

【制法】以上十四味，粉碎成细粉，过筛，混匀。每100g粉末加炼蜜（或果葡糖浆）30～40g与适量的水泛丸，干燥，制成水蜜丸；或加炼蜜（或果葡糖浆）105～145g，制成大蜜丸，即得。

【性状】本品为棕褐色的水蜜丸或大蜜丸；气香，味苦、微辛。

【鉴别】（1）取本品，置显微镜下观察：薄壁组织灰棕色至黑棕色，细胞多皱缩，内含棕色核状物（熟地黄）。韧皮纤维淡黄色，梭形，壁厚，孔沟细（黄芩）。木栓细胞黄棕色，壁薄，微波状弯曲，多层重叠（川芎）。分泌细胞类圆形，含淡黄棕色至红棕色分泌物，其周围细胞作放射状排列（香附）。内种皮细胞黄棕色或棕红色，表面观类多角形，壁厚，胞腔内含硅质块（砂仁）。橡胶丝呈条状或扭曲成团，表面带颗粒性（杜仲）。纤维束周围薄壁细胞含草酸钙方晶，形成晶纤维（甘草）。花萼非腺毛2～3细胞，有疣状突起（蔓荆子）。

（2）取本品水蜜丸15g，研碎；或取本品大蜜丸2丸，剪碎，加适量硅藻土，研匀，加乙醚60ml，超声处理20分钟，滤过（药渣备用），滤液挥干，残渣加无水乙醇1ml使溶解，作为供试品溶液。另取当归、川芎对照药材各0.5g，同法制成对照药材溶液。照薄层色谱法（《中国药典》2005年版一部附录VI B）试验，吸取上述供试品溶液5～10μl、当归对照药材溶液8μl、川芎对照药材溶液5μl，分别点于同一硅胶GF_{254}薄层板（或硅胶G薄层板）上使成条状，以甲苯-乙酸乙酯-冰醋酸（10∶1∶0.1）为展开剂，预饱和10分钟，展开，取出，晾干，置紫外光灯（365nm）下检视。供试品色谱中，在与对照药材色谱相应的位置上，显相同颜色的条斑。

（3）取木香对照药材0.5g，按鉴别（2）项下供试品溶液制备法，同法制成对照药材溶液。另取木香烃内酯，去氢木香内酯对照品适量，加无水乙醇制成每1ml各含1mg的混合对照品溶液。照薄层色谱法（《中国药典》2005年版一部附录VI B）试验，吸取鉴别（2）项下的供试品溶液5～10μl、上述木香对照药材溶液4μl、木香烃内酯和去氢木香内酯对照品溶液各3μl，分别点于同一硅胶GF_{254}薄层板上使成条状，以甲苯-乙酸乙酯-冰醋酸（10∶1∶0.1）为展开剂，预饱和10分钟，展开，取出，晾干，喷以5%香草醛硫酸溶液，在105℃加热至斑点显色清晰。供试品色谱中，在与对照药材及对照品色谱相应的位置上，显相同颜色的条斑。

（4）取香附对照药材1.5g，按鉴别（2）项下供试品溶液制备法，同法制成对照药材溶液。照薄层色谱法（《中国药典》2005年版一部附录VI B）试验，吸取鉴别（2）项下供试品溶液10μl和上述香附对照药材溶液6μl，分别点于同一硅胶GF_{254}薄层板上使成条状，以甲苯-乙酸乙酯-冰醋酸（10：1：0.1）为展开剂，预饱和10分钟，展开，取出，晾干，置紫外光灯（254nm）下检视。供试品色谱中，在与对照药材色谱相应的位置上，显相同颜色的条斑。

（5）取鉴别（2）项下备用的药渣，挥干乙醚，用氨水适量湿润药渣，再加乙醚60ml，超声处理20分钟，滤过，滤液蒸干，残渣加甲醇0.5ml使溶解，作为供试品溶液。另取延胡索对照药材0.5g，加甲醇20ml，超声处理30分钟，滤过，滤液蒸干，残渣加水10ml溶解，加浓氨试液调至碱性，用乙醚提取3次，每次10ml，合并乙醚液，蒸干，残渣加甲醇0.5ml使溶解，作为对照药材溶液。再取延胡索乙素对照品，加甲醇制成每1ml各含0.5mg的对照品溶液。照薄层色谱法（《中国药典》2005年版一部附录VI B）试验，吸取上述供试品溶液10μl、对照药材溶液5μl、对照品溶液2μl，分别点于同一以1%氢氧化钠溶液制备的硅胶G薄层板上使成条状，以甲苯-丙酮（9：2）为展开剂，展开，取出，晾干，置碘缸中熏3～5分钟，取出，挥尽碘后，再置紫外光灯（365nm）下检视。供试品色谱中，在与对照药材及对照品色谱相应的位置上，显相同颜色的荧光条斑。

（6）取本品水蜜丸30g，研碎；或大蜜丸3丸，剪碎，加硅藻土适量，研匀，加乙醚80ml，超声处理20分钟，滤过，弃去乙醚液，药渣挥干乙醚，加乙醇80ml，温浸30分钟，时时振摇，滤过，滤液蒸干，残渣加水30ml使溶解，移置具塞锥形瓶中，加水饱和的正丁醇30ml超声处理20分钟，移置分液漏斗中静置分层，取上层液浓缩至约1ml，加适量中性氧化铝在水浴上拌匀，蒸干，置中性氧化铝（100～200目，1g，内径1cm）柱上，以乙酸乙酯-甲醇（1：1）30 ml洗脱，收集洗脱液，蒸干，残渣加乙醇1ml使溶解，作为供试品溶液。另取白芍对照药材1g，加乙醇5ml，超声处理5分钟，滤过，滤液蒸干，残渣加乙醇1ml使溶解，作为对照药材溶液；再取芍药苷对照品，加乙醇制成每1ml含1mg的溶液，作为对照品溶液。照薄层色谱法（《中国药典》2005年版一部附录VI B）试验，吸取上述供试品溶液5～7μl，对照药材溶液5μl、对照品溶液3μl，分别点于同一硅胶G薄层板上，点成条状，以二氯甲烷-乙酸乙酯-甲醇-甲酸（20：3：5：0.1）为展开剂，展开，取出，晾干，喷以5%香草醛硫酸溶液，在105℃加热至斑点显色清晰。供试品色谱中，在与对照药材及对照品色谱相应的位置上，显相同的蓝紫色条斑。

（7）取本品水蜜丸20g，研碎；或大蜜丸2丸，剪碎，加硅藻土适量，研匀，加乙酸乙酯60ml，超声处理30分钟，滤过，滤液蒸干，残渣加二氯甲烷1ml使溶解，作为供试品溶液。另取地黄对照药材2g，研细，加乙酸乙酯30ml，超声处理30分钟，滤过，滤液蒸干，残渣加二氯甲烷1ml使溶解，作为对照药材溶液。照薄层色谱法（《中国药典》2005年版一部附录VI B）试验，吸取上述供试品溶液5μl，对照药材溶液3～4μl，分别点于同一以羧甲基纤维素钠为黏合剂的硅胶G薄层板上，点成条状，以环己烷－二氯甲烷-无水乙醇-乙酸乙酯－水（2：11：1：5：2）的下层溶液为展开剂，展开，取出，晾干，日光下检视。供试品色谱中，在与对照药材色谱相应的位置上，显相同的浅黄色斑点。

【检查】应符合丸剂项下有关的各项规定（《中国药典》2005年版一部附录I A）。

【含量测定】照高效液相色谱法（《中国药典》2005年版一部附录VI D）测定。

色谱条件与系统适用性试验：用十八烷基硅烷键合硅胶为填充剂；甲醇-0.4%磷酸（45∶55）为流动相；检测波长为280nm。理论板数按黄芩苷峰计算应不低于2500。

对照品溶液的制备：取在60℃减压干燥的黄芩苷对照品适量，精密称定，加70%乙醇制成每1ml含黄芩苷30μg的溶液，即得。

供试品溶液的制备：取本品水蜜丸适量，研细（过3号筛），精密称取0.35g；或取重量差异项下的大蜜丸，煎碎，取约0.52g，精密称定，置100ml量瓶中，加70%乙醇适量，超声处理20分钟，放冷，加70%乙醇稀释至刻度，摇匀，滤过，取续滤液，即得。

测定法：分别精密吸取对照品溶液与供试品溶液各10μl，注入液相色谱仪，测定，即得。

本品含黄芩以黄芩苷（$C_{21}H_{18}O_{11}$）计，水蜜丸每1g不得少于4.4mg。大蜜丸每丸不得少于30.0mg。

【功能与主治】疏肝理气，养血活血。用于血虚肝郁而致月经不调，经闭，痛经，经期头痛等。

【用法与用量】口服，水蜜丸1次7.5g，大蜜丸1次 1丸，1日2次。

【规格】水蜜丸每100丸重10g；大蜜丸每丸重 11.3g。

【贮藏】密闭，防潮。

二、妇科养坤丸质量标准起草说明

妇科养坤丸原标准收载于《中华人民共和国卫生部药品标准中药成方制剂》第一册，标准编号：WS3-B-0081-89。根据国家药典委员会下达的国家药品标准提高行动计划的任务，修订了妇科养坤丸的质量标准，增订了熟地黄、蔓荆子的显微鉴别，增订了当归、川芎、木香、香附、延胡索、白芍、地黄的薄层色谱鉴别，增订了黄芩苷含量测定（高效液相色谱法）。提高后的质量标准方法操作简便、结果准确，适合作为法定质量标准。具体情况说明如下：

【名称】妇科养坤丸药品名称一直沿用至今，不拟修订。原标准同时收载了水蜜丸和大蜜丸两个规格。现由某公司提供妇科养坤丸样品（水蜜丸、大蜜丸）供修订研究用。

【处方】与原标准一致，未作改动。处方中各药味，均收载于《中国药典》2005年版一部，品种未曾变更。

【制法】如正文，黏合剂由炼蜜修订为“炼蜜（或果葡糖浆）”。大蜜丸炼蜜的加入量依厂家提供资料，由“95～105g”修改为“105～145g”。

【性状】与原标准一致，未作改动。

【鉴别】原标准中的[鉴别]包括黄芩、川芎、香附、砂仁、杜仲、甘草等六味药的显微特征。现增订了熟地黄、蔓荆子的显微鉴别，在此基础上，增订了川芎、当归、木香、香附、延胡索、白芍的薄层色谱鉴别，并研究了地黄的薄层色谱鉴别。具体情况说明如下：

（一）增订的显微鉴别

1. 熟地黄：薄壁组织灰棕色至黑棕色，细胞多皱缩，内含棕色核状物。

说明：新增订特征。详见图6-1-1。

2. 蔓荆子：花萼非腺毛2～3细胞，有疣状突起。

说明：新增订特征。蔓荆子的显微特征包括：花萼表皮细胞类圆形，壁多弯曲；非腺毛2～3细胞，顶端细胞基部稍粗，有疣状突起。外果皮细胞多角形，有角质纹理和毛茸脱落后的痕迹，并有腺毛与非腺毛：腺毛分头部单细胞、柄1～2细胞及头部2～6细胞、柄单细胞两种；非腺毛2～4细胞，长14～68μm，多弯曲，有壁疣。中果皮细胞长圆形或类圆形，壁微木化，纹孔明显。油管多破碎，含分泌物，周围细胞有淡黄色油滴。内果皮石细胞椭圆形或近方形，直径10～35μm。种皮细胞圆形或类圆形，直径42～73μm，壁有网状纹理，木化。

以上蔓荆子的显微特征，以正文选用的花萼非腺毛特征性好，且在妇科养坤丸成品中易于察见。详见图6–1–2。

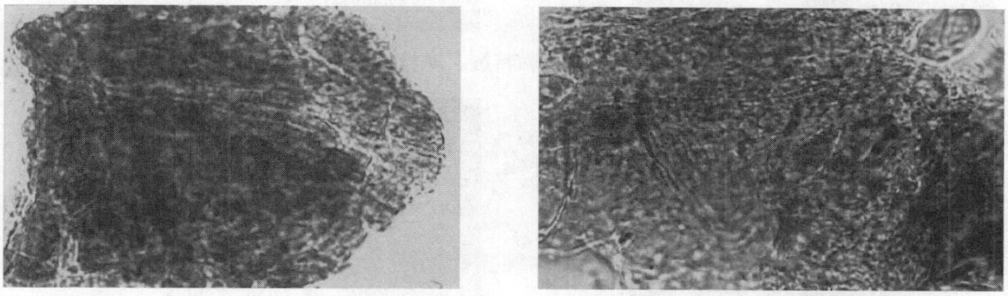

图6–1–1　熟地黄显微特征（薄壁组织含棕色核状物）

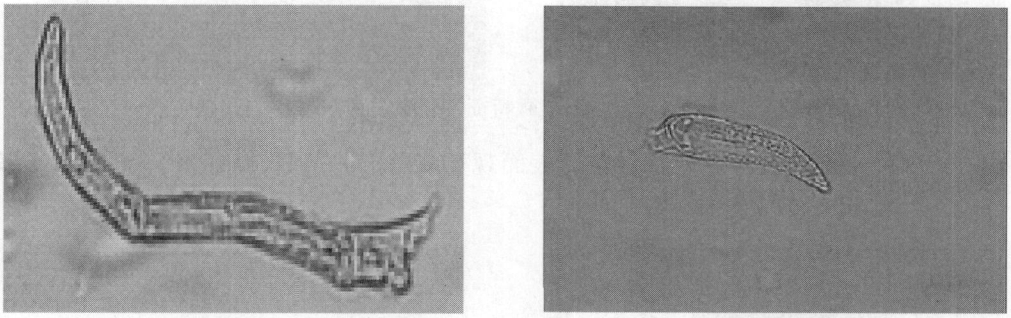

图6–1–2　蔓荆子显微特征（花萼非腺毛）

3. 黄芩：韧皮纤维淡黄色，梭形，壁厚，孔沟细。

说明：原标准收载内容，按《中国药典》2005年版，原标准的“纤维”修订为“韧皮纤维”。详见图6–1–3。

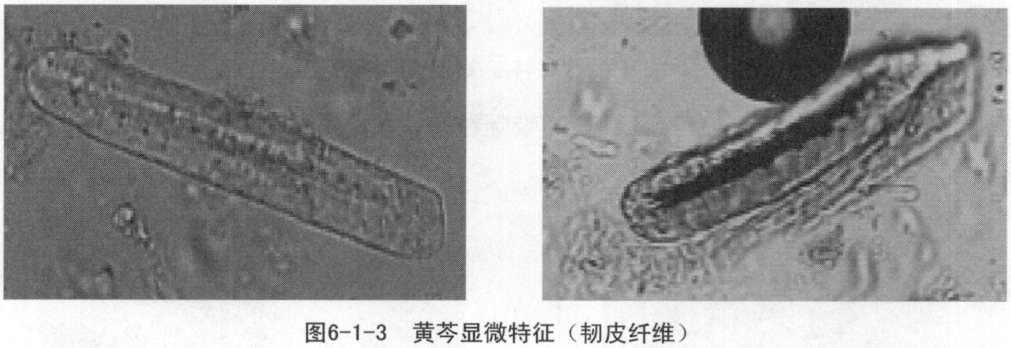

图6–1–3　黄芩显微特征（韧皮纤维）

4. 川芎、香附、砂仁、杜仲、甘草的显微特征：原标准收载内容，未作修订。

川芎：木栓细胞黄棕色，壁薄，微波状弯曲，多层重叠。详见图6–1–4。

5. 香附：分泌细胞类圆形，含淡黄棕色至红棕色分泌物其周围细胞作放射状排列。详见图6–1–5。

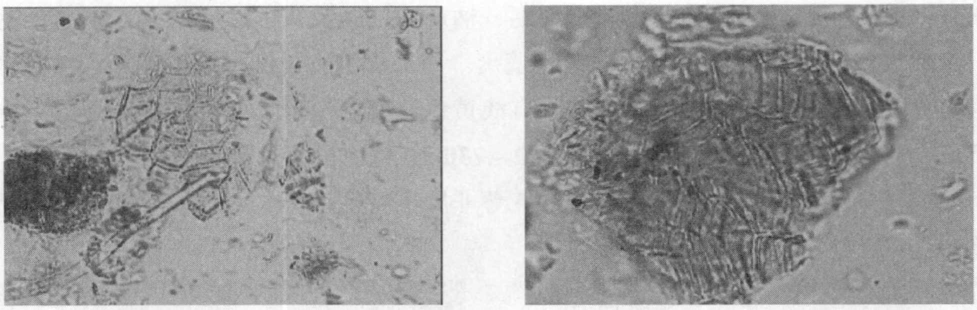

图6-1-4　川芎显微特征（木栓细胞）

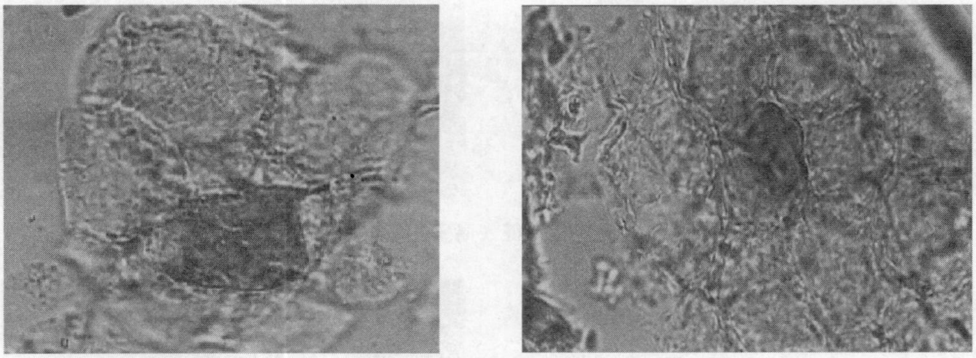

图6-1-5　香附显微特征（分泌细胞）

6. 砂仁：内种皮细胞黄棕色或棕红色，表面观类多角形，壁厚，胞腔内含硅质块。详见图6-1-6。

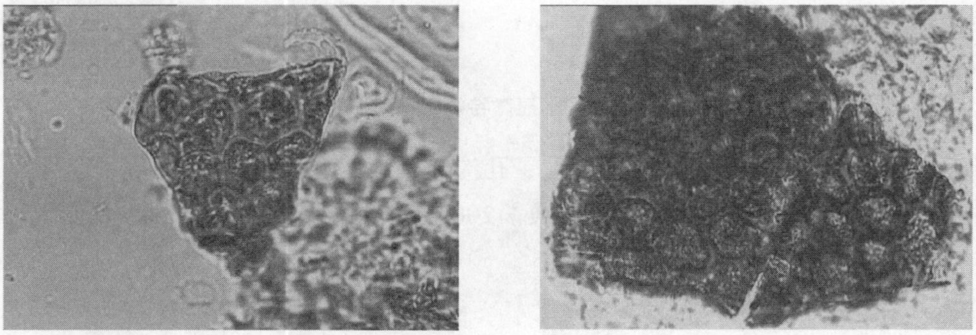

图6-1-6　砂仁显微特征（内种皮细胞）

7. 杜仲：橡胶丝呈条状或扭曲成团，表面带颗粒性。详见图6-1-7：

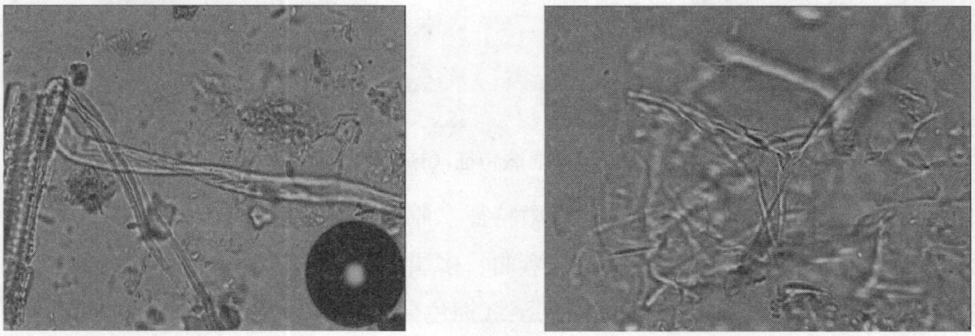

图6-1-7　杜仲显微特征（橡胶丝）

8. 甘草：纤维束周围薄壁细胞含草酸钙方晶，形成晶纤维。详见图6-1-8。

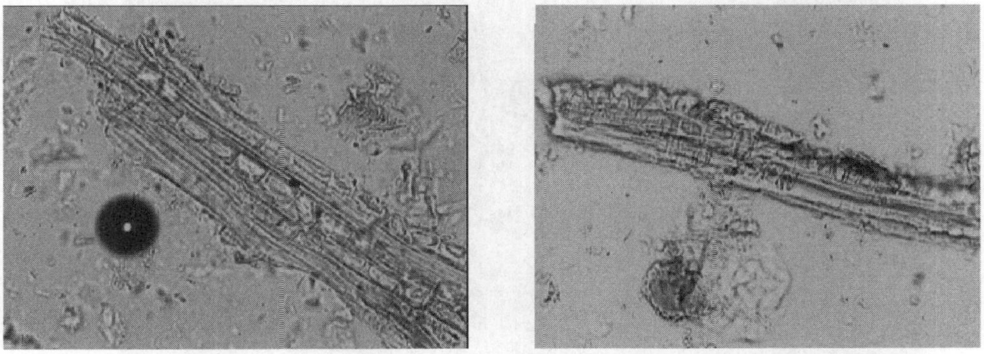

图6-1-8 甘草显微特征（晶纤维）

（二）增订的薄层色谱鉴别

1. 当归、川芎：参考《中国药典》2005年版一部川芎、当归的鉴别，检视其脂溶性成分薄层色谱的荧光特征斑点，妇科养坤丸当归、川芎的双阴性无干扰。为了在同一薄层板上兼顾同时鉴别当归、川芎、木香、香附四味药的脂溶性成分，展开剂等未按《中国药典》，[鉴别]（2）、（3）、（4）项，统一薄层板、统一点样量、统一展开剂，检视方法则参照药典各药味项下规定而有所不同。

供试品溶液制备：取本品15g，研细，加乙醚30ml，超声处理20分钟，滤过（药渣备用），滤液挥干，残渣加无水乙醇1ml使溶解，作为供试品溶液。

对照药材溶液制备：取当归（中国药品生物制品检定所927-200009）、川芎（中国药品生物制品检定所120918-200406）对照药材各0.5g，同法制成对照药材溶液。

当归、川芎双阴性对照溶液的制备：取当归、川芎双阴性对照15g，研细，加乙醚30ml，超声处理20分钟，滤过（药渣备用），滤液挥干，残渣加无水乙醇1ml使溶解，作为阴性对照溶液。

薄层板：Gel de silice 60 F_{254}（MERCK）。

点样：吸取上述供试品溶液5 ~ 10μl、当归对照药材溶液8μl、川芎对照药材溶液5μl，使成条状。

展开剂：甲苯-乙酸乙酯-冰醋酸（10：1：0.1）。

检视：紫外光灯（365nm）。

色谱识别：供试品色谱中，在与对照药材色谱相应的位置上，显相同颜色的荧光主斑点。阴性对照色谱在相应位置上无干扰。结果见图6-1-9。

注意事项：（1）如不需同时鉴别香附，可选用硅胶G薄层板，分离效果一致。自制板与预制板分离效果基本一致。

（2）为兼顾香附的鉴别，供试液的点样量偏大，因此须点成条状；如仅作当归、川芎的鉴别，可以点状点样并适当减少点样量。

（3）展开前预饱和10分钟。

2. 木香：参考《中国药典》2005年版一部木香的鉴别，检视其脂溶性成分薄层色谱的特征斑点，妇科养坤丸木香阴性无干扰。见图6-1-10。

T：18℃　RH：30%

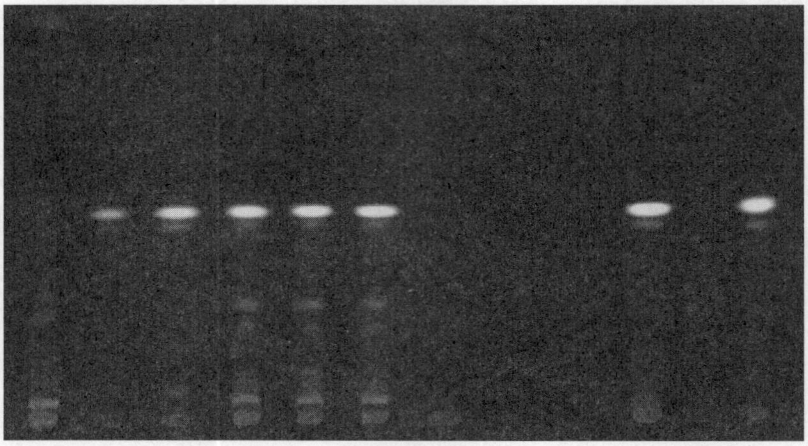

图6-1-9　当归、川芎薄层色谱鉴别（365nm紫外光灯检视）

1.当归、川芎阴性对照；2.当归对照药材；3.川芎对照药材；4.妇科养坤丸（EEC001）；5.妇科养坤丸（B05002）；6.妇科养坤丸（D05004）；7.木香对照药材；8.木香烃内酯；9.去氢木香内酯；10.木香阴性；11.香附对照药材；12.香附阴性对照

T：18℃　RH：30%

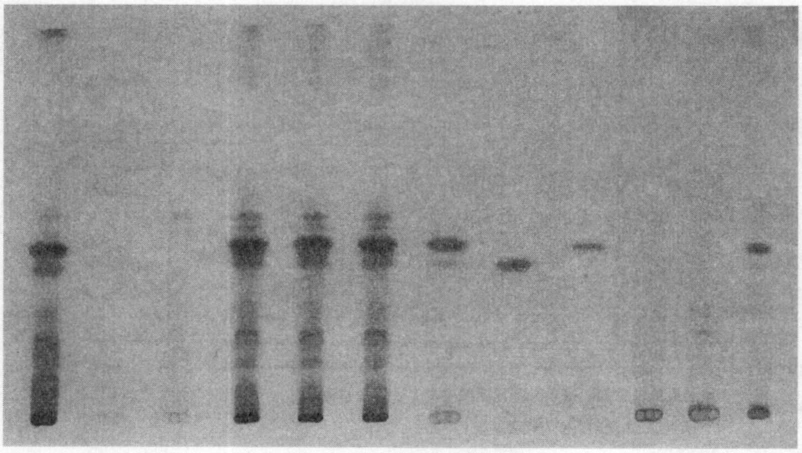

图6-1-10　木香的薄层色谱鉴别（显色后可见光下检视）（点样顺序与图9相同）

供试品溶液制备：取当归、川芎的薄层色谱供试液，作为供试品溶液。

对照药材溶液制备：取木香（中国药品生物制品检定所0921-9803）对照药材0.5g，同法制成对照药材溶液。

对照品溶液的制备：取木香烃内酯（中国药品生物制品检定所111524-200402），去氢木香内酯（中国药品生物制品检定所111525-200404）适量，加无水乙醇制成1ml各含1mg的对照品溶液。

木香阴性对照溶液的制备：取木香阴性对照15g，研细，加乙醚30ml，超声处理20分钟，滤过（药渣备用），滤液挥干，残渣加无水乙醇1ml使溶解，作为阴性对照溶液。

薄层板：Gel de silice 60 F_{254}（MERCK）。

点样：吸取上述当归与川芎TLC鉴别的供试品溶液5～10μl、木香对照药材溶液5μl、木香烃内酯3μl，去氢木香内酯3μl，使成条状。

展开剂：甲苯–乙酸乙酯–冰醋酸（10∶1∶0.1）。

显色方式：喷5%香草醛硫酸溶液，105℃加热5分钟。

色谱识别：供试品色谱中，在与对照药材和对照品色谱相应的位置上，显相同颜色的荧光主斑点。阴性对照色谱在相应位置上无干扰。结果见图6–1–10。

注意事项：（1）如不需同时鉴别香附，可选用硅胶G薄层板，分离效果一致。自制板与预制板分离效果基本一致。

（2）为兼顾香附的鉴别，供试液的点样量偏大，因此须点成条状；如仅作木香的鉴别，可以点状点样并适当减少点样量。

（3）展开前预饱和10分钟。

3. 香附：参考《中国药典》2005年版一部香附的TLC鉴别，检视其脂溶性成分薄层色谱的特征斑点，实验证明妇科养坤丸中的香附阴性无干扰，具有专属性。见图6–1–11。

T: 18℃ RH: 30%

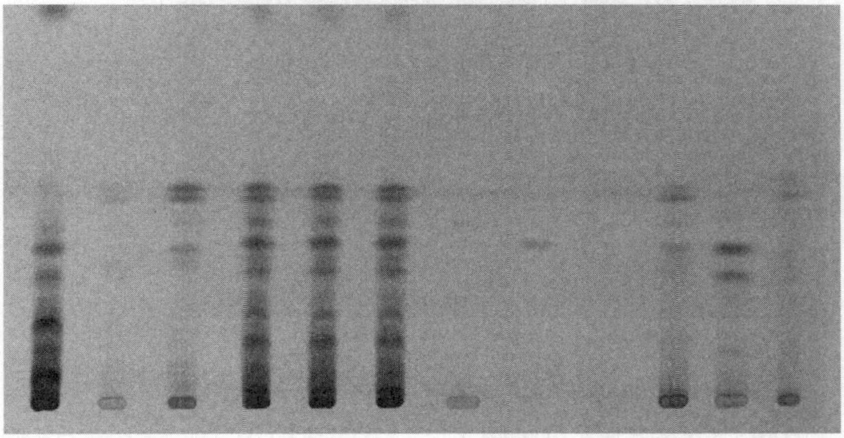

图6–1–11 香附薄层色谱鉴别（254nm紫外光灯检视）

供试品溶液的制备：取当归、川芎的薄层色谱供试液，作为供试品溶液。

对照药材溶液制备：取香附（中国药品生物制品检定所1059–9902）对照药材1.5g，同法制成对照药材溶液。

香附阴性对照溶液的制备：取香附阴性对照15g，研细，加乙醚30ml，超声处理20分钟，滤过（药渣备用），滤液挥干，残渣加无水乙醇1ml使溶解，作为阴性对照溶液。

薄层板：Gel de silice 60 F_{254}（MERCK）。

点样：供试液10μl，香附对照药材溶液6μl，使成条状。

展开剂：甲苯–乙酸乙酯–冰醋酸（10∶1∶0.1）。

显色剂：紫外光灯254nm下检视，再喷5%香草醛硫酸溶液，105℃加热5分钟。

检视：紫外光灯254nm下检视荧光淬灭斑点，可见光下检视一个红色斑点。

色谱识别：供试品色谱中，在与对照药材色谱相应的位置上，显相同颜色的荧光主斑点。阴性对照色谱在相应位置上无干扰。结果见图6–1–11。

注意事项：（1）自制板与预制板分离效果基本一致。

（2）供试液的点样量偏大，因此点成条状色谱效果较好。

（3）展开前预饱和10分钟。

（4）由于未能获得新鲜的α－香附酮对照品，本实验未能确定α－香附酮的位置，暂以香附对照药材为对照，方法专属可行，暂时回避该对照品的供应困难。

（5）5%香草醛硫酸溶液显色后的红色斑点，未见文献记载，建议积累经验，暂不列入标准正文。

4. 延胡索薄层色谱：检测延胡索中以延胡索乙素为代表的生物碱类成分。方法如正文，延胡索阴性对照无干扰。见图6－1－12。

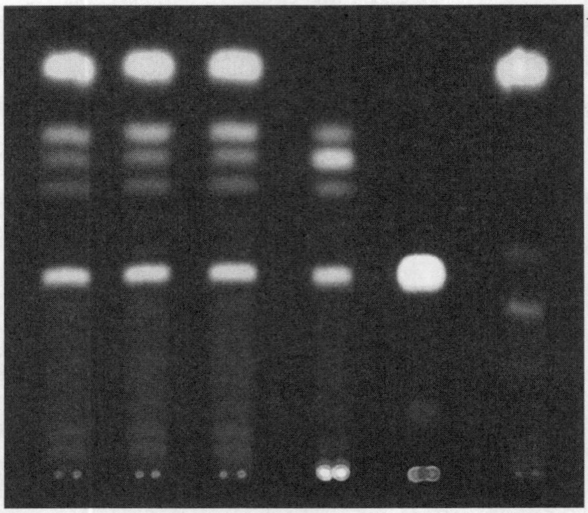

图6－1－12　延胡索薄层色谱鉴别（365nm紫外光灯检视）

1. 妇科养坤丸（EEC002）；2. 妇科养坤丸（EEC001）；3. 妇科养坤丸（E05005）；4. 延胡索对照药材；5. 延胡索乙素对照品；6. 延胡索阴性对照

供试品溶液的制备：取[鉴别]（2）项下备用的药渣，挥干乙醚，用氨水适量湿润药渣，再加乙醚60ml，超声处理20分钟，滤过，滤液蒸干，残渣加甲醇0.5ml使溶解，作为供试品溶液。

对照药材溶液制备：取延胡索（中国药品生物制品检定所0928－9904）对照药材0.5g，加甲醇20ml，超声处理30分钟，滤过，滤液蒸干，残渣加水10ml溶解，加浓氨试液调至碱性，用乙醚提取3次，每次10ml，合并乙醚液，蒸干，残渣加甲醇0.5ml使溶解，作为对照药材溶液。

对照品溶液制备：取延胡索乙素（中国药品生物制品检定所0726－200107）对照品，加甲醇制成每1ml各含0.5mg的对照品溶液。

延胡索阴性对照溶液的制备：取延胡索阴性对照15g，研细，加乙醚30ml，超声处理20分钟，滤过，药渣挥干乙醚，用氨水适量湿润药渣，再加乙醚60ml，超声处理20分钟，滤过，滤液蒸干，残渣加甲醇0.5ml使溶解，作为阴性对照溶液。

薄层板：1%氢氧化钠乙醇溶液浸泡后晾干、活化的Gel de silice 60薄层板（MERCK）。

点样：供试液10μl，延胡索对照药材溶液5μl，延胡索乙素对照品溶液2μl，使成条状。

展开剂：甲苯－丙酮（9：2）。

显色剂：碘蒸气中熏3～5分钟。

检视：紫外光灯365nm下检视。

色谱识别：供试品色谱中，在与对照药材和对照品色谱相应的位置上，显相同颜色的荧光主斑点。阴性对照色谱在相应位置上无干扰。结果见图6-1-12。

注意事项：（1）自制板与预制板分离效果基本一致。

（2）供试液点样使成条状，色谱特征更丰富，效果较好。

（3）展开前预饱和10分钟。

5. 白芍薄层色谱：检测白芍中芍药苷。方法如正文，白芍阴性对照无干扰。见图6-1-13。

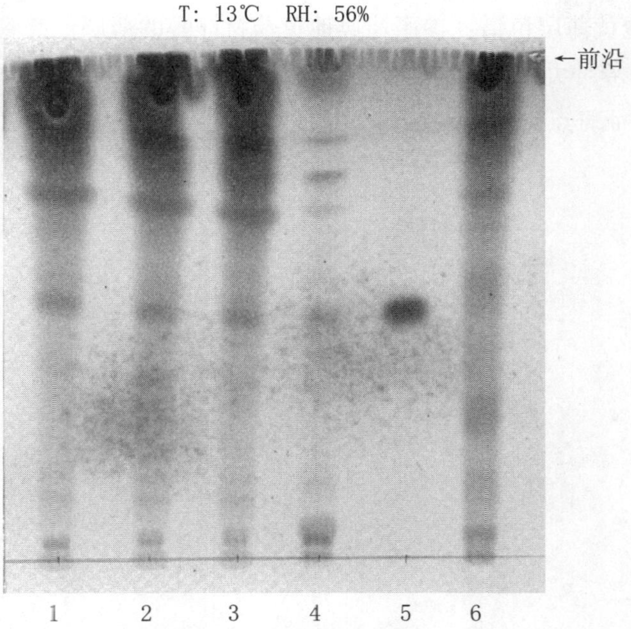

图6-1-13 白芍薄层色谱鉴别

1. 妇科养坤丸（E05005）；2. 妇科养坤丸（B05002）；3. 妇科养坤丸（B05002）；4. 白芍对照药材；5. 芍药苷对照品；6. 白芍阴性对照

供试品溶液的制备：取本品水蜜丸30g，研碎；或大蜜丸3丸，剪碎，加硅藻土适量，研匀，加乙醚80ml，超声处理20分钟，滤过，弃去乙醚液，药渣挥干乙醚，加乙醇80ml，温浸30分钟，时时振摇，滤过，滤液蒸干，残渣加水30ml使溶解，移置具塞锥形瓶中，加水饱和的正丁醇30ml超声处理20分钟，移置分液漏斗中静置分层，取上层液浓缩至约1ml，加适量中性氧化铝在水浴上拌匀，蒸干，置中性氧化铝（100～200目，1g，内径1cm）柱上，以乙酸乙酯-甲醇（1∶1）30ml洗脱，收集洗脱液蒸干，残渣加乙醇1ml使溶解，作为供试品溶液。

对照药材溶液制备：取白芍对照药材1g，加乙醇5ml，超声处理5分钟，滤过，滤液蒸干，残渣加乙醇1ml使溶解，作为对照药材溶液。

对照品溶液制备：取芍药苷对照品，加乙醇制成每1ml含1mg的溶液，作为对照品溶液。

白芍阴性对照溶液的制备：取白芍阴性对照30g，同供试品溶液制备方法制成阴性对照溶液。

薄层板：Gel de silice 60（MERCK）薄层板。

点样：供试液5～7μl，白芍（中国药品生物制品检定所905-9204）对照药材溶液5μl，芍药苷（中国药品生物制品检定所0736-200118）对照品溶液3μl，使成条状。

展开剂：二氯甲烷-甲醇-乙酸乙酯-甲酸（20：5：3：0.1）。

显色剂：喷以5%香草醛硫酸溶液，105℃加热5分钟。

检视：日光下检视。

色谱识别：供试品色谱中，在与对照药材和对照品色谱相应的位置上，显相同颜色的主斑点。阴性对照色谱在相应位置上无干扰。结果见图6-1-13。

注意事项：（1）自制板与预制板分离效果基本一致。

（2）为取代药典收载白芍的展开剂中的三氯甲烷，经比较，选用正文的展开剂。

（3）展开前预饱和10分钟。

6. 地黄、熟地黄薄层色谱：参照药典地黄药材梓醇的薄层色谱鉴别方法，由于本品受大复方干扰，结果妇科养坤丸未检出梓醇的特征斑点。经参考文献方法，检地黄中脂溶性成分，结果可检出地黄的特征斑点。见图6-1-14。

T：13℃ RH：51%

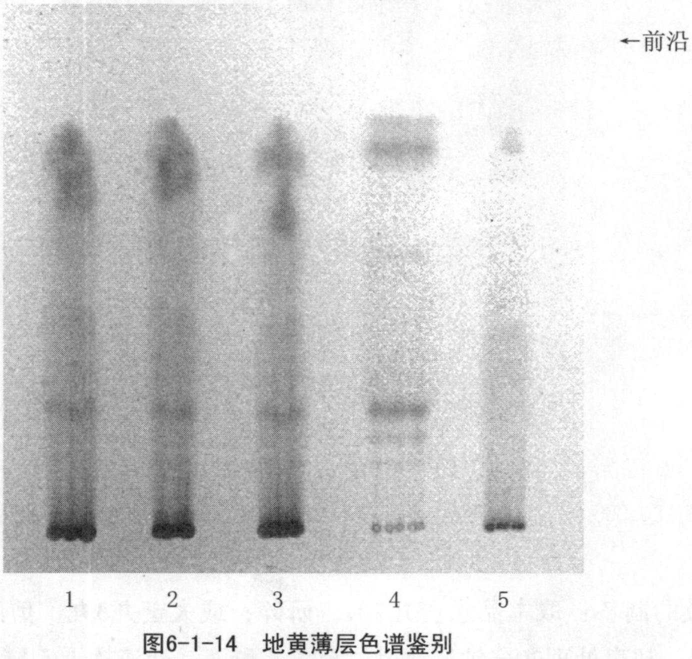

图6-1-14 地黄薄层色谱鉴别

1. 妇科养坤丸（EEC001）；2. 妇科养坤丸（EEC002）；3. 妇科养坤丸（E05005）；4. 地黄对照药材；5. 地黄、熟地黄阴性对照

供试品溶液的制备：取本品水蜜丸20g，研碎；或大蜜丸2丸，剪碎，加硅藻土适量，研匀，加乙酸乙酯80ml，超声处理30分钟，滤过，滤液蒸干，残渣加二氯甲烷1ml使溶解，作为供试品溶液。

对照药材溶液制备：取地黄（中国药品生物制品检定所1195-200101）对照药材2g，研细，加乙酸乙酯30ml，超声处理30分钟，滤过，滤液蒸干，残渣加二氯甲烷1ml使溶解，作为对照药材溶液。

地黄、熟地黄双阴性对照溶液的制备：取地黄、熟地黄双阴性对照20g，研碎；或大蜜丸2丸，剪碎，加硅藻土适量，研匀，加乙酸乙酯80ml，超声处理30分钟，滤过，滤液蒸干，残渣加二氯甲烷1ml使溶解，作为阴性对照溶液。

薄层板：Gel de silice 60（MERCK）。

点样：供试液5μl，地黄对照药材溶液4μl，使成条状。

展开剂：环己烷－二氯甲烷–无水乙醇–乙酸乙酯–水（2：11：1：5：2）的下层溶液。

检视：日光下检视。

色谱识别：供试品色谱中，在与对照药材色谱相应的位置上，显相同颜色的主斑点。阴性对照色谱在相应位置上无干扰。结果见图6–1–14。

注意事项：（1）自制板的斑点颜色较浅，为浅黄色；预制板的斑点较集中，为黄色。

（2）参考文献的展开剂，Rf偏高，修改展开剂比例如正文。

（3）展开前预饱和10分钟。

【检查】均按药典附录“丸剂”的通则要求进行，除微生物限度检查需补充方法验证外，暂无其他特殊要求或特殊检查项目，故未予修订。

【含量测定】根据国家药典委员会下达的国家药品标准提高行动计划任务，建立了妇科养坤丸的黄芩苷含量测定（高效液相色谱法）。分析方法验证结果表明该测定方法操作简便、结果准确，适合作为法定质量标准。具体结果报告如下：

（1）黄芩苷含量测定方法。

① 仪器与试药：

a. 仪器：高效液相色谱仪Agilent 1100 Series（C0999）。色谱柱：DIKMA Diamonsil C18，5μ，4.6×250mm，8034683（82#）；Agilent ZORBAX SB，C18（150mm×4.6mm，5μm）（78#）；SUPELCO Discovery，C18（150mm×4.6mm，5μm），70339–04（64#）。天平：BP211D（C0586），超声仪：KQ 300 DA（C1103）。

b. 试剂：甲醇：色谱纯；乙醇、磷酸：分析纯。

c. 试药：妇科养坤丸（某公司生产）；妇科养坤丸黄芩苷阴性制剂（由某公司提供）。

d. 对照品：黄芩苷对照品（中国药品生物制品检定所110715–200212）。

② 色谱条件与系统适用性试验：用十八烷基硅烷键合硅胶为填充剂；甲醇–0.4%磷酸（45：55）为流动相；检测波长为280nm。理论板数按黄芩苷峰计算应不低于2500。

③ 供试品溶液的制备：取妇科养坤丸水蜜丸适量，研细（过3号筛）；或取重量差异项下的大蜜丸，煎碎，取约0.52g，置100ml容量瓶中，加70%乙醇适量，超声20分钟，放冷，稀释至刻度，摇匀，即得。

④ 对照品溶液的制备：精密称取黄芩苷对照品0.01690g，置50ml量瓶中，加70%乙醇使溶解，并稀释至刻度，摇匀，再取2ml稀释至25ml即得（每1ml含黄芩苷0.02704mg）。

⑤ 测定法：分别精密吸取对照品溶液与供试品溶液各10μl，注入液相色谱仪，测定，即得。

本品含黄芩以黄芩苷（$C_{21}H_{18}O_{11}$）计，水蜜丸每1g不得少于4.4mg，大蜜丸每丸不得少于30mg。

⑥ 方法学考察：

a. 准确度：

（a）回收用黄芩苷母液的制备与测定：

精密称取黄芩苷对照品0.01587g，置25ml量瓶，加70％乙醇适量，温热、超声处理30分钟使溶解，冷却至室温，稀释至刻度，摇匀，作为回收用黄芩苷对照品母液（每1ml含黄芩苷0.6348mg）。

（b）回收供试品溶液的制备：

精密称取妇科养坤丸（水蜜丸，批号：EEC002）粉末9份（详见表6-1-1），分别置100ml量瓶中，精密加入上述回收用黄芩苷母液（详见表6-1-1），加70％乙醇70ml，超声处理20分钟，放冷，以同一溶剂稀释至刻度，摇匀，即得。精密称取大蜜丸（批号：y05001）约0.25g共6份，分成3组，每组各3份，分别加入对照品贮备液（浓度为0.30515mg/ml）5ml，再加70%乙醇溶液适量，超声处理20分钟，放冷，加70%乙醇溶液至刻度，摇匀，即得。

（c）回收试验测定结果，见表6-1-1及表6-1-2。

表6-1-1　水蜜丸回收试验测定结果

NO	供试品取量（g）	供试品中黄芩苷的量（mg）	加入母液体积（ml）	加入量（mg）	测得量（mg）	回收量（mg）	回收率（%）
1	0.1276	1.1078	2	1.2696	2.3662	1.2585	99.12
2	0.1253	1.0878	2	1.2696	2.3636	1.2758	100.49
3	0.1339	1.1625	2	1.2696	2.4471	1.2846	101.18
4	0.1700	1.4759	2.5	1.5870	3.0621	1.5863	99.95
5	0.1736	1.5071	2.5	1.5870	3.0659	1.5588	98.22
6	0.1619	1.4055	2.5	1.5870	3.0073	1.6018	100.93
7	0.1988	1.7259	3	1.9044	3.5770	1.8511	97.20
8	0.2039	1.7702	3	1.9044	3.6611	1.8910	99.29
9	0.2189	1.9004	3	1.9044	3.7753	1.8749	98.45
						MEAN	99.43
						RSD（%）	1.34

b. 精密度：

（a）重复性试验：取同一批号的妇科养坤丸（水蜜丸批号：EEC002），按表6-1-2取样，依法制备供试液，测定，即得。本品每1g含黄芩苷的平均测定结果为8.68mg（*RSD*=1.81%，*n*=9）。取大蜜丸（批号：y05001）剪碎，精密称约0.52g，共6份，置100ml容量瓶中，加70%乙醇溶液适量，超声处理20分钟，放冷，加70%乙醇溶液至刻度，摇匀，即得。

（b）重复性试验测定结果：重复性实验结果见表6-1-3和表6-1-4。

（c）中间精密度试验：分别由广东省药品检验所中药室和研究室依法测定相同批号的样品，结果见表6-1-5。

c. 专属性：

黄芩苷阴性供试品溶液的制备：取妇科养坤丸黄芩阴性制剂0.3513g，依法制备，即得。结果见图6-1-15，妇科养坤丸黄芩阴性制剂色谱在黄芩苷对照品色谱相应位置上无干扰。供试品色谱黄芩苷峰与相邻峰分离度大于1.5，符合《中国药典》2005年版一部附录的有关要求。

表6-1-2 大蜜丸回收试验测定结果

NO	供试品取量（g）	供试品中黄芩苷的量（mg）	加入母液体积（ml）	加入量（mg）	测得量（mg）	回收量（mg）	回收率 %
1	0.2550	1.568	5	1.5258	3.1050	1.2585	100.72
2	0.2541	1.562	5	1.5258	3.1125	1.2758	101.58
3	0.2542	1.563	5	1.5258	3.0940	1.2846	100.35
4	0.2528	1.554	5	1.5258	3.0775	1.5863	99.82
5	0.2554	1.570	5	1.5258	3.1135	1.8910	101.11
6	0.2519	1.549	5	1.5258	3.0585	1.8749	98.94
						MEAN	100.42
						RSD（%）	0.94

表6-1-3 水蜜丸重复性试验结果（批号：EEC002）

NO	取样量（g）	测得量1（mg/g）	测得量2（mg/g）	平均测得量（mg/g）
1	0.1860	8.6349	8.6340	8.6345
2	0.1836	8.5752	8.6093	8.5923
3	0.1968	8.7299	8.7091	8.7195
4	0.3738	9.0171	9.0301	9.0236
5	0.3738	8.7440	8.7467	8.7454
6	0.3819	8.7764	8.7362	8.7563
7	0.7067	8.4841	8.4832	8.4837
8	0.7405	8.6236	8.6259	8.6248
9	0.6866	8.5583	8.5501	8.5542
			MEAN	8.6816
			RSD（%）	1.81

表6-1-4 大蜜丸重复性试验结果（批号：y05001）

NO	取样量（g）	测得量1（mg/g）	测得量2（mg/g）	平均测得量（mg/g）
1	0.5265	70.047	69.704	69.8755
2	0.526	68.159	68.458	68.3085
3	0.5341	68.752	68.599	68.6755
4	0.5339	69.33	69.366	69.348
5	0.5304	70.021	69.939	69.98
6	0.5360	70.125	69.933	70.029
			MEAN	69.369
			RSD（%）	1.05

表6-1-5　重现性结果（mg/g）

批号	中药室1	中药室2	研究室
EEC001	9.0	9.7	9.3
EEC002	8.7	9.6	9.6
E05007	9.7	9.6	9.6

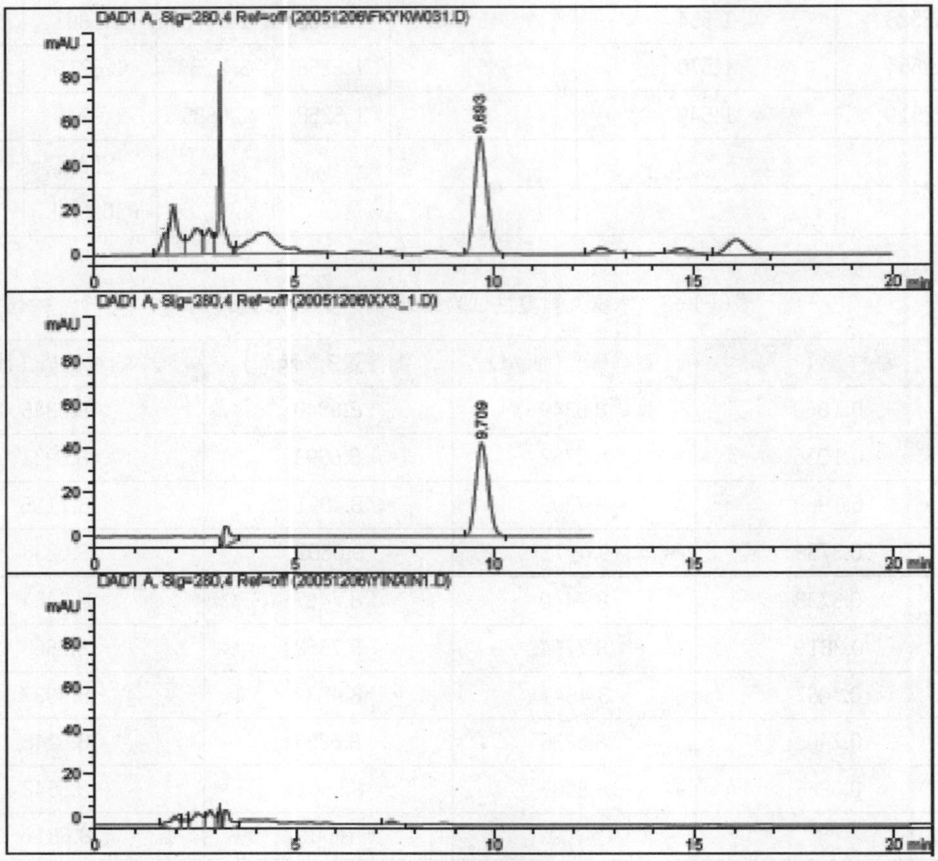

图6-1-15　妇科养坤丸、黄芩苷对照品及黄芩阴性对照色谱

a. 妇科养坤丸供试品；b. 黄芩苷对照品；c. 黄芩阴性对照

d. 线性：

精密称取黄芩苷对照品16.40mg，置50ml量瓶中，加70%乙醇溶解并稀释至刻度，作为黄芩苷对照品溶液I，精密吸取5ml置50ml量瓶中，加70%乙醇溶解并稀释至刻度，作为黄芩苷对照品溶液（3），精密吸取黄芩苷对照品溶液（3）5ml分别至50ml、20ml量瓶中，加70%乙醇溶解并稀释至刻度，分别作为黄芩苷对照品溶液（1）、(2）；精密吸取黄芩苷对照品溶液I 10ml置20ml量瓶中，加70%乙醇溶解并稀释至刻度，作为黄芩苷对照品溶液（4）；精密吸取黄芩苷对照品溶液I 5ml、10ml分别置25ml量瓶中，加同一溶剂稀释至刻度，摇匀，分别作为黄芩苷对照品溶液（5）、(6）。精密吸取上述黄芩苷对照品溶液20μl，注入液相色谱仪，平行进样两次，以两次峰面积平均值为纵坐标、黄芩苷浓度（μg/ml）为横坐标，在3.28μg/ml ~ 131.2μg/ml的范围内，得回归方程为：Y=34593X+12882（R=0.9999）。结果见表6-1-6，图6-1-16。

表6-1-6 线性关系

浓度（μg/ml）	峰面积1	峰面积2	平均峰面积
3.28	114429	114398	114413.5
8.20	289866	289331	289598.5
16.4	574633	575175	574904
32.8	1163723	1160595	1162159
65.6	2306616	2304866	2305741
131.2	4536613	4538109	4537361
		截距*a*	12882
		斜率*b*	34593
		相关系数*r*	0.9999

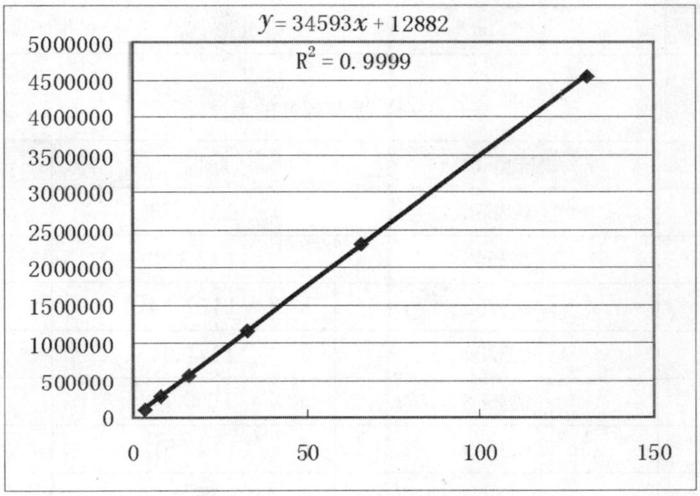

图6-1-16 黄芩苷线性关系图

e. 范围：

根据重复性试验所设定的低、中、高三水平供试液的浓度，本法测定的范围：供试品溶液的黄芩苷浓度0.015mg/ml～0.06mg/ml（即相当于供试品的含量范围为4.3 mg/g～17 mg/g）。

f. 耐用性：

（a）供试品为溶液的稳定性：取同一供试品溶液，分别在不同时间测定，在48小时内所得峰面积稳定，*RSD*为0.4%（*n*=8）。结果见表6-1-7。

（b）提取条件的考察：取同一批号的妇科养坤丸（EEC002）粉末，称取6份，每份0.35g，精密称定，按供试液制备方法，超声处理时间分别为10分钟、20分钟、30分钟、40分钟、60分钟；其余1份精密加70%乙醇100ml，精密量取，加热回流2小时，放冷，以70%乙醇补足重量，滤过，取续滤液作为供试品溶液。结果详见表6-1-7。以上提取方法，经测定后，结果基本一致。综合考虑选用超声提取20分钟。结果见表6-1-8。

（c）测定条件：参照《中国药典》2005年版一部“黄芩”[含量测定]的高效液相色谱系统条件，拟订流动相、检测波长如正文。

表6-1-7 供试品溶液稳定性考察

进样日期	进样时间	时间间隔	峰面积
12月7日	12:14 AM	0:00	1152.37
12月7日	1:39 AM	1:25	1151.26
12月7日	4:06 AM	3:52	1151.20
12月7日	6:55 AM	6:41	1147.90
12月7日	12:38 PM	12:24	1153.90
12月7日	7:24 PM	19:10	1152.97
12月8日	10:37 AM	34:23	1160.34
12月9日	1:51 AM	39:37	1158.49
		MEAN	1153.55
		SD	4.05
		RSD（%）	0.35

表6-1-8 提取条件的考察

提取方法	取样量（g）	峰面积	测得含量（mg/g）
超声10分钟	0.3635	1103.78	8.86
超声20分钟	0.3645	1113.20	8.91
超声30分钟	0.3762	1157.14	8.97
超声40分钟	0.3764	1140.04	8.84
超声60分钟	0.3583	1090.94	8.88
回流2小时	0.3749	1147.51	8.93
		MEAN	8.898
		SD	0.048
		RSD（%）	0.54

（d）色谱柱考察：色谱柱考察结果见表6-1-9：

⑦ 样品含量测定：

取不同批号的妇科养坤丸，依法测定，结果详见表6-1-10。

⑧ 限度制定：

依照妇科养坤丸的处方，水蜜丸每1g含黄芩69mg，大蜜丸每丸含黄芩0.47g，按《中国药典》2005年版一部“黄芩”[含量测定]规定，酒黄芩中黄芩苷的限度为8.0%，按酒黄芩中黄芩苷低限推算成品中的理论含量的80%计算，水蜜丸中黄芩苷的限度暂定为每1g不得低于4.4mg，大蜜丸每丸含黄芩苷不得低于30.0mg。

【功能与主治】疏肝理气，养血活血。用于血虚肝郁而致月经不调，经闭，痛经，经期头痛等。

【用法与用量】按原标准未作修订。

表6-1-9 不同色谱柱的考察

柱号	取样量（g）	黄芩苷含量（mg/g）		
		测得量1	测得量2	平均
82#	0.3669	9.922	9.927	9.879
	0.3488	9.858	9.808	
78#	0.3669	9.319	9.334	9.380
	0.3488	9.464	9.401	
64#	0.3669	9.548	9.525	9.498
	0.3488	9.472	9.448	
			MEAN	9.586
			SD	0.261
			RSD（%）	2.72

色谱柱：82#：DIKMA Diamonsil C18，5μ，4.6×250mm，8034683；78#：Agilent ZORBAX SB，C18（150mm×4.6mm，5μm）；64#：SUPELCO Discovery，C18（150mm×4.6mm，5μm），70339-04。

表6-1-10 妇科养坤丸的黄芩苷含量测定结集

批号	取样量（g）	黄芩苷含量（mg/g）		
		测得量1	测得量2	平均
EEC001（水蜜丸）	0.3686	9.079	9.065	9.035
	0.3351	8.999	8.997	
EEC002（水蜜丸）	0.3800	8.786	8.816	8.868
	0.3652	8.941	8.931	
B05002（水蜜丸）	0.3400	7.588	7.556	7.684
	0.3305	7.778	7.812	
C05003（水蜜丸）	0.3742	8.260	8.231	8.229
	0.3248	8.214	8.210	
D05004（水蜜丸）	0.3702	9.290	9.288	9.322
	0.3356	9.382	9.328	
E05005（水蜜丸）	0.3659	9.548	9.525	9.498
	0.3438	9.472	9.448	
H05007（水蜜丸）	0.3846	9.972	10.000	9.722
	0.3525	9.467	9.449	
K05009（水蜜丸）	0.3329	7.980	7.900	7.907
	0.3293	7.873	7.874	
S05010（水蜜丸）	0.3480	7.845	7.769	7.734
	0.3479	7.671	7.652	

（续表）

批号	取样量（g）	黄芩苷含量（mg/g）		
		测得量1	测得量2	平均
T05013（水蜜丸）	0.3322	8.213	8.261	8.139
	0.3356	8.061	8.021	
B05002（大蜜丸）	0.5602	70.07	71.71	71.191
	0.5604	70.80	72.18	
B05001（大蜜丸）	0.5628	68.64	68.74	67.581
	0.5543	66.53	66.40	
Y05001（大蜜丸）	0.5265	70.04	69.70	69.089
	0.5260	68.15	68.45	

（注：大蜜丸：mg/丸）

【规格】原标准为大蜜丸每丸重11.3g，现根据厂家生产实际情况，增加“水蜜丸每100丸重5g”的规格。

【贮藏】密闭，防潮。

第二节　障眼明片

一、障眼明片质量标准草案

障眼明片

Zhangyanming Pian

【处方】石菖蒲　决明子　肉苁蓉　葛　根　青葙子
党　参　蔓荆子　枸杞子　车前子　白　芍
山茱萸　甘　草　菟丝子　升　麻
蕤仁（去内果皮）　菊　花　密蒙花　川　芎
黄　精　熟地黄　关黄柏　黄　芪

【制法】以上二十二味，决明子、蔓荆子、菟丝子、青葙子、车前子加沸水浸渍20小时，再加入其余石菖蒲等十七味加水煎煮2次，每次2小时，滤过，合并滤液，浓缩成稠膏，加辅料适量，混匀，干燥，粉碎，制粒，压制成1000片（小片）或500片（大片），包薄膜衣；或压制成1000片，包糖衣，即得。

【性状】本品为糖衣片或薄膜衣片，除去包衣后显棕褐色；味甘，微酸。

【鉴别】（1）取本品糖衣片30片，或取薄膜衣小片30片或大片15片，除去包衣，研细，置锥形瓶中，加乙醇80ml，加热回流40分钟，放冷，滤过，滤液蒸干，残渣加水15ml使溶解，移至分液漏斗中，用乙酸乙酯振摇提取2次，每次25ml，水溶液备用，合并乙酸乙酯提取液，置中性氧化铝柱（200～300目，4g，内径1.5cm，湿法装柱）上，用乙醇10ml洗脱，收集洗脱液，蒸干，残渣加乙酸乙酯0.5ml使溶解，作为供试品溶液。另取葛根对照药材1g，加乙醇 30ml，加热回流40分钟，放冷，滤过，滤液蒸干，加水15ml使溶解，移至分液漏斗中，用乙酸乙酯振摇提取2次，每次20ml，合并乙酸乙酯液， 蒸干，残渣加乙酸乙酯0.5ml使溶解，作为对照药材溶液。再取葛根素对照品，加无水乙醇制成每1ml含0.4mg的溶液，作为对照品溶液。照薄层色谱法（《中国药典》2005年版一部附录Ⅵ B）试验，吸取上述三种溶液各2μl，分别点于同一硅胶G薄层板上，以三氯甲烷－甲醇－水（7：3：0.3）为展开剂，展开，取出，晾干，用氨蒸气熏片刻，置紫外光灯（365nm）下检视。供试品色谱中，在与对照药材和对照品色谱相应的位置上，显相同颜色的荧光主斑点。

（2）取本品糖衣片5片，或取薄膜衣小片5片、或大片3片，除去包衣，研细，加水30ml，煎煮15分钟，离心，取上清液，移至分液漏斗中，用乙酸乙酯25ml提取，水浴蒸干，残渣加乙酸乙酯1ml使溶解，作为供试品溶液。另取枸杞子对照药材0.1g，同法制成对照药材溶液。照薄层色谱法（《中国药典》2005年版一部附录Ⅵ B）试验，吸取供试品溶液3～5μl、对照药材溶液1μl，分别点于同一硅胶G薄层板（30℃干燥12小时）上，以三氯甲烷－甲苯－乙酸乙酯–甲醇（5：4：1：0.5）为展开剂，展开，取出，晾干，置紫外光灯（365nm）下检视。供试品色谱中，在与对照药材色谱相应的位置上，显相同颜色的荧光斑点。

（3）取本品糖衣片30片，或取薄膜衣小片30片、或大片15片，除去包衣，研细，加60%乙醇30ml，超声处理30分钟，滤过，滤液蒸，残渣加水20ml使溶解，移至分液漏斗中，用水饱和的正丁醇振摇提取2次，每次30ml，合并正丁醇提取液，蒸干，残渣加乙醇20ml使溶解，置中性氧化铝柱（200～300目4g，内径1cm，湿法装柱）上，用乙醇10ml洗脱，收集洗脱液，蒸干，残渣加甲醇1ml使溶解，作为供试品溶液。另取白芍对照药材0.5g，加甲醇20ml，超声处理20分钟，滤过，滤液浓缩至约1ml，作为对照药材溶液。再取芍药苷对照品，加甲醇制成每1ml含1mg的溶液，作为对照品溶液。照薄层色谱法（《中国药典》2005年版一部附录Ⅵ B）试验，吸取供试品溶液5～10μl、对照药材溶液5μl、对照品溶液2μl，分别点于同一以含1%氢氧化钠的羧甲基纤维素钠为黏合剂的硅胶G薄层板上，使成条带状，以乙酸乙酯–甲酸–冰醋酸–水（15：1：1：2）为展开剂，展开，取出，晾干，喷以5%香草醛硫酸溶液，在105℃加热至斑点显色清晰。供试品色谱中，在与对照药材和对照品色谱相应的位置上，显相同的蓝紫色条斑。

（4）取本品糖衣片15片，或取薄膜衣小片15片、或大片8片，除去包衣，研细，加乙醚20ml，加热回流20分钟，倾去乙醚液，药渣挥干，加乙醇30ml，加热回流40分钟，滤过，滤液水浴蒸干，残渣加水15ml使溶解，用乙酸乙酯提取2次，每次20ml，弃去乙酸乙酯液，水液用水饱和的正丁醇振摇提取2次，每次25ml，合并正丁醇提取液，水浴蒸干，残渣加甲醇4ml使溶解，过C18小柱，再加甲醇10ml洗脱，合并甲醇液，水浴蒸干，残渣加甲醇1ml使溶解，作为供试品溶液。另取蒙花苷对照品，加甲醇制成每1ml含0.2mg的溶液，作为对照品溶液。照薄层色谱法（《中国药典》2005年版一部附录Ⅵ B）试验，吸取供试品溶液1～2μl、对照品溶液1μl，分别点于同一聚酰胺薄膜上，以乙酸乙酯－丁酮－二氯甲烷－甲酸－水（15：15：8：2：1）为展开剂，展开，取出，晾干，喷以5%三氯化铝乙醇溶液，热风吹干，置紫外灯光（365nm）下检视。供试品色谱中，在与对照品色谱相应的位置上，显相同颜色的荧光斑点。

（5）取鉴别（1）项下的醋酸乙酯提取后的水溶液，用氨试液调节pH值大于10，用二氯甲烷40ml振摇提取，提取液用无水硫酸钠脱水，蒸干，残渣加无水乙醇1ml使溶解，作为供试品溶液。另取关黄柏对照药材0.2g，加酸性乙醇20ml，加热回流30分钟，滤过、蒸干，残渣加水15ml使溶解，用氨试液调节pH值大于10，同法制成对照药材溶液。再取盐酸小檗碱对照品，加甲醇制成每1ml含0.03mg的溶液，作为对照品溶液。照薄层色谱法（《中国药典》2005年版一部附录Ⅵ B）试验，吸取上述三种溶液各2μl，分别点于同一硅胶G薄层板上，以正丁醇－冰醋酸－水（14：2：5）为展开剂，展开，取出，晾干，置紫外灯光（365nm）下检视。供试品色谱中，在与对照药材和对照品色谱相应的位置上，显相同颜色的荧光斑点。

【检查】应符合片剂项下有关的各项规定（《中国药典》2005年版一部附录ID）。

【含量测定】照高效液相色谱法（《中国药典》2005年版一部附录VID）测定。

色谱条件与系统适用性试验：以十八烷基硅烷键合硅胶为填充剂；以甲醇－水（29：71）为流动相；检测波长为250nm。理论板数按葛根素峰计算应不低于4000。

对照品溶液的制备：取葛根素对照品适量，精密称定，加30%乙醇制成每1ml含葛根素25μg的溶液，即得。

供试品溶液的制备：取本品10片，除去包衣，精密称定，研细，取约2片（小片）或1片（大片）的量，精密称定，精密加入30%的乙醇溶液50ml，称定重量，超声处理30分钟（功率300W，频率40kHz），放冷，再称定重量，用30%的乙醇溶液补足减失的重量，离心，取上清液过滤，取续滤液，即得。

测定法：分别精密吸取对照品溶液与供试品溶液各10μl，注入液相色谱仪，测定，即得。

本品每片含葛根以葛根素（$C_{21}H_{20}O_9$）计，小片不得少于0.30mg，大片不得少于0.60mg。

【功能与主治】补益肝肾，退翳名目。用于初期及中期老年性白内障。

【用法与用量】口服，糖衣片、薄膜衣小片一次4片；大片一次2片，一日3次。

【有效期】2年。

【规格】糖衣片片芯重0.20 g，薄膜衣片重:（1）0.21 g（小片）；（2）0.42 g（大片）。

【贮藏】密封。

二、障眼明片质量标准起草说明

本品种原标准收载于《中华人民共和国卫生部药品标准》中药成方制剂第十八册，标准文号：WS3－B－3516－98，是广州某公司独家生产品种，2001年广州某公司为完善和提高质量标准而提出申请修订，修订【鉴别】（2）葛根、（3）黄柏TLC鉴别项，国家药品监督管理局于2001年11月12日批准，发布国家药品标准修订批件号2001ZFB0161[1]，并于2002年1月12日开始实施新的质量标准。2005年广州某公司又提出增加薄膜衣规格，规格为每片重0.21克和0.42克，广东省食品药品监督管理局于2005年9月15日批准，发布药品补充申请颁布件粤B200501062，有效期为3年，并于2005年9月15日开始实施。

【名称】障眼明片药品名称一直沿用至今，不拟修订。

【处方】如正文，本处方共22味中药，均收载于2005年版《中国药典》一部。

明确葛根、黄柏的来源。

黄柏，2005年版《中国药典》一部已分列为黄柏（川黄柏）和关黄柏，经核查，本品投料为关黄柏，明确处方中黄柏为关黄柏。

葛根，2005年版《中国药典》一部已分列为葛根和粉葛，经核查，本品投料为葛根，明确处方中葛根为豆科植物野葛的干燥根。

【制法】如正文，明确辅料为硬脂酸镁、滑石粉、羧甲基纤维素钠等。

【性状】增订薄膜衣片（批件号：2005B03610），根据本品十批糖衣片性状特征进行描述，如正文。

【鉴别】原标准中的［鉴别］（1）为理化鉴别，按国家药品标准提高行动计划的要求，拟删去。修订原［鉴别］（2）葛根、（3）关黄柏薄层鉴别方法；在此基础上，增加枸杞子、白芍、蒙花苷的薄层鉴别方法，并研究了石菖蒲、甘草、川芎的薄层色谱鉴别。正文中薄层鉴别试验结果如下：

（1）修订葛根的薄层色谱鉴别。

供试品溶液的制备：同正文。

对照药材溶液的制备：取葛根对照药材1g加乙醇30ml，加热回流40分钟，放冷，滤过，滤液蒸干，加水15ml使溶解，移置分液漏斗中，加乙酸乙酯提取2次，每次20ml，合并乙酸乙酯液，蒸干，加乙酸乙酯0.5ml使溶解，作为对照药材溶液。

对照品溶液的制备：精密称取葛根素对照品适量，加无水乙醇制成每1ml含0.35mg的溶液，作为对照品溶液。

阴性对照溶液的制备：按处方比例及制法，制成缺葛根的阴性对照样品，取相当于供试品的量，按供试品溶液的制备方法，制成缺葛根的阴性对照溶液。

薄层板：硅胶G自制板（厚0.5mm，批号：010503青岛海洋化工有限公司），MERCK 硅胶G预制板（10cm×20cm）。

点样：2μl。

展开剂：三氯甲烷－甲醇－水（7：3：0.3）。

显色：用氨蒸气熏片刻，置紫外光灯（365nm）下检视。

色谱识别：供试品色谱中，在与对照药材和对照品色谱相应的位置上，显相同颜色的荧光主斑点。阴性对照色谱在相应位置上无干扰。结果见图6-2-1。

说明：1）葛根素对照品（0752－9806 供含量测定用 中国药品生物制品检定所）；

葛根对照药材为工作对照药材；中性氧化铝（200～300目，上海五四化学试剂有限公司，批号：0030802）。

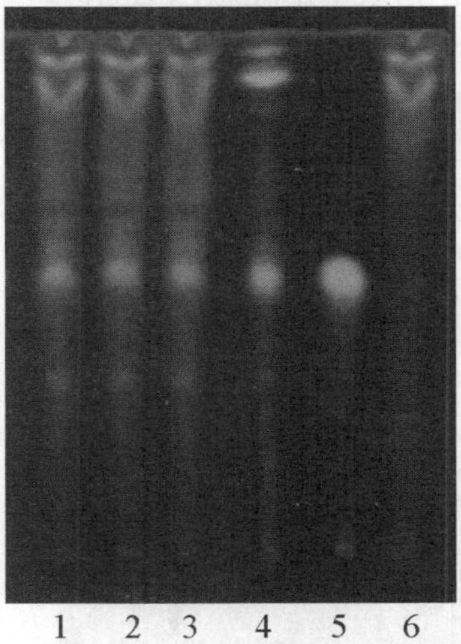

图6-2-1 葛根TCL图

1～3. 供试液（批号：G00130. G00134. G00229）；
4. 葛根对照药材对照品；5. 葛根素对照品；
6. 缺葛根阴性对照

2）参照国家药品监督管理局颁布的国家药品标准批件（ 批件号：2001ZFB0161）的薄层鉴别方法，见图6-2-2～图6-2-3。在提取过程中增加了过中性氧化铝柱，去除部分杂质，取消用无水硫酸钠脱水，点样量由5μl改为2μl，其他不变。

T：17℃　RH：50%

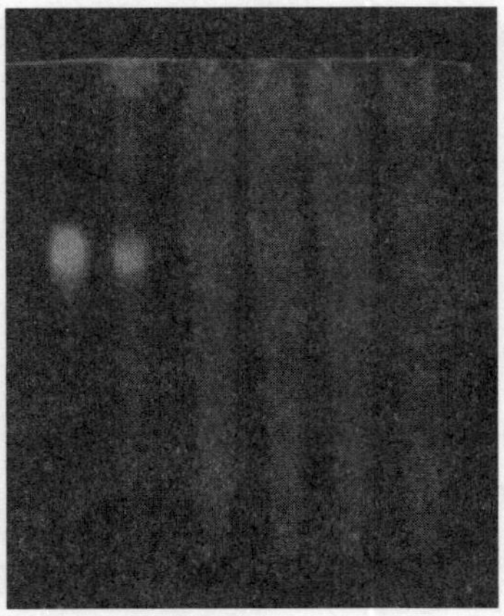

←溶剂前沿→

T：17℃　RH：50%

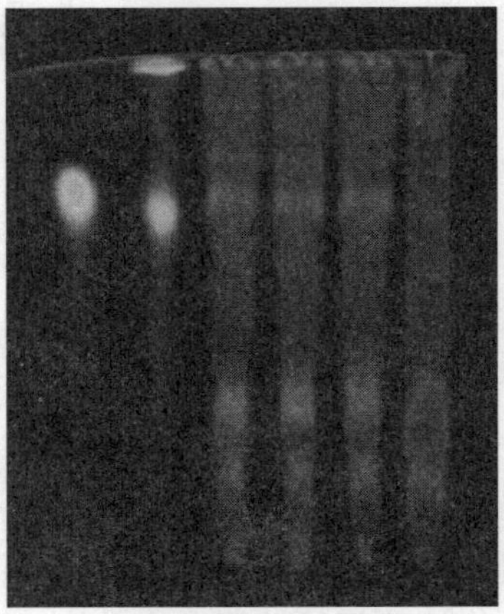

1　2　3　4　5　6

图6-2-2　葛根TLC图

（原标准，未氨熏显色）

1　2　3　4　5　6

图6-2-3　葛根TLC图

（原标准，氨熏显色）

1～3. 供试液（批号：G00130. G00134. G00229）；4. 葛根对照药材对照品；5. 葛根素对照品；6. 缺葛根阴性对照

3）耐用性：

① 薄层板：取手铺板或MERCK 硅胶G预制板按上述方法进行试验，供试品色谱中，在与对照品色谱相应的位置上，均显相同颜色的荧光斑点。

对温度、湿度及薄层板无特殊要求。

4）曾改用乙酸乙酯系统：以乙酸乙酯－甲醇－水（10：3：0.05）为展开剂，经氨熏显色后，斑点拖尾仍较明显，见图6-2-4。二氯甲烷系统：以二氯甲烷－甲醇－水（8：3：0.05）为展开剂，但色谱效果不理想，见图6-2-5。

T：17℃　RH：50%

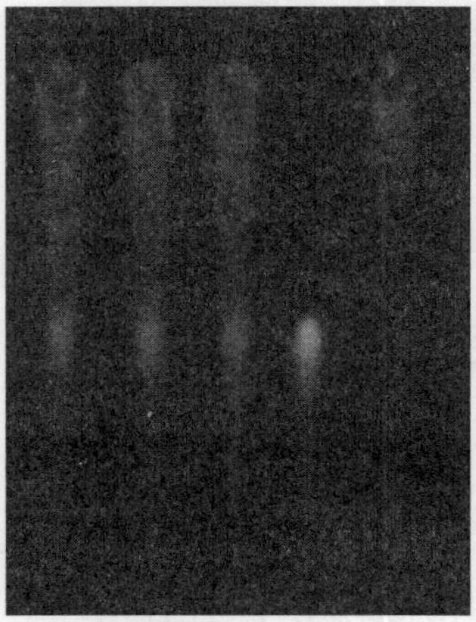

←溶剂前沿→

T：17℃　RH：50%

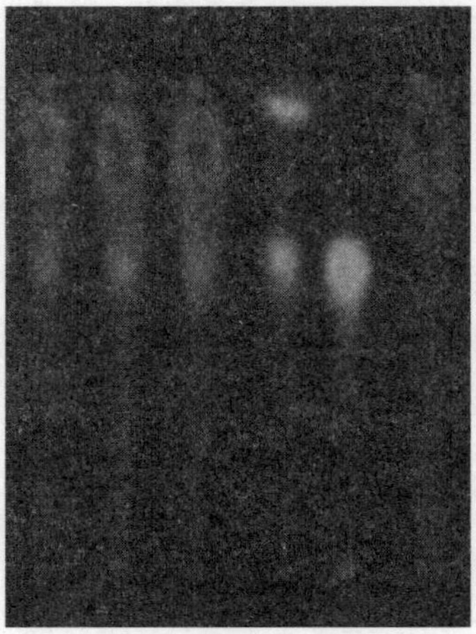

1　2　3　5　6

图6-2-4　葛根TLC图

（乙酸乙酯展开系统）

1　2　3　4　5　6

图6-2-5　葛根TLC图

（二氯甲烷展开系统）

1～3. 供试液（批号：G00130. G00134. G00229）；4. 葛根对照药材对照品；5. 葛根素对照品；6. 缺葛根阴性对照

5）三氯甲烷展开系统，即使不用氨熏显色，斑点不存在拖尾的现象，但为了确保效果，在标准正文中仍保留氨熏显色，使检出斑点的灵敏度增强。

（2）增订枸杞子的薄层鉴别方法。

供试品溶液的制备：同正文。

对照药材溶液的制备：另取枸杞子对照药材0.1g，同法制成对照药材溶液。

阴性对照溶液的制备：按处方比例及制法，制成缺枸杞子的阴性对照样品，取相当于供试品的量，按供试品溶液的制备方法，制成缺枸杞子的阴性对照溶液。

薄层板：30℃干燥12小时硅胶G自制板（批号：010503 青岛海洋化工有限公司）；MERCK硅胶G预制板（10cm×20cm）。

点样：供试品溶液3～5μl、对照药材溶液1μl。

展开剂：三氯甲烷－甲苯－乙酸乙酯–甲醇（5：4：1：0.5）。

显色：置紫外光灯（365nm）下检视。

色谱识别：供试品色谱中，在与对照药材色谱相应的位置上，显相同颜色的斑点。阴性对照色谱在相应位置上无干扰。结果见图6–2–6及图6–2–7。

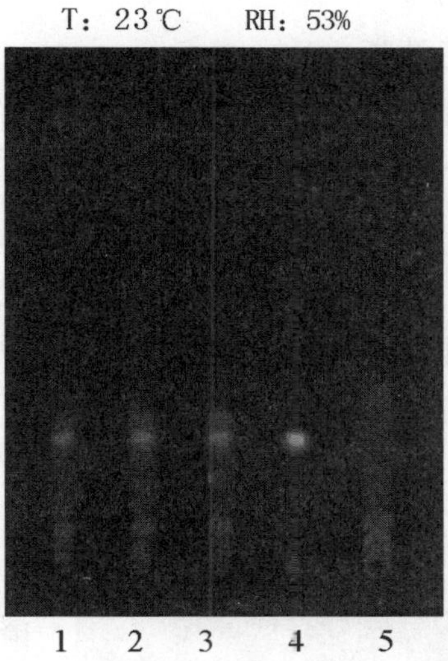

图6-2-6　枸杞子TLC图

手铺板

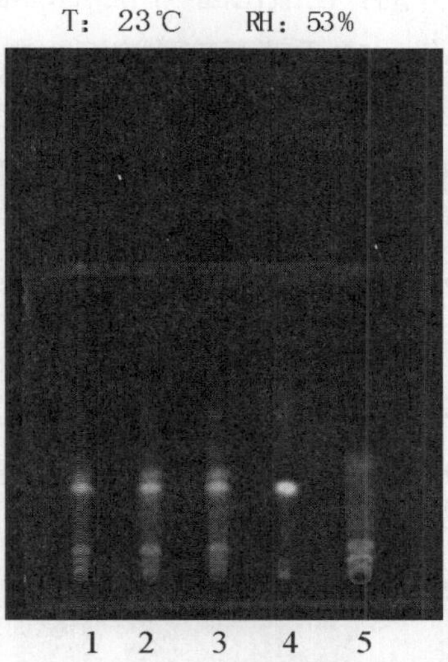

图6-2-7　枸杞子TLC图

预制板

1～3. 供试液（批号：G00130. G00134. G00229）；4. 枸杞子对照药材对照品；5. 缺枸杞子阴性对照

说明：1）参照《药品监管》2001年第十卷第三期“羊羔美酒中枸杞子和何首乌的薄层色谱鉴别”中的薄层鉴别方法[2]。

2）曾改用乙酸乙酯系统、二氯甲烷系统的展开剂，但未能达到替代三氯甲烷展开系统的要求。

3）曾改用乙酸乙酯直接超声30分钟提取，滤过，水浴蒸干，残渣加乙酸乙酯1ml使溶解，作为供试品溶液。按正文拟定的展开条件，供试品色谱中，在与对照药材色谱相应的位置上，几乎看不见相同颜色的斑点。故增加“煎煮15分钟”使枸杞子中成分充分溶解过程。

4）枸杞子对照药材（1072–0301 中国药品生物制品检定所）。

5）耐用性：

薄层板：取自制板或MERCK硅胶G预制板按上述方法进行试验，于相同的点样量，预制板较自制板斑点清晰，结果见图6-2-6、图6-2-7。

对温度、湿度及薄层板无特殊要求。

（3）增订白芍的薄层鉴别方法。

供试品溶液的制备：同正文。

对照药材溶液的制备：另取白芍对照药材0.5g，加甲醇20ml，超声处理20分钟，滤过，浓缩至约1ml，作为对照药材溶液。

对照品溶液的制备：取芍药苷对照品，加甲醇制成每1ml含1mg的溶液，作为对照品溶液。

阴性对照溶液的制备：按处方比例及制法，制成缺白芍的阴性对照样品，取相当于供试品的量，按供试品溶液的制备方法，制成缺白芍的阴性对照溶液。

薄层板：含1%氢氧化钠的羧甲基纤维素钠为黏合剂的硅胶G自制板（批号：010503 青岛海洋化工有限公司）；MERCK 硅胶G预制板（10cm × 20cm）。

点样：供试品溶液5 ~ 10μl、对照药材溶液5μl、对照品溶液2μl。

展开剂：乙酸乙酯-甲酸-冰醋酸-水（15 ∶ 1 ∶ 1 ∶ 2）。

显色：5%香草醛硫酸溶液，在105℃加热至斑点显色清晰。

色谱识别：供试品色谱中，在与对照药材和对照品色谱相应位置上，显相同的蓝紫色斑点。阴性对照色谱在相应位置上无干扰，结果见图6-2-8。

说明：1）参照《中医药学刊》2005年第23卷第4期“参茸强肾丸中红参 白芍 当归的薄层色谱鉴别”发表的“白芍”薄层鉴别方法[3]。

2）芍药苷对照品（0736-9710 供含量测定用 中国药品生物制品检定所）；中性氧化铝（200 ~ 300目 批号：0030802 上海陆都化学试剂厂）。

3）未经中性氧化铝柱所得色谱图，见图6-2-9。

T：23℃　RH：53%

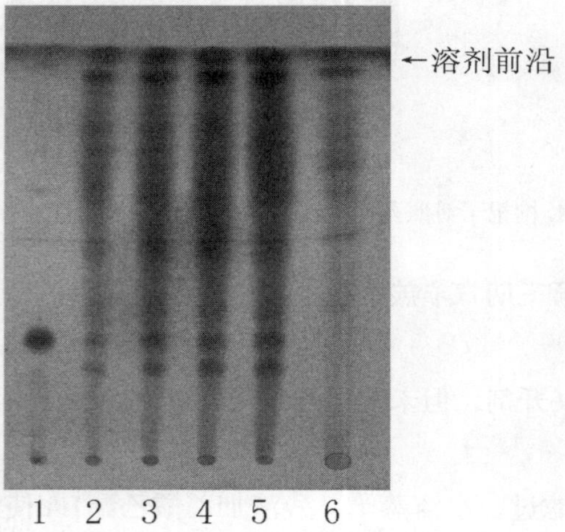

图6-2-8　白芍TLC图
（正文方法）

T：23℃　RH：53%

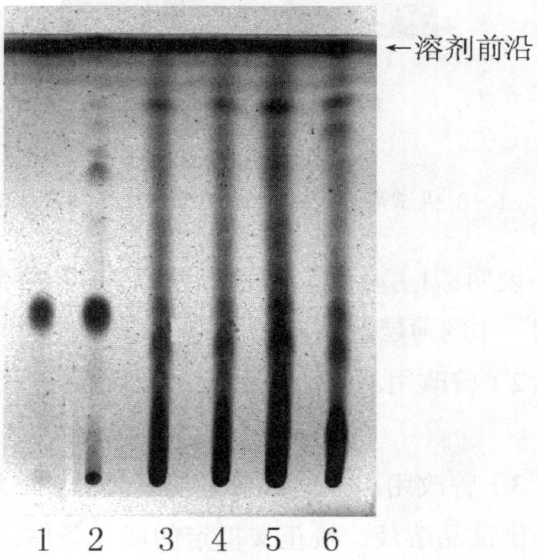

图6-2-9　白芍TLC图
（未拟入正文）

1. 芍药苷对照品；2. 白芍对照药材液；3～5. 供试液；6. 缺白芍阴性对照

4）耐用性。

薄层板：取手铺板或MERCK 硅胶G预制板按上述方法进行试验，供试品色谱中，在与对照品及对照药材色谱相应的位置上，均显相同颜色的斑点。

对温度、湿度及薄层板无特殊要求。

（4）增订蒙花苷的薄层鉴别方法。

供试品溶液的制备：同正文。

对照品溶液的制备：取蒙花苷对照品，加甲醇制成每1ml含0.2mg的溶液，作为对照品溶液。

阴性对照溶液的制备：按处方比例及制法，制成缺菊花、密蒙花的阴性对照样品，取相当于供试品的量，按供试品溶液的制备方法，制成缺菊花、密蒙花的双阴性对照溶液[4]。

薄层板：聚酰胺薄膜（浙江省台州市路桥西甲生化塑料厂）。

点样：供试品溶液1～2μl、对照品溶液1μl。

展开剂：乙酸乙酯－丁酮－二氯甲烷－甲酸－水（15：15：8：2：1）。

显色：喷以5%三氯化铝乙醇溶液，热风吹干，置紫外灯光（365nm）下检视。

色谱识别：供试品色谱中，在与对照品色谱相应位置上，显相同颜色的荧光斑点。阴性对照色谱在相应位置上无干扰。见图6-2-10。

说明：1）参照《中国药典》2005年版一部 “野菊花” 项下收载的薄层鉴别方法[5]。

2）蒙花苷对照品（111528-200303 供含量测定用 中国药品生物制品检定所）；C18柱（Agilent TechnoLogies ODS-C18 500mg，3ml）。

3）对温度、湿度无特殊要求。

（5）修订关黄柏的薄层鉴别方法。

供试品溶液的制备：取鉴别（1）项下的乙酸乙酯提取后的水溶液，用氨试液调节pH值大于10，加二氯甲烷40ml提取，二氯甲烷液用无水硫酸钠脱水，蒸干，残渣加无水乙醇1ml使溶解，作为供试品溶液。

对照药材溶液的制备：取关黄柏对照药材0.2g，加酸性乙醇20ml，加热回流30分钟，滤过、蒸干，残渣加水15ml使溶解，用氨试液调节pH值大于10，同法制成对照药材溶液。

对照品溶液的制备：取盐酸小檗碱对照品，加甲醇制成每1ml含0.03mg的溶液，作为对照品溶液。

阴性对照溶液的制备：按处方比例及制法，制成缺关黄柏的阴性对照样品；取相当于供试品的量，按供试品溶液的制备方法，制成缺关黄柏的阴性对照溶液。

薄层板：MERCK 硅胶G预制板（10×20cm）；硅胶G自制板（批号：010503 青岛海洋化工有限公司）。

点样：2μl。

展开剂：乙正丁醇－冰醋酸－水（14：2：5）。

显色：置紫外灯光（365nm）下检视。

色谱识别：供试品色谱中，在与对照药材和对照品色谱相应位置上，显相同颜色的荧光斑点。阴性对照色谱在相应位置上无干扰。见图6-2-11。

T：23℃　　RH：54%

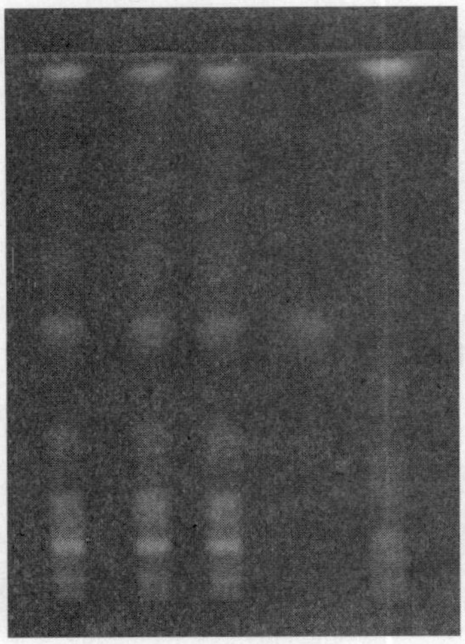

←溶剂前沿

1　2　3　4　5

图6-2-10　蒙花苷TLC图

1～3.供试液（批号：G00130.G00134.G00229）；
4.蒙花苷对照品；5.缺菊花、密蒙花阴性对照

T：15℃　　RH：48%

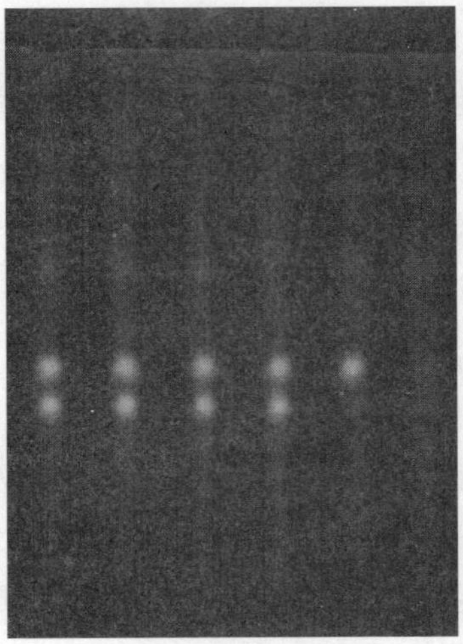

←溶剂前沿

1　2　3　4　5　6

图6-2-11　关黄柏TLC图

1～3.供试液（批号：G00130.G00134.G00229）；
4.关黄柏对照药材；5.盐酸小檗碱对照品；
6.缺关黄柏阴性对照

说明：1）参照国家药品监督管理局颁布国家药品标准批件（批件号：2001ZFB0161）的薄层鉴别方法，改用二氯甲烷提取，展开系统未作改变，另按2005年版《中国药典》一部关黄柏项下薄层鉴别显色及检视方法，取消“喷以稀碘化铋钾试液，日光下检视，显相同颜色的斑点”。

2）关黄柏对照药材（120937-200305 中国药品生物制品检定所）。

（6）其他薄层色谱鉴别研究。

按照任务表要求对石菖蒲、川芎、甘草薄层色谱鉴别进行研究，由于该处方为水提工艺，参照《中华人民共和国药典》2005年版一部收载的薄层色谱鉴别方法，但结果不理想。暂不列入正文。见图6-2-12及图6-2-15。

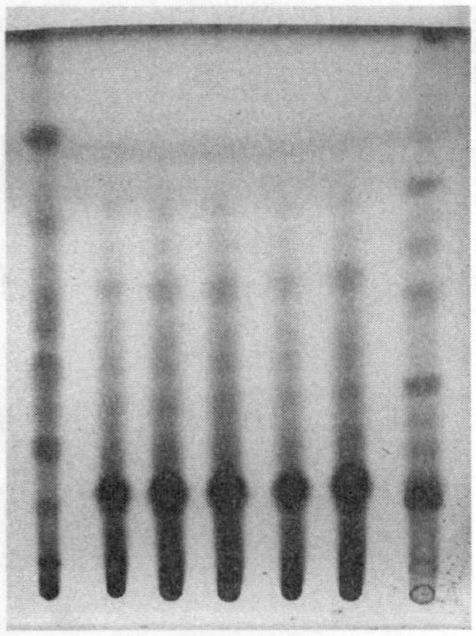

←溶剂前沿

1　2　3　4　5　6　7

图6-2-12　石菖蒲TLC图

1.石菖蒲对照药材；2～6.供试液；
7.缺石菖蒲阴性对照液

T：15℃　　RH：55%

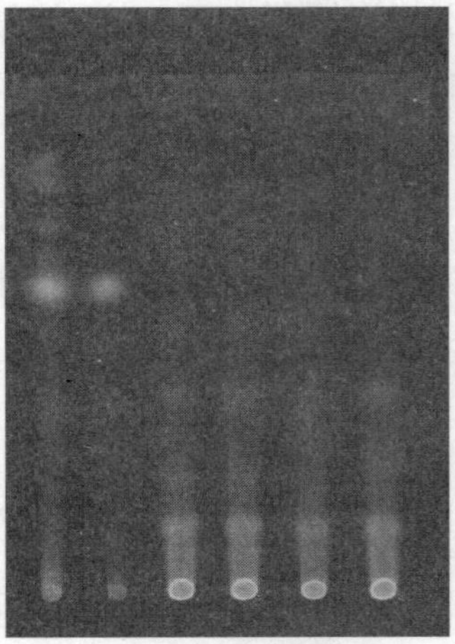

←溶剂前沿

1　2　3　4　5　6

图6-2-13　石菖蒲TLC图

1.石菖蒲对照药材；2.石菖蒲药材；3～5.供试液；
6.缺石菖蒲阴性对照液

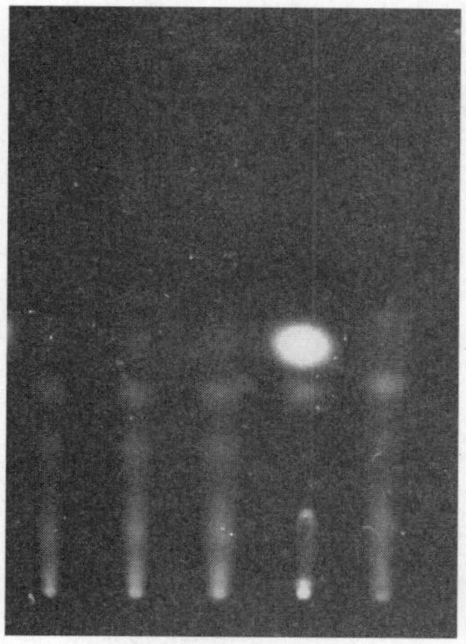

图6-2-14 川芎TLC图

1～3. 供试液；4. 川芎对照药材；
5. 缺川芎阴性对照液

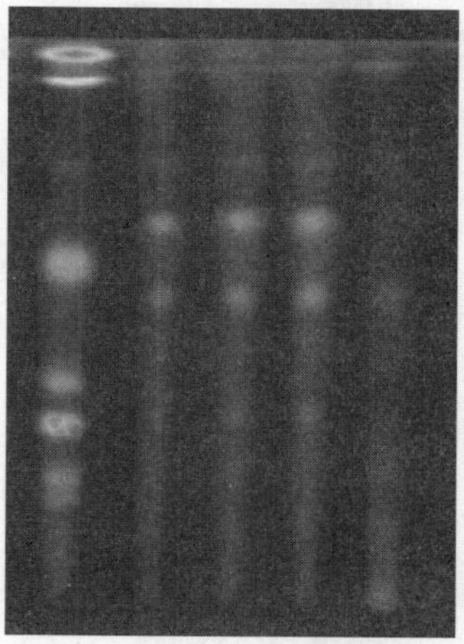

图6-2-15 甘草TLC图

1. 甘草对照药材；2～4. 供试液；
5. 缺甘草阴性对照液

【检查】 按《中国药典》2005年版一部附录制剂通则，应符合片剂项下有关的各项规定。

【含量测定】决明子。

（1）仪器与试药。

1）仪器：Agilent 1100高效液相色谱仪。检测器：G－1314A型紫外－可见光检测器。泵：G－1311A Quart pump。

2）试剂：液相用甲醇为色谱纯（Merk公司），水为纯化水；其他无水乙醇、乙酸乙酯、氯仿、盐酸、甲醇均为分析纯（广州化学试剂厂）。

3）对照品：大黄酚对照品，供含量测定用由中国药品生物制品检定所提供。

4）供试品：取本品15片，除去糖衣，精密称定，研细，取约2g，精密称定，置具塞锥形瓶中，精密加入甲醇50ml，密塞，称定重量，超声处理30分钟，放冷，再称定重量，用甲醇补足减失的重量，摇匀，滤过，精密量取续滤液25ml，蒸干，加10%盐酸溶液30ml，置水浴中加热水解1小时，立即冷却，用三氯甲烷振摇提取3次，每次25ml，合并三氯甲烷液，回收溶剂至干，残渣用无水乙醇-乙酸乙酯（2：1）溶解，转移至5ml量瓶中，并稀释至刻度，摇匀，滤过，取续滤液，即得。

5）色谱柱：Dikma Diamonsil C18色谱柱5μm，150mm × 4.6mm。

（2）液相色谱条件。

1）实验条件的选择。

① 最大吸收波长的选择。

取大黄酚对照品适量，精密称定，加甲醇制成每1ml含10μg的溶液，在200nm～800nm间扫描测定。结果在255nm和430nm处有最大吸收，结合《中国药典》2005年版一部中，决明子药材质量标准的含量测定方法，选择254nm作为检测波长。结果见图6-2-16。

② 流动相的选择。

曾试用Ⅰ. 乙腈－0.1%磷酸溶液（60：40）；Ⅱ. 甲醇－0.1%磷酸溶液（80：20）作为流动相，

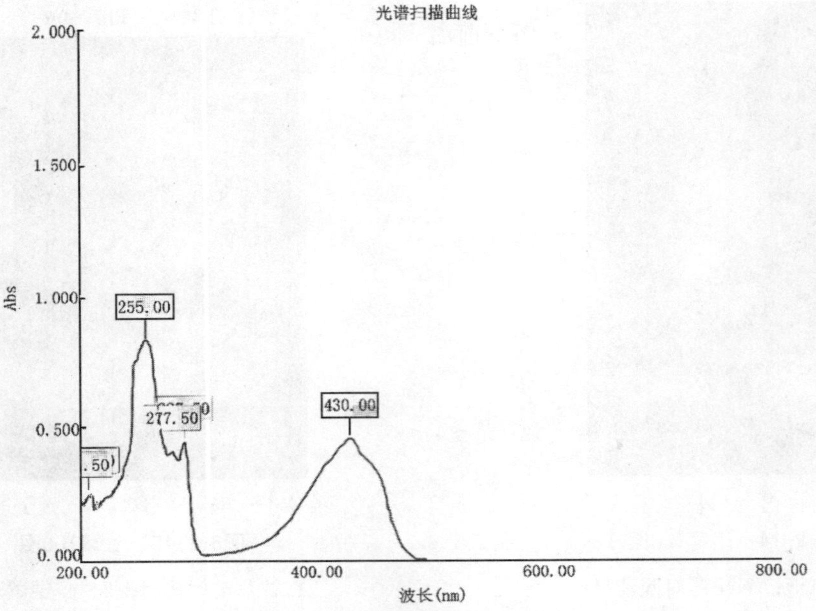

图6-2-16 大黄酚紫外光谱扫描图

结果以采用流动相Ⅱ时样品色谱峰分离好，故采用甲醇－0.1%磷酸溶液（80：20）作为流动相。

③ 柱温的选择。

研究中发现，不同的柱温对待测成分的分离有一定影响，但影响不大，即大黄酚的分离对温度的影响不敏感，故在实际实验中可根据样品分离的情况在20℃～40℃范围内选择适宜的柱温。

④ 理论板数的确定。

根据3根不同品牌的色谱柱的实测柱效，暂订理论板数以大黄酚峰计算应不低于2000。

⑤ 最终色谱条件的确定。

固定相为C18色谱柱，粒径5μm。流动相为甲醇－0.1%磷酸溶液（80：20）；流速为1ml/min；检测波长：254nm；柱温：20℃～40℃；大黄酚峰与杂质峰分离度（Rs）应大于1.5；理论板数按大黄酚峰计算应不低于2000。

2）前处理条件的选择。

依据（《中国药典》2005年版一部）中，决明子药材质量标准的含量测定方法，以及相关制剂“山菊降压片”的质量标准含量测定项下，决明子药材中大黄酚的含量测定方法，制定了本品的提取方法，在实验中主要考察超声提取时间对结果的影响。

结果表明30分钟以后，延长超声时间对结果基本无影响，为了提高效率，选择超声提取30分钟。见表6-2-1。

表6-2-1 提取时间考察结果

提取时间（min）	15	30	45
大黄酚含量（μg/g）	17.29	18.32	18.29

3）水解反应条件的选择。

依据（《中国药典》2005年版一部）中，决明子药材质量标准的含量测定方法，故选择以10%的盐酸，水浴回流1小时的水解方法。

（3）方法学考察。

1）准确度。

采用加样回收法，分别取已知大黄酚含量（14.876μg/g）的障眼明片样品2g，精密称定，分别精密加入大黄酚对照品的无水乙醇－乙酸乙酯（2∶1）溶液（9.91μg/ml）各2ml、4ml、6ml，按供试品溶液制备方法制备，测定，按下式计算回收率，见表6-2-2。

$$回收率=\frac{测得量-样品中含量}{对照品加入量}\times 100\%$$

表6-2-2 回收率测定结果

n	取样量（g）	样品中大黄酚的量（μg）	加入大黄酚的量（μg）	大黄酚测得的总量（μg）	回收率（%）	平均回收率（%）	RSD（%）
1	2.0012	29.77	19.82	49.37	98.89	95.90	2.78
2	1.9990	29.74	19.82	49.29	98.64		
3	1.9983	29.73	19.82	49.20	98.23		
4	1.9993	29.74	39.64	67.27	94.68		
5	1.9987	29.73	39.64	68.00	96.54		
6	1.9979	29.72	39.64	68.47	97.75		
7	1.9974	29.71	59.46	84.76	92.58		
8	1.9990	29.74	59.46	84.58	92.23		
9	1.9986	29.73	59.46	85.36	93.56		

2）重复性。

分别精密称取同一批障眼明片样品6份，按供试品溶液制备方法制备，测定大黄酚的含量。结果表明本法重复性良好。见表6-2-3。

表6-2-3 重复性试验结果

n	1	2	3	4	5	6	平均	RSD（%）
含量（μg/g）	17.45	17.32	18.33	18.29	18.32	18.37	18.01	2.72

3）专属性考察。

以不含决明子药材的阴性样品，按正文含量测定项下的方法制成阴性供试品，精密吸取20μl，注入液相色谱仪，记录色谱图，即得。结果表明阴性无干扰，见图6-2-17。

4）线性。

精密称取大黄酚对照品0.00991g，加无水乙醇-乙酸乙酯（2∶1）制成每1ml含9.91μg的溶液，精密量取2、4、6、8ml，分别置10ml量瓶中，加无水乙醇-乙酸乙酯（2∶1）稀释至刻度，摇匀。分别精密吸取20μl，注入高效液相色谱仪，记录峰面积，以浓度为横坐标，峰面积为纵坐标，绘制标准曲线。大黄酚的回归方程为：Y=104.14X-6.19，相关系数r=0.9999。上述结果表明，大黄酚浓度在1.982μg/ml～9.91μg/ml范围内线性关系良好。见表6-2-4及图6-2-18。

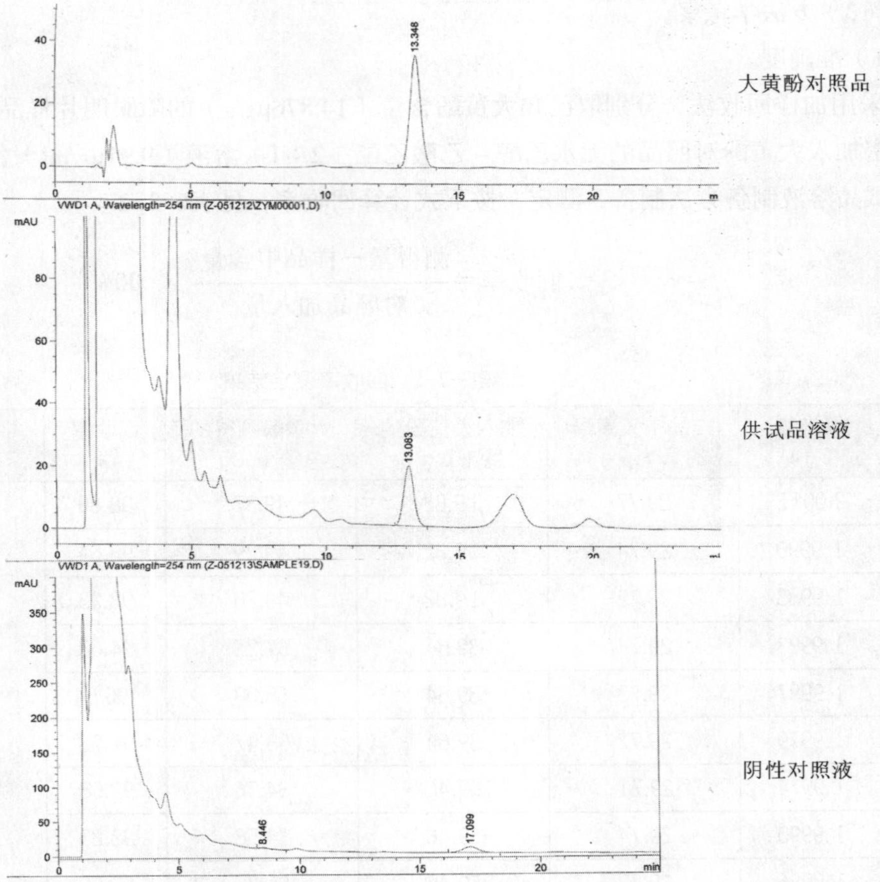

图6-2-17　决明子HPLC图

表6-2-4　线性回归试验结果

浓度（μg/ml）	1.982	3.964	5.946	7.928	9.91
峰面积	201.6	405.7	611.8	819.2	1026.9

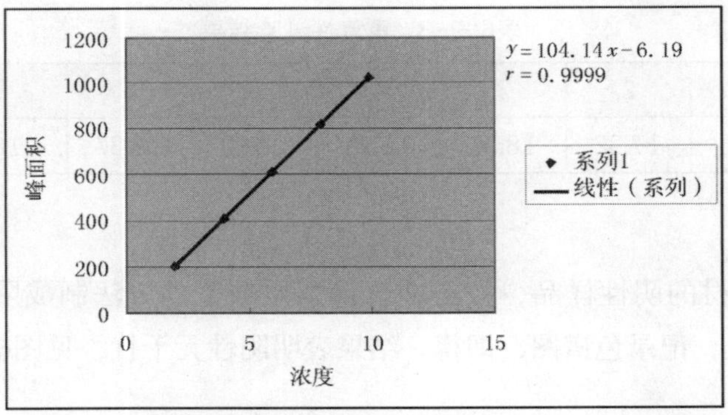

图6-2-18　大黄酚标准曲线

5）耐用性。

① 溶液稳定性。

分别精密吸取同一供试品溶液，于配制后0，1，2，4，6，8小时内进样测定，结果表明，供试品溶液在8小时内基本稳定，见表6-2-5。

表6-2-5 溶液稳定性试验结果

时间（h）	0	1	2	4	6	8	平均	RSD（%）
峰面积	435.5	447.4	436.8	436.4	437.4	435.6	438.2	1.04

② 不同色谱柱分离情况比较及理论板数的确定。

按正文提供的色谱分析条件，考察3根不同品牌填料的色谱柱，比较色谱分离情况，见表6-2-6。

表6-2-6 不同色谱柱考察结果

编号	品牌	填料	规格	与杂质峰分离情况	大黄酚峰的理论板数
1	Dikma	Diamonsil C_{18} 5μm	150×4.6mm	基线分离	4770
2	Supelco	Discovery C_{18} 5μm	150×4.6mm	基线分离	3838
3	Aichrom	Aichrom Bond-C_{18} 5μm	150×4.6mm	基线分离	7259

按正文条件，在3根不同品牌的色谱柱上，均获得了满意的分离，表明在不同品牌色谱柱上的耐用性良好。

（4）样品测定。

取十批样品按正文所述方法测定含量。结果见表6-2-7。

表6-2-7 样品测定结果

n	药品批号	大黄酚含量（μg/g）	平均片重（g）	每片含量（μg）
1	G00123	16.49	0.2590	4.27
2	G00130	19.02	0.2543	4.84
3	G00133	19.31	0.2552	4.93
4	G00134	18.34	0.2581	4.73
5	G00269	16.65	0.2583	4.30
6	G00298	19.40	0.2575	5.00
7	G00299	19.72	0.2562	5.05
8	G00335	15.57	0.2549	3.97
9	G00337	16.55	0.2570	4.25
10	G00349	24.28	0.2587	6.28

依照障眼明片的处方，每片含决明子0.031g，按《中国药典》2005年版一部“决明子”【含量测定】项下，按决明子中大黄酚最低限推算成品中的理论含量为24.8μg/片，根据该品种的制剂工艺以及10批含量测定结果看，大黄酚的含量偏低，不适宜作为含量测定指标。

【含量测定】葛根。

按国家药品标准提高行动计划的要求，参照《中国药典》2005年版一部“葛根”项下收载的含量测定方法[5]，制定本品含量测定方法如正文，试验结果如下：

（1）仪器与试药。

1）仪器：岛津LC-20A高效液相色谱仪，LCSOLUTION工作站；KQ-300DA型数控超声波清洗器（功率300W，工作频率40KHz）；TU-1901双光束紫外可见分光光度计；Startorius BP-221s电子天平；Startorius CP225D电子天平。

2）葛根素对照品（110752-200410 供含量测定用 中国药品生物制品检定所）。障眼明片（批号：G00123，G00130，G00133，G00134，G00269，G00298，G00299，G00335，G00337，G00349，某公司生产并提供）。甲醇：色谱纯（Merck KGaA）；乙醇：分析纯（广州化学试剂厂）；水为超纯水。

3）色谱柱：Dikma Techonologies C18，5um，250×4.6mm，Ser.no.：8034687。

（2）测定波长的选择。

取葛根素对照品溶液（15μg/ml），在190～400nm波长范围内扫描，结果在251nm波长处有最大吸收，参考《中国药典》2005年版一部“葛根”含量测定项下的测定波长，采用250nm为检测波长。实验结果见图6-2-19。

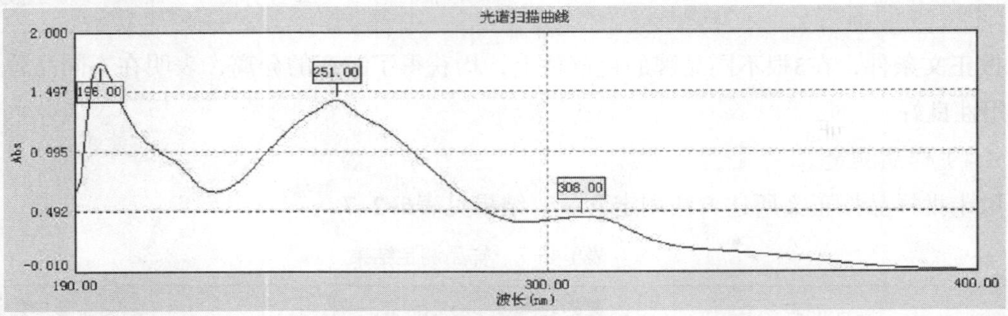

图6-2-19 葛根素紫外光谱扫描图

（3）供试品溶液的制备。

参照《中国药典》2005年版一部“葛根”项下收载的含量测定方法，以30%乙醇作为提取溶剂，制定本品含量测定方法中供试品溶液的制备方法。

1）提取方法的选择：为考察提取方式，取同一供试品（批号：G00123）各2片的量，精密称定，考察提取方式、提取溶剂、提取时间和提取溶剂的量。

2）提取方式的选择：同时考察用加热回流1小时和超声提取30分钟，测出葛根素含量基本相同，与之相比较，超声提取方法较简便，故采用该提取方式。结果见表6-2-8。

表6-2-8 不同提取方式试验结果

提取方法	加热回流1小时	超声提取30分钟
含量（mg/片）	0.679	0.670

3）提取溶剂的选择：同时参考《中国药典》2005年版一部“葛根芩连丸”项下收载的含量测定方法[6]，比较以甲醇和30%乙醇为提取溶剂的差别，结果发现以30%乙醇为溶剂提取率较高。结果见表6-2-9。

4）提取时间的选择：同时考察提取15分钟、30分钟和45分钟，结果15分钟结果较低，30分钟和45分钟结果基本相同。结果见表6-2-10。

表6-2-9 不同提取溶剂试验结果

提取溶剂	30%乙醇	甲醇
含量（mg/片）	0.670	0.221

表6-2-10 不同提取时间试验结果

提取时间	15分钟	30分钟	45分钟
含量（mg/片）	0.652	0.670	0.669

5）提取溶剂量的选择：同时考察以25ml、50ml和75ml30%乙醇提取，结果以30ml为低，50ml和75ml结果基本相同。结果见表6-2-11。

表6-2-11 不同提取溶剂量试验结果

提取溶剂的量	30ml	50ml	75ml
含量（mg/片）	0.549	0.670	0.671

（4）对照品溶液的制备。

精密称取葛根素对照品适量，加30%乙醇制成每1ml中含25μg的溶液，即得。

（5）方法验证。

1）准确度：取同一供试品（批号: G00123；含葛根素0.677mg/片）1片各9份，精密称定，分三组，分别精密加入葛根素对照品溶液（0.1515mg/ml）3ml、4ml、5ml，水浴蒸干，按上述拟定的含量测定方法，测定葛根素的含量，结果见表6-2-12。

表6-2-12 回收率试验结果

序号	供试品量（g）	葛根素含量（mg）	加入对照品量（mg）	测得量（mg）	回收率（%）	平均回收率（%）	RSD（%）
1	0.2864	0.6749	0.4545	1.1300	100.08%	100.11	0.64
2	0.2811	0.6624	0.4545	1.1147	99.66%		
3	0.2838	0.6688	0.4545	1.1304	101.06%		
4	0.2828	0.6664	0.606	1.2728	100.05%		
5	0.2828	0.6664	0.606	1.2703	99.71%		
6	0.2823	0.6653	0.606	1.2645	98.98%		
7	0.2839	0.6690	0.7575	1.4269	100.06%		
8	0.2841	0.6695	0.7575	1.4327	100.85%		
9	0.2896	0.6825	0.7575	1.4438	100.56%		

2）重复性：

取同一供试品（批号：G00123）25片，除去包衣，精密称定，研细，精密称取6份，按含量测定方法测定。结果见表6-2-13。

3）专属性：取按处方比例及制法制备的缺葛根阴性样品，按供试品溶液的制备及测定方法进行处理和测定。结果未见空白试验有干扰。HPLC图谱见图6-2-20。

表6-2-13　重复性试验结果

序号	1	2	3	4	5	6	平均值	RSD%
含量（mg/片）	0.677	0.665	0.669	0.662	0.668	0.657	0.666	1.01%

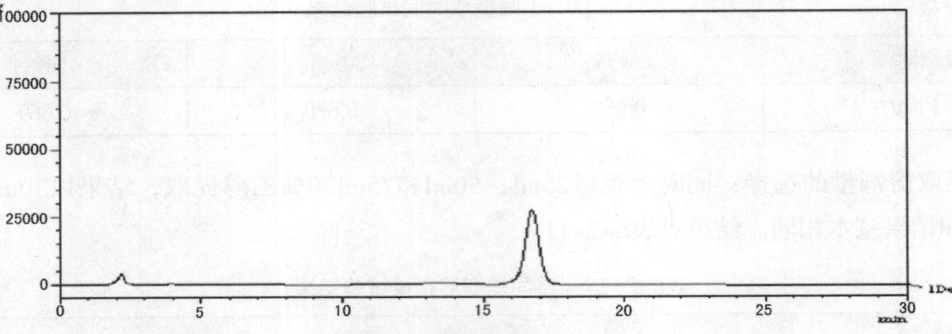

1.葛根素对照品

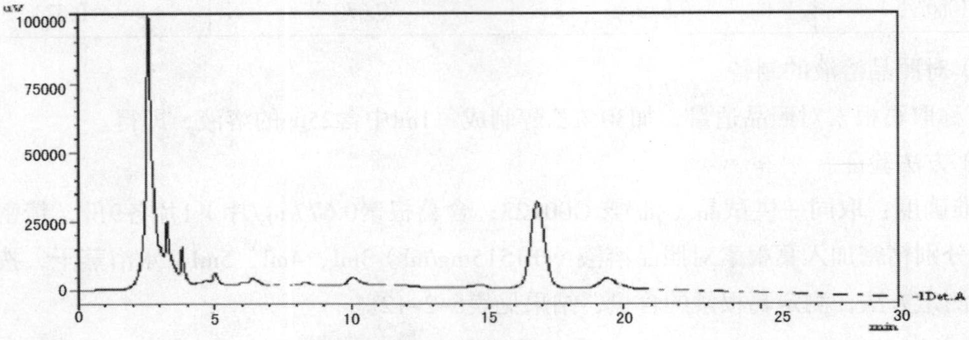

2.障眼明片供试品

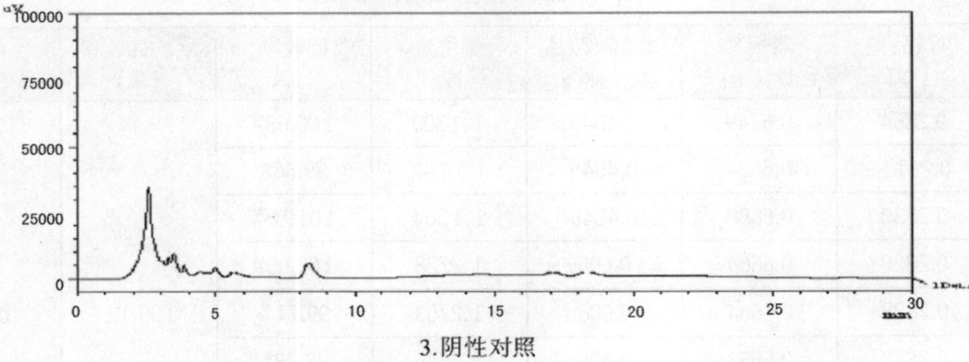

3.阴性对照

图6-2-20　障眼明片HPLC图谱

4）线性：精密称取葛根素对照品适量，分别加甲醇制成每1ml含葛根素1.515、3.030、15.15、30.30、45.45μg的溶液。分别吸取上述对照品溶液10μl，注入高效液相色谱仪，按含量测定方法测定峰面积。结果见表6-2-21。

以对照品浓度作为横坐标，测得的峰面积作为纵坐标，进行线性回归，得线性方程$Y=42961.28X-776.22$，$r=0.9999$。结果见图6-2-21及表6-2-14。

5）耐用性：

① 流动相的组成比例：取同一供试品（批号：G00123）溶液，按拟定含量测定方法操作，考察本品在甲醇与水不同比例的情况下，葛根素含量测定结果受影响的程度，结果见表6-2-15。

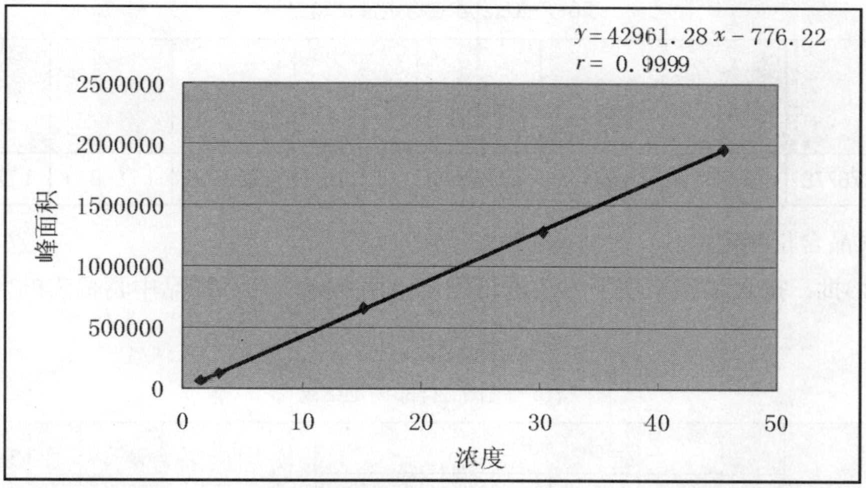

图6-2-21 葛根素标准曲线

表6-2-14 线性回归试验结果

C（μg/ml）	1.515	3.03	15.15	30.30	45.45
峰面积	61246.2	128744.9	661433.9	1288966.9	1956166.5

表6-2-15 流动相的组成比例考察结果

甲醇-水	27：73	29：71	31：69	平均	RSD(%)
含量（mg/片）	0.684	0.676	0.684	0.681	0.6

② 不同色谱柱的考察：取同一供试品（批号：G00123）溶液，按拟定含量测定方法操作，考察本品在使用不同色谱柱的情况下，葛根素含量测定结果受影响的程度，结果见表7-2-16。

表6-2-16 不同色谱柱的考察结果

色谱柱（柱号）	Diamonsil C18（8034687）	Kromasil C18（E12622）	Thermo Quest（3-21935）	平均	RSD(%)
含量（mg/片）	0.682	0.667	0.674	0.674	1.1

③ 不同柱温的考察：取同一供试品（批号：G00123）溶液，按拟定含量测定方法操作，考察本品在不同柱温的情况下，葛根素含量测定结果受影响的程度，结果见表6-2-17。

表6-2-17 不同柱温的考察结果

柱温（℃）	25	30	35	平均	RSD(%)
含量（mg/片）	0.674	0.682	0.688	0.681	1.03

④ 溶液稳定性：精密吸取同一供试品（批号：G00123）溶液，分别在0、4、8、12、16、20及24小时，注入高效液相色谱仪，按含量测定方法测定。结果见表6-2-18。

表6-2-18　溶液稳定性试验结果

测定时间（h）	0	4	8	12	16	20	24	平均	RSD（%）
峰面积	1176778	1183019	1182446	1188598	1179384	1182366	1180849	1181920	0.28

（6）样品含量测定。

取本品13批，按含量测定项下方法进行测定，用外标法计算样品中葛根素的含量。结果见表6-2-19。

表6-2-19　样品测定结果

批号	含量（mg/片）		每批平均含量（mg/片）	13批平均含量（mg/片）
	1	2		
G00123	0.6746	0.6790	0.6768	0.6412
G00130	0.7583	0.7588	0.7586	
G00133	0.7408	0.7401	0.7404	
G00134	0.7575	0.7568	0.7571	
G00269	0.7564	0.7549	0.7556	
G00298	0.7727	0.7720	0.7723	
G00299	0.7077	0.7072	0.7075	
G00335	0.5849	0.5847	0.5848	
G00337	0.6241	0.6238	0.6239	
G00349	0.6250	0.6250	0.6250	
H00049	0.4925	0.4929	0.4927	
H00053	0.5084	0.5044	0.5064	
H00107	0.3395	0.3423	0.3409	

（7）限度制定。

依照障眼明片的处方，每片含葛根0.038g，按《中国药典》2005年版一部“葛根”【含量测定】规定，按葛根中葛根素低限推算成品中的理论含量为0.912mg/片，根据13批平均含量为0.64g/片，由于产地、品种来源及季节的不同，来源药材含量难以统一，并考虑本品特性及制作工艺储存条件等因素，暂定本品每片含葛根以葛根素（$C_{21}H_{20}O_9$）计，小片不得少于0.30mg，大片不得少于0.60mg。

【功能与主治】补益肝肾，退翳名目。用于初期及中期老年性白内障。

【用法与用量】口服，糖衣片、薄膜衣小片1次4片；大片1次2片，1日3次。

【有效期】2年。

【规格】明确糖衣片片芯重0.20 g，薄膜衣片重:（1）0.21 g（小片）；（2）0.42 g（大片）。

【贮藏】密封。

第三节 小儿七星茶颗粒

一、小儿七星茶颗粒质量标准草案

小儿七星茶颗粒

Xiao'er Qixingcha Keli

【处方】薏苡仁 893g　稻 芽 893g　山 楂 446g
淡竹叶 670g　钩 藤 335g　蝉 蜕 112g
甘 草 112g

【制法】以上七味，取薏苡仁、稻芽加水煎煮2次，每次2小时，合并煎液，滤过，滤液浓缩至每1ml药液相当于原生药1g，加入乙醇使含醇量达45%，静置，滤过，低温浓缩成稠膏。取山楂等五味加水煎煮2次，每次2小时，合并煎液，滤过，滤液浓缩成稠膏，加入上述稠膏，拌匀，加蔗糖粉适量，制成颗粒，干燥，制成1000g，即得。

【性状】本品为淡黄色至红棕色的颗粒；气微，味甜、微苦。

【鉴别】（1）取本品2袋，研细，用水30ml温热使溶解，用浓氨试液调节pH值至11～12，用乙酸乙酯提取2次，每次30ml，合并乙酸乙酯液，置水浴上蒸干，残渣加甲醇1ml使溶解，作为供试品溶液。另取钩藤对照药材2g，加水50ml，加热回流30分钟，滤过，取滤液自"用浓氨试液调节pH值至11～12"起，同法制成对照药材溶液。照薄层色谱法（《中国药典》2005年版一部附录VI B）试验，吸取上述两种溶液各10μl，分别点于同一硅胶G薄层板上，置氨蒸气饱和的展开缸中，以乙酸乙酯－丙酮（5：1）为展开剂，展开，取出，晾干，喷以稀碘化铋钾试液，用碘蒸气熏至斑点显色清晰，供试品色谱中，在与对照药材色谱相应的位置上，显相同颜色的斑点。

（2）取本品2袋，研细，加水30ml温热使溶解，用水饱和的正丁醇提取3次，每次20ml，合并正丁醇液；用正丁醇饱和的水洗涤3次，每次20ml，蒸干，残渣加甲醇5ml使溶解，作为供试品溶液。另取甘草对照药材1g，加乙醚40ml，加热回流1小时，滤过，药渣加甲醇30ml，加热回流1小时，滤过，滤液蒸干，残渣加水30ml使溶解，自"用水饱和的正丁醇提取3次"起，同法制成对照药材溶液。照薄层色谱法（《中国药典》2005年版一部附录VI B）试验，吸取上述两种溶液各5μl，分别点于同一用1%氢氧化钠溶液制备的硅胶G薄层板上，以乙酸乙酯－甲酸－冰醋酸－水（15：1：1：2）为展开剂，展开，取出，晾干，喷以10%硫酸乙醇溶液，在105℃加热至斑点显色清晰，置紫外光灯（365nm）下检视。供试品色谱中，在与对照药材色谱相应的位置上，显相同颜色的荧光斑点。

【检查】应符合颗粒剂项下有关的各项规定（《中国药典》2005年版一部附录I C）。

【含量测定】照高效液相色谱法（《中国药典》2005年版一部附录VI D）测定。

色谱条件与系统适用性试验：以十八烷基硅烷键合硅胶为填充剂；甲醇－0.2mol/L醋酸铵溶液－冰醋酸（65:35:1）为流动相；检测波长为250nm。理论板数按甘草酸峰计算应不低于2000。

对照品溶液的制备：取甘草酸单铵盐对照品适量，加流动相制成每1ml含16μg的溶液，即得

（相当于每1ml含甘草酸0.015672mg）。

供试品溶液的制备：取装量差异项下的本品，混匀，取适量，研细，取7g，精密称定，置50ml量瓶中，加流动相约45ml，超声处理（功率300W，频率40kHz）60分钟，放冷，加流动相稀释至刻度，摇匀，用微孔滤膜（0.45μm）滤过，即得。

测定法：精密吸取对照品溶液与供试品溶液各20μl，注入液相色谱仪，测定，即得。

本品每袋含甘草以甘草酸（$C_{42}H_{62}O_{16}$）计，不得少于0.5mg。

【功能与主治】 定惊消滞。用于小儿消化不良，不思饮食，二便不畅，夜寐不安。

【用法与用量】 开水冲服，1次3.5～7g，1日3次。

【规格】 每袋装7g。

【贮藏】 密封。

二、小儿七星茶颗粒标准起草说明

本品种原标准收载于《中华人民共和国卫生部药品标准》中药成方制剂第九册，标准文号：WS3－B－1689－94，原标准只有性状和检查项，没有制定鉴别和含量测定项。2003年青岛海尔药业有限公司仿制该品种，增订钩藤及甘草薄层色谱鉴别、浸出物项。国家食品药品监督管理局于2003年7月24日批准，发布国家药品注册批件，批件号为2003S01487，药品标准号为YBZ01942003。现按国家药品标准提高行动计划要求，增修订小儿七星茶颗粒质量标准草案起草说明如下：

药品名称。

规范药品名称。

中文名：小儿七星茶颗粒。

英文名：Xiao’er Qixingcha Keli。

【处方】规范处方量。

薏苡仁 893g　　稻　芽 893g　　山　楂 446g

淡竹叶 670g　　钩　藤 335g　　蝉　蜕 112g

甘　草 112g

【制法】补充规范制成量。

以上七味，取薏苡仁、稻芽加水煎煮2次，每次2小时，合并煎液，滤过，滤液浓缩至每1ml药液相当于原生药1g，加入乙醇使含醇量达45％，静置，滤过，低温浓缩成稠膏。取山楂等五味加水煎煮2次，每次2小时，合并煎液，滤过，滤液浓缩成稠膏，加入上述稠膏，拌匀，加蔗糖粉适量，制成颗粒，干燥，制成1000g，即得。

【性状】厂家申请修订性状项。

本品为淡黄色至红棕色的颗粒；气微，味甜、微苦。

【鉴别】增加制定钩藤、甘草的薄层色谱鉴别。

（1）如正文，为钩藤的薄层鉴别方法：参照《国家药品监督管理局国家中成药标准汇编》回春散质量标准鉴别（3）项下试验方法[1]，按正文方法试验结果如下：

仪器与试药：钩藤对照药材（1190-200101 中国药品生物制品检定所）；国产预制板（烟台市化学工业研究所）（10cm×20cm）、TLC Silica 60（Merck）（10cm×20cm）；乙酸乙酯等：均为分析纯。小儿七星荼颗粒（广州某公司生产）：规格为每袋装7g，批号为050902、050920、050928，钩藤阴性对照（由广州某公司提供）。

a. 供试品溶液的制备：取本品2袋，研细，用水30ml温热使溶解，用浓氨试液调节pH值至11～12，用乙酸乙酯提取2次，每次30ml，合并乙酸乙酯液，置水浴上蒸干，残渣加甲醇1ml使溶解，作为供试品溶液。

b. 对照药材溶液的制备：取钩藤对照药材2g，加水50ml，加热回流30分钟，滤过，取滤液自“用浓氨试液调节pH值至11～12”起，同法制成对照药材溶液。

c. 阴性对照溶液的制备：取钩藤阴性对照，按供试品溶液的制备方法，制成钩藤的阴性对照溶液。

d. 薄层层析：照薄层色谱法（《中国药典》2005年版一部附录VI B）试验，吸取上述两种溶液各10μl，分别点于同一硅胶G薄层板上，置氨蒸气饱和的展开缸中，以乙酸乙酯－丙酮（5：1）为展开剂，展开，取出，晾干，喷以稀碘化铋钾试液，用碘蒸气熏至斑点显色清晰，供试品色谱中，在与对照药材色谱相应的位置上，显相同颜色的斑点，阴性对照色谱在相应位置上无干扰，结果见图6-3-1。

在方法摸索时，我们曾按文献资料上[2～4]的方法，进行如下实验：取本品2袋，研细，用水30ml温热使溶解，用浓氨试液调节pH值至11～12，用三氯甲烷提取2次，每次30ml，合并三氯甲烷液，置水浴上蒸干，残渣加甲醇1ml使溶解，作为供试品溶液。另取钩藤对照药材2g，加水50ml，加热回流30分钟，滤过，取滤液自“用浓氨试液调节pH值至11～12”起，同法制成对照药材溶液。照薄层色谱法（《中国药典》2005年版一部附录VI B）试验，吸取上述两种溶液各10μl，分别点于同一硅胶G薄层板上，置氨蒸气饱和的展开缸中，以三氯甲烷－丙酮（6：1）为展开剂，展开，取出，晾干，喷以稀碘化铋钾试液，用碘蒸气熏至斑点显色清晰，供试品色谱中，在与对照药材色谱相应的位置上，显相同颜色的斑点，结果见图6-3-2。考虑到标准提高若干技术问题与要求：基本要求第七条已明确建议不要使用三氯甲烷等毒性较大试剂，经过摸索，我们决定采用正文方法，本方法不但避免了使用氯仿，而且色谱效果更好。

我们还采用下列薄层板考察了耐用性：

薄层板：国产预制板（烟台市化学工业研究所）（10cm×20cm）、TLC Silica 60（Merck）（10cm×20cm）按上述方法进行试验，均有较好的效果。

（2）如正文，为甘草的薄层鉴别方法：参照中国药典2000版一部甘草质量标准鉴别（2）项下试验方法[5]，按正文方法试验结果如图6-3-1，图6-3-2：

仪器与试药：甘草对照药材（0904-200108 中国药品生物制品检定所）；国产预制板（烟台市化学工业研究所）（10cm×20cm）、TLC Silica 60（Merck）（10cm×20cm）；硅胶G（批号：030323；青岛海洋化工有限公司）；正丁醇等：均为分析纯。小儿七星茶颗粒（广州某公司公司生产）：规格为每袋装7g，批号为050902、050920、050928，甘草阴性对照（由广州某公司提供）。

a. 供试品溶液的制备：取本品2袋，研细，加水30ml温热使溶解，用水饱和的正醇提取3次，每次20ml，合并正丁醇液；用正丁醇饱和的水洗涤3次，每次20ml，蒸干，残渣加甲醇5ml使溶解，作为供试品溶液。

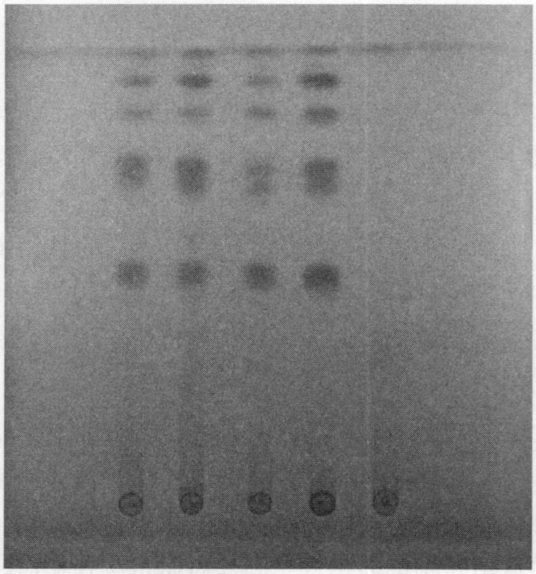

① ② ③ ④ ⑤

图6-3-1　钩藤薄层色谱鉴别图谱

①050902 ②050920 ③050928 ④钩藤对照药材
⑤钩藤阴性对照

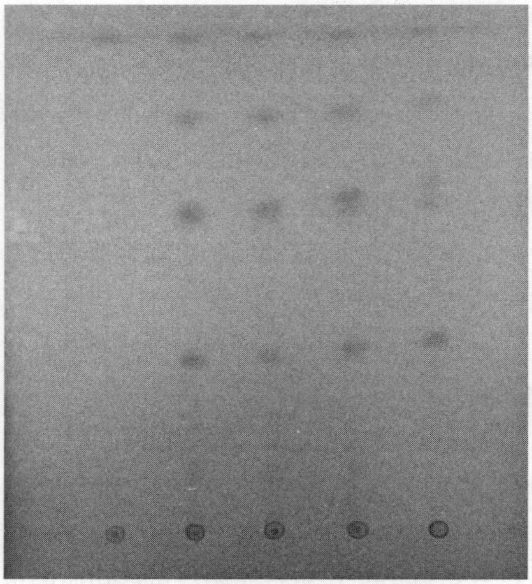

① ② ③ ④ ⑤

图6-3-2　钩藤薄层色谱鉴别图谱

①钩藤阴性对照 ②050902 ③050920 ④050928
⑤钩藤对照药材

b. 对照药材溶液的制备：取甘草对照药材1g，加乙醚40ml，加热回流1小时，滤过，药渣加甲醇30ml，加热回流1小时，滤过，滤液蒸干，残渣加水30ml使溶解，自“用水饱和的正丁醇提取3次”起，同法制成对照药材溶液。

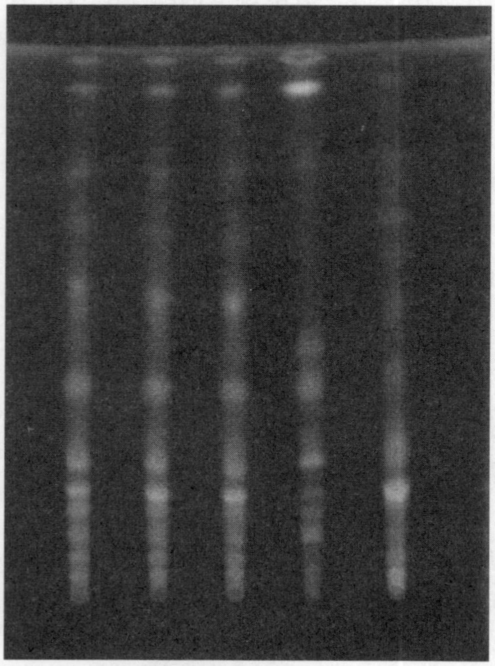

① ② ③ ④ ⑤

图6-3-3　甘草薄层色谱鉴别图谱

①050902 ②050920 ③050928
④甘草对照药材 ⑤甘草阴性对照

c. 阴性对照溶液的制备：取甘草阴性对照，按供试品溶液的制备方法，制成甘草的阴性对照溶液。

d. 薄层层析：照薄层色谱法（《中国药典》2005年版一部附录VI B）试验，吸取上述两种溶液各5μl，分别点于同一用1%氢氧化钠溶液制备的硅胶G薄层板上，以乙酸乙酯－甲酸－冰醋酸－水（15：1：1：2）为展开剂，展开，取出，晾干，喷以10%硫酸乙醇溶液，在105℃加热至斑点显色清晰，置紫外光灯（365nm）下检视。供试品色谱中，在与对照药材色谱相应的位置上，显相同颜色的荧光斑点，阴性对照色谱在相应位置上无干扰，结果见图6-3-3。

耐用性：

用1%氢氧化钠浸泡烘干的薄层板国产预制板（烟台市化学工业研究所）（10cm×20cm）和TLC Silica 60（Merck）（10cm×20cm）及手铺碱性板按上述方法试验，均有较好的效果。

（3）另外，根据药典会的国家药品标准提高行动计划中成药品种增修订项目任务表，我们对薏苡仁及山楂的薄层色谱条件进行了摸索：

a. 薏苡仁：参照《中国药典》2005年版一部薏苡仁质量标准鉴别（2）项下试验[5]，取本品2袋，加石油醚（60℃～90℃）30ml，超声处理30分钟，滤过，滤液蒸干，残渣加石油醚（60℃～90℃）1ml使溶解，作为供试品溶液。另取薏苡仁对照药材1g，加石油醚（60℃～90℃）10ml，同法制成对照药材溶液。照薄层色谱法（《中国药典》2005年版一部附录VI B）试验，分别吸取上述两种溶液各10μl，分别点于同一硅胶G薄层板上，以石油醚（60℃～90℃）－乙酸乙酯－醋酸（10：3：0.1）为展开剂，展开，取出，晾干，置紫外光灯（365nm）下检视。结果：（见图6-3-4）对照药材显两个亮蓝色的荧光斑点；供试品色谱中，在与对照药材色谱相应的位置上，只显一个相同颜色的荧光斑点，且阴性有干扰。考虑尝试将提取溶剂石油醚（60℃～90℃）改为三氯甲烷或乙酸乙酯（图6-3-5），结果用乙酸乙酯为溶剂提取的供试品，与用石油醚（60℃～90℃）为溶剂提取的供试品结果基本相同；用三氯甲烷为溶剂提取的供试品，在与对照药材色谱相应的位置上，显两个相同颜色的荧光斑点，但阴性样品有干扰，因此不将薏苡仁列入正文。

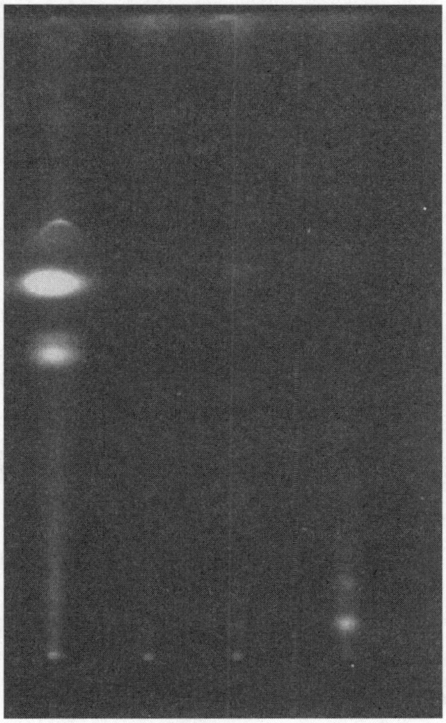

① ② ③ ④

图6-3-4 薏苡仁薄层色谱鉴别图谱一

①薏苡仁对照药材 ②样品 ③样品 ④薏苡仁阴性样品

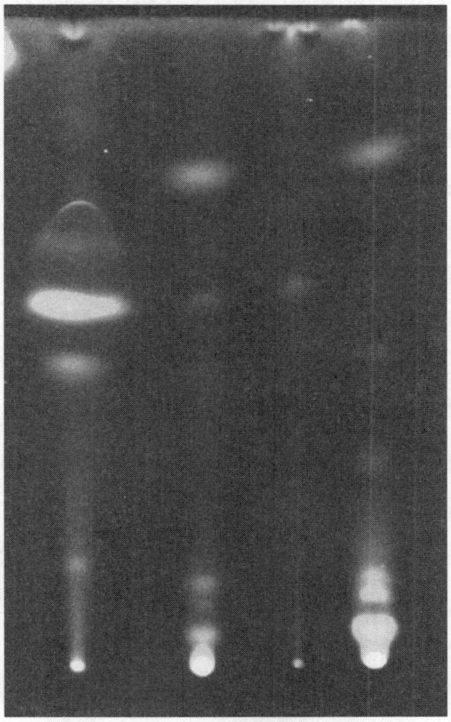

① ② ③ ④

图6-3-5 薏苡仁薄层色谱鉴别图谱二

①薏苡仁对照药材②样品（三氯甲烷提取）
③样品（乙酸乙酯提取）④薏苡仁阴性样品

b. 山楂，据文献[6]报道山楂的主要成分为有机酸类，主要有脂溶性成分熊果酸等和水溶性成分枸橼酸等。根据查阅到的资料，我们曾尝试制定熊果酸的薄层色谱，由于制法中各药材均用水提取，山楂中的熊果酸为脂溶性成分，无法提取获得（见图6-3-6）；另外在含量测定方法摸索中，我们发现在其他几味药材中存在类似枸橼酸成分，产生干扰（见含量测定），因此不考虑尝试制定山楂中枸橼酸的薄层色谱。因此山楂的薄层色谱也无法列入正文。

【检查】

应符合颗粒剂项下有关的各项规定（《中国药典》2005年版一部附录I C）。

【含量测定】

由于制法中各药材均用水提取，方中的主药山楂中的脂溶性成分如熊果酸等及薏苡仁中的脂溶性成分如甘油三油酸酯等，无法提取获得。而山楂中主要的水溶性成分枸橼酸在其他几味药材中存在类似成分，产生干扰，我们也曾尝试测定山楂中的槲皮素，但阴性对照干扰很大。我们也曾考虑制定钩藤中钩藤碱的含量测定方法，但经过查阅相关资料，我们发现目前中检所没有钩藤碱对照品，国内大部分的研究都是从日本购买对照品，而且此对照品价格较高，从方法的可执行性和检验成本考虑，暂不测定钩藤碱的含量。因此选择甘草酸作为控制本品质量的指标成分。

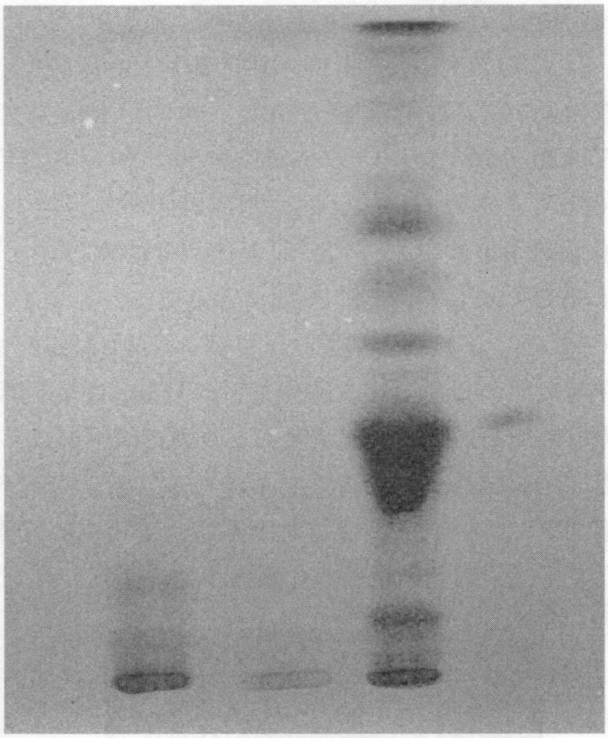

① ② ③ ④

图6-3-6　山楂检测结果

① 山楂阴性样品 ②样品 ③山楂对照药材 ④熊果酸对照品

1. 仪器与试药。

仪器：Agilent1100高效液相色谱仪，（Thermo HYPERSIL ODS-2（200mm × 4.6mm，5μm））色谱柱，TU－1901型紫外可见分光光度计。

试剂与试药：甘草酸铵（110731－200408　中国药品生物制品检定所）；甲醇：色谱纯，Merck KGaA；醋酸铵、冰醋酸：分析纯，广州化学试剂厂；小儿七星茶颗粒（广州某公司）：规格为每袋7g，批号为050902、050920、050928、031203、031136、040111、040120、040624、040505、040522，甘草阴性对照（由广州某公司提供）。

2. 色谱条件及方法。

照高效液相色谱法（《中国药典》2005年版一部附录VI D）测定。

色谱条件与系统适用性试验　以十八烷基硅烷键合硅胶为填充剂；甲醇－0.2mol/L醋酸铵溶液–冰醋酸（65：35：1）为流动相；检测波长为250nm。理论板数按甘草酸峰计算应不低于2000。

对照品溶液的制备：取甘草酸单铵盐对照品适量，加流动相制成每1ml含16μg的溶液，即得（相当于每1ml含甘草酸0.015672mg）。

供试品溶液的制备：取装量差异项下的本品，混匀，取适量，研细，取7g，精密称定，置50ml量瓶中，加流动相约45ml，超声处理（功率300W，频率40kHz）60分钟，放冷，加流动相稀释至刻度，摇匀，用微孔滤膜（0.45μm）滤过，即得。

测定法：精密吸取对照品溶液与供试品溶液各20μl，注入液相色谱仪，测定，即得。

3. 方法可行性试验。

（1）理论板数及分离度试验。

取本品一批（批号：050920），按【含量测定】项下测定方法进行测定，根据耐用性试验中色谱柱的考察试验结果并结合《中国药典》（2005年版一部）甘草[5]【含量测定】项下规定，确定本品用此色谱条件测定理论板数应不得低于2000，并将其列入质量标准。各试验的分度均符合药典规定。

（2）准确度。

分别精密称取已知含量的本品一批（批号：050920，含量为0.101857mg/g）7g，6份，分别精密加入甘草酸单铵盐对照品溶液（0.2131mg/ml）（折合甘草酸为0.20873145mg/ml）2ml，按【含量测定】项下的制备方法制得供试品溶液。分别吸取上述6份供试品溶液各20μl，注入液相色谱仪，测定其中甘草酸含量与小儿七星茶颗粒中应含有的甘草酸含量进行比较，按下式计算回收率，结果见表6-3-1。

$$回收率=\frac{测得量-样品中含量}{对照品加入量}\times 100\%$$

表6-3-1 回收率试验测定结果

NO	供试品取样量（g）	供试品中甘草酸的量（mg）	加入母液体积（ml）	加入量（mg）	测得量（mg）	平均值（mg）	回收率（%）
1	3.6313	0.36987	2	0.41746	0.79691	0.79550	101.96
					0.79409		
2	3.6786	0.37469	2	0.41746	0.79233	0.78974	99.42
					0.78716		
3	3.6182	0.36854	2	0.41746	0.79228	0.79259	101.58
					0.79290		
4	3.6297	0.36971	2	0.41746	0.79547	0.79512	101.90
					0.79476		
5	3.6199	0.36871	2	0.41746	0.78794	0.78560	99.86
					0.78327		
6	3.6897	0.37582	2	0.41746	0.80041	0.80055	101.74
					0.80069		
						MEAN（%）	101.08
						RSD(%)	1.12

（3）精密度。

精密称取本品一批（批号：050920）7g，6份，按【含量测定】项下的制备方法制得供试品溶液。分别吸取上述6份供试品溶液各20μl，注入液相色谱仪，计算含量及相对标准偏差，结果见表6-3-2。

表6-3-2 重复性试验结果（批号：050920）

NO	取样量（g）	测得量（mg/g）
1	7.0259	0.101818
2	7.0081	0.101282
3	7.0691	0.101685
4	7.0749	0.102248
5	7.0219	0.101473
6	7.0109	0.101065
	RSD（%）	0.41

结论：相对标准偏差为0.41%，该方法测验重复性良好。

（4）专属性。

按处方取除甘草外的六味中药材，按工艺制备甘草的阴性样品、阳性样品（小儿七星茶颗粒成品）；对照品按【含量测定】项下的制备方法制备。分别取甘草阴性样品溶液、供试品溶液、甘草酸单铵盐对照品溶液各20μl，注入液相色谱仪，按色谱条件进行分析，结果见图6-3-7。

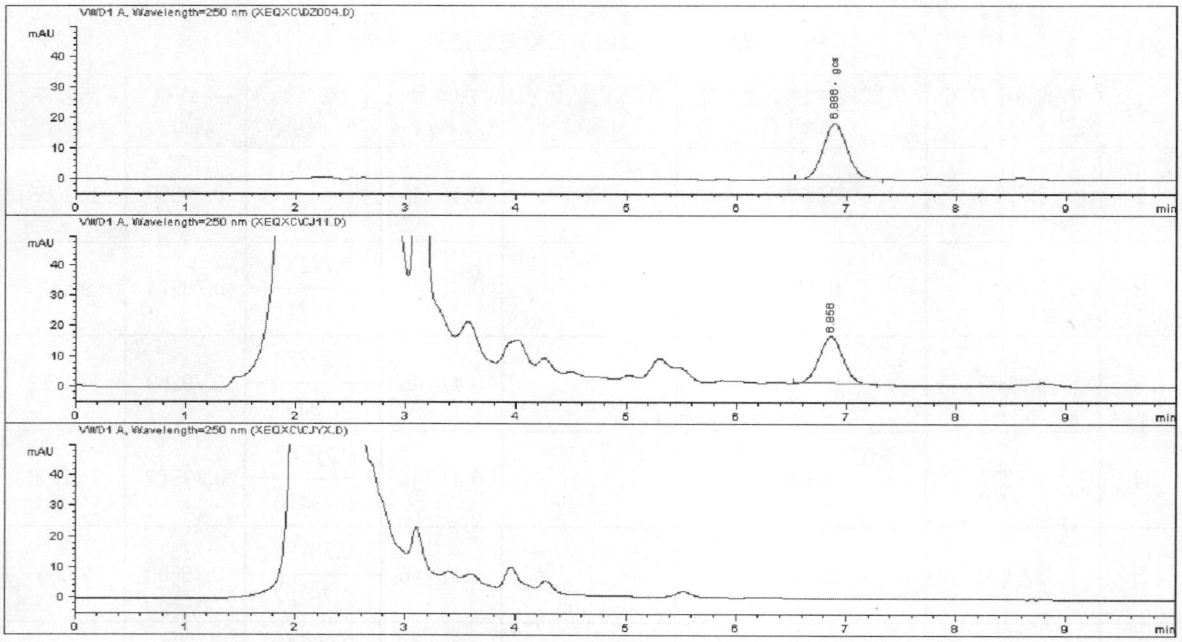

图6-3-7 甘草酸对照品、小儿七星茶颗粒及甘草阴性对照色谱图

结论：由图可见本品甘草酸对照品出峰保留时间为6.8min，甘草阴性样品、流动相在甘草酸出峰保留时间处无相应的峰出现，故本品用此色谱条件测定没有干扰。供试品色谱甘草酸峰与相邻峰分离度大于1.5，符合《中国药典》2005年版一部附录的有关要求。

（5）线性。

取甘草酸单铵盐对照品溶液（17.25μg/ml）（折合甘草酸为16.89μg/ml）5、10、15、20、25、30、40、50μl，按【含量测定】项下测定方法进行测定，并计算回归方程，结果见表6-3-3及图6-3-8。

表6-3-3 线性关系

进样体积（μl）	进样量（μg）	峰面积
5	86.24	69.97
10	172.48	139.93
15	258.72	210.32
20	344.96	280.52
25	431.20	350.82
30	517.44	421.15
40	689.92	561.15
50	862.4	701.99
	线性方程： $y=14.051x-0.4263$	

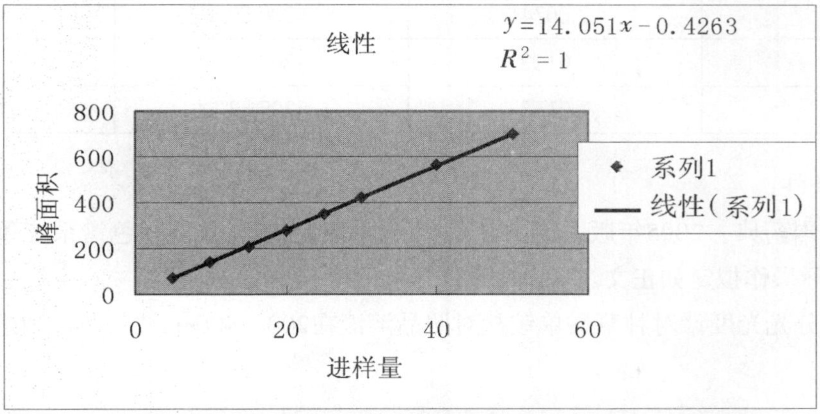

图6-3-8 甘草酸线性关系图

结论：甘草酸单盐铵进样量在0.08624～0.8624μg（折合甘草酸为0.08447～0.8447μg）之间时与峰面积有良好的线性关系。

（6）耐用性。

1）供试品溶液的稳定性：精密称取本品一批（批号：050920）7.0259g，按【含量测定】项下的制备方法制得供试品溶液。于0、1、2、6、11、20、22h分别吸取供试品溶液各20μl，注入液相色谱仪，记录峰面积，计算相对标准偏差，结果见表6-3-4。

表6-3-4 供试品溶液稳定性考察

进样时间（h）	峰面积
0	237.46
1	238.02
2	236.87
6	236.61
11	238.59
20	238.74
22	236.77
RSD（%）	0.37

结论：相对标准偏差为0.37%，该方法测验稳定性良好。

2）提取条件的考察：取同一批号的小儿七星茶颗粒（050920）粉末，分别称取6份，每份7g，精密称定，按供试液制备方法，超声时间分别为20分钟、30分钟、40分钟、50分钟、60分钟、80分钟。结果表明：随着提取时间的延长，测得含量略有增加，因为本法的取样量较大，我们在实验中观察到超声60分钟，溶液才能充分混匀，考虑到方法的可行性，选用超声提取60分钟，见表6-3-5。

表6-3-5 提取条件的考察

提取时间（min）	取样量（g）	峰面积	测得含量（mg/g）
20	7.0428	305.042	0.1351
30	7.0378	306.74	0.1360
40	7.0193	307.16	0.1365
50	7.0074	308.50	0.1374
60	7.0193	309.87	0.1377
80	7.0158	308.53	0.1372

3）测定条件：

参照《中国药典》2005年版一部“甘草”[含量测定]的高效液相色谱系统条件，拟定流动相，并根据实际操作拟定如正文。

采用紫外分光光度计对甘草酸单铵盐对照品溶液在200～400nm波长范围内进行扫描，结果见图6-3-9。

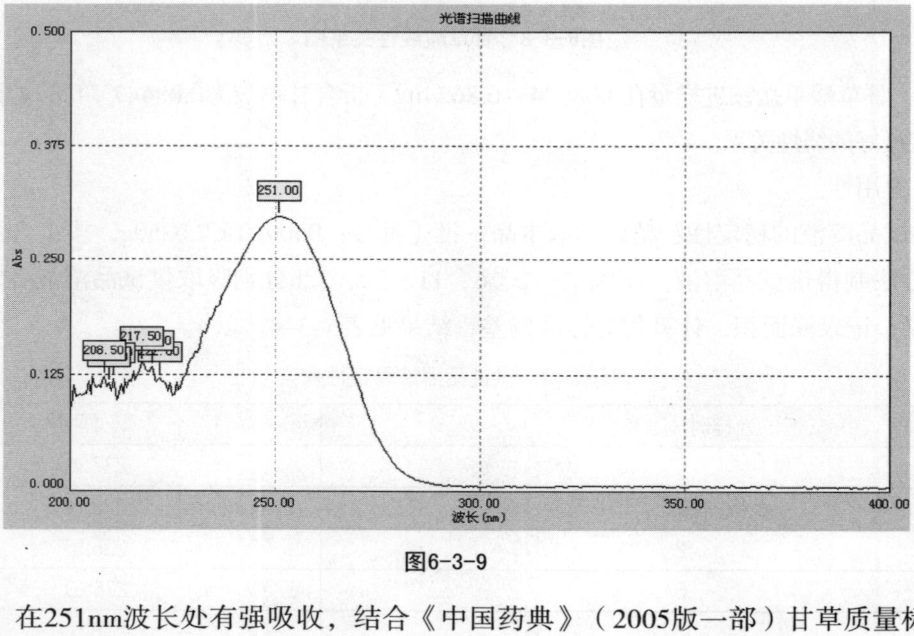

图6-3-9

结论：在251nm波长处有强吸收，结合《中国药典》（2005版一部）甘草质量标准，选定250nm为检测波长。

不同色谱柱的考察：精密称取本品一批（批号：050920）如下表，按【含量测定】项下的制备方法制得供试品溶液。精密吸取对照品溶液和供试品溶液各20μl，注入液相色谱仪，计算含量。结果见表6-3-6。

表6-3-6 不同色谱柱的考察结果

色谱柱（柱号）	平均装量（g）	取样量（g）	含量（mg/g）	含量（mg/袋）	平均含量（mg/袋）
Thermo Hypersil ODS-2（0650530D）	7.0104	7.0276	0.101869	0.7141	0.7140
	7.0104	7.0184	0.101845	0.7140	
Thermo Hypersil ODS-2（0540096D）	7.0104	7.0276	0.103496	0.7255	0.7195
	7.0104	7.0184	0.101799	0.7136	
Dikma Diamonsil C_{18}（8032154）	7.0104	7.0181	0.101292	0.7100	0.7102
	7.0104	7.0282	0.101095	0.7105	
				MEAN	0.7146
				RSD（%）	0.65

结论：相对标准偏差*RSD*=0.65%，该条件改变时测定结果不受影响。

4. 含量测定。

取本品10批，按【含量测定】项下测定方法进行测定，结果见表6-3-7。

表6-3-7 含量测定结果

批号	含量（mg/袋）		每批平均含量（mg/袋）	10批平均含量（mg/袋）
	1	2		
050902	0.9277	0.9231	0.9254	0.8618
050920	0.7141	0.7140	0.7140	
050928	0.7538	0.7569	0.7554	
031136	1.0643	1.0860	1.0662	
031203	0.7589	0.7453	0.7521	
040111	1.0522	1.0321	1.0422	
040120	0.9541	0.9349	0.9445	
040505	0.6540	0.6490	0.6515	
040522	0.9676	0.9315	0.9496	
040624	0.8168	0.8164	0.8166	

5. 限度制定。

结论：根据以上十批的含量，暂定本品每袋含甘草以甘草酸（$C_{42}H_{62}O_{16}$）计，不得少于0.5mg。

【功能与主治】定惊消滞。用于小儿消化不良，不思饮食，二便不畅，夜寐不安。

【用法与用量】开水冲服，1次3.5～7g，1日3次。

【规格】每袋装7g。

【贮藏】密封。

【本章参考文献】

第一节：

[1] 赖宇红，吴垠，李依信，张映娜，洪美华，万晓玲. 妇科养坤丸质量标准提高研究. 中成药，2008，30（8）：1167～1171.

[2] 姜华，黄松，陶艳. 妇科养坤丸的质量标准研究. 时珍国医国药，2008，19（2）：469～471.

[3] 李瑞丽，张玉东. 妇科养坤丸的薄层色谱鉴别.长春中医药大学学报，2007, 23（4）：33~33.

[4] 梁永枢，林海，李依信.HPLC法测定妇科养坤丸中黄芩苷的含量.中药新药与临床药理，2006，17（4）：275～276.

[5] 国家药典委员会.中华人民共和国药典2005年版一部：89.

[6] 国家药典委员会.中华人民共和国药典2005年版一部：28.

[7] 国家药典委员会.中华人民共和国药典2005年版一部：42.

[8] 国家药典委员会.中华人民共和国药典2005年版一部：94.

[9] 国家药典委员会.中华人民共和国药典2005年版一部：69.

第二节：

[1] 国家药品监督管理局. 国家药品标准批件，批件号：2001ZFB0161.

[2] 徐韧柳. 羊羔美酒中枸杞子和何首乌的薄层色谱鉴别. 药品监管，2001：10.

[3] 许韵梅. 参茸强肾丸中红参 白芍 当归的薄层色谱鉴别. 中医药学刊，2005，23（4）.

[4] 国家药典委员会.中华人民共和国药典2005年版一部：219.

[5] 国家药典委员会.中华人民共和国药典2005年版一部：233.

[6] 国家药典委员会.中华人民共和国药典2005年版一部：627.

第三节：

[1] 国家药品监督管理局.国家中成药标准汇编・内科・肾系分册.2002:86.

[2]曹秀琴等.强力镇痫益智宁冲剂中天麻和钩藤的薄层色谱鉴别.山东大学学报（医学版），2005，43（3）:274.

[3]韩华英，宋毅斐. 强力镇痫丸中钩藤和丹参的薄层色谱鉴别.山东中医杂志，2005，24（5）: 304.

[4]李计萍等.益脑灵颗粒的鉴别方法.中国中药杂志，1999.24（1）:32～33.

[5]国家药典委员会.中华人民共和国药典2005年版一部.

[6]肖培根.新编中药志（第二卷）. 北京：化学工业出版社，2002 : 36.

第七章

中药的技术标准战略

在前面几章，我们分析了国内外中成药标准存在的问题，也谈到了很多关于中成药标准的方向性问题，最主要的是讨论了标准的诊断和制定这些标准的规范问题，初步构成了完整的中成药标准提高的理论体系。这也是中药技术标准战略的主要问题。

标准的发展不是孤立的，放在经济层面上看，有其一定的内在驱动力，即推动标准发展的原动力。还有，中药如何走出国门融入到全球经济中去，应对中药技术壁垒，这也是全球经济战略的一部分。所以，我们在讨论了中成药标准提高理论体系之后，这一章还将着重讨论中药技术标准战略问题。

技术标准战略（The Strategy of Technical Standard）就是指从自身的发展出发，利用技术标准的建立和推广，在技术竞争和市场竞争中谋求利益最大化的组织策略。技术标准包含了专有技术，利用知识产权的垄断性和技术的标准化，最终实现在技术和产品上的竞争优势。在“技术专利化—专利标准化—标准垄断化”的全球技术许可战略中，标准是竞争的制高点，谁掌握了标准的制定权，谁的技术成为主导标准，谁就掌握了市场的主动权，甚至控制权。

在《广东省中药技术标准战略实施概要》（详见第九章）中，我们提到五个方面的实施概要，即：加强行业标准化、推动技术标准发展、建立标准化服务体系、采用国际标准以及建立技术性贸易壁垒应对和防范体系。技术标准战略的核心问题就是技术创新推动标准发展，因而要促进专利融入技术标准，而涉及很具中国特色的知识产权保护问题就是中药保护。下面我们避开这方面深奥的理论阐释，结合具体例子分别进行讨论。

第一节　中药产品核心技术

中药产品的核心技术是什么？中成药作为一项技术含量高的产品，拥有自主知识产权与核心技术，包括秘方验方、独特的配方、生产工艺、内控质量标准，以及品牌和独特疗效等。拥有核心技术的中药产品例子并不少见，下面我们将结合几个中药产品讨论一下核心技术。

生物技术的发展经历了传统生物技术和现代生物技术发展的两个阶段。目前，我们常谈起的是指现代生物技术包括基因工程、细胞工程、酶工程、发酵工程，其中基因工程为核心技术。由于生物技术将会为解决人类面临的重大问题如粮食、健康、环境、能源等开辟广阔的前景，它与计算机微电子技术、新材料、新能源、航天技术等被列为高科技，被认为是21世纪科学技术的核心。

目前生物技术最活跃的应用领域是生物医药行业，生物制药（常指基因重组药物）被投资者看作为成长性最高的产业之一，世界各大医药企业瞄准的目标，纷纷投入巨额资金，开发生物药品，展开了面向21世纪的空前激烈竞争。

在欧美，驱动医药市场规模增长的力量除了经济发展、人口因素外，新药上市也是强大的驱动因子。新药的诞生往往是医药企业创造业绩奇迹的永恒故事，丰富的新产品储备是一个企业未来业绩增长的基础，这些都离不开企业的核心技术和科研投入与创新。

一、秘方验方

（一）云南白药

云南白药——1955年以“曲焕章万应百宝丹”（包括百宝丹、重升百宝丹、三升百宝丹）向人民政府献方，1956年被列为国家保密范围的传统医药。

1938年3月，中国军队取得了台儿庄战役的胜利。在中方军队的阵营里，有一支来自云南的部队让人惊讶。这些战士受了伤，不管伤势如何，只要还能动，就不打绷带、不坐担架，只把他们身上带的白色的粉末，吃一点，外敷一点，又上阵拼杀。这就是被称作“疗伤圣药的曲焕章万应百宝丹”，后来人们又把它叫做云南白药，是由曲焕章先生创制，其妻缪兰瑛继承并于1955年以“曲焕章万应百宝丹”（包括百宝丹、重升百宝丹、三升百宝丹）向人民政府献方。据此献方由国家授权机关批准的专厂使用“云南白药”品名定点生产，其处方、工艺于1956年被列为国家保密（保密问题我们在后面内容还会讨论）范围的传统医药。后来临床研究发现，云南白药具有强大的止血生肌和活血散瘀功能，对于治疗跌打损伤、内外出血等伤科病症，确实有很好的疗效。

云南白药集团股份有限公司并不是固守在这个临床保密处方上，他们以此核心技术为新的“核心”，不断扩展自身的领域。公司在研的十几个专利天然药物在几年后为公司创造效益，比如在日本获得授权的发明专利“治疗前列腺疾病的康舒药物”（舒列安胶囊）。公司不断提升云南白药研发能力，主要分为两个层次：第一，云南白药自身的产品创新。通过丰富产品类别，改变云南白药散剂产品的单一市场形象。在此领域，先后开发出了云南白药胶囊、云南白药气雾剂（单效、双效）等产品。第二，以云南白药为母体，与材料科学相结合的产品创新，拓展云南白药衍生产品市场，现已开发出云南白药创可贴、云南白药酊、云南白药膏、云南白药牙膏等产品。云南白药主要产品“云南白药”系列，共有8种剂型60多个产品。

（二）片仔癀

片仔癀——1965年，被国家中药管理局和国家保密局列为绝密的国家重点保护中药制剂，1994年被列为国家中药一级保护品种。

片仔癀，该药原是明朝太医的秘方，福建漳州方言把一切炎症统称“癀”，吃一片该药即可消炎退癀，故名片仔癀，至今已有450余年的历史，对急慢性肝炎、喉痛、烧伤、刀枪伤痛、无名肿毒及一切炎症引起的疼痛、发热，具有消炎止痛、清凉解毒的作用。外科手术后服用，能消炎止痛，防止伤口感染，加快愈合。因其疗效好，适用范围广，副作用小，被视为医药珍品，驰名中外，在国际上被誉为“神州妙药”、“中国特效抗菌素”。1965年，片仔癀被国家中药管理局和国家保密局列为绝密的国家重点保护中药制剂，1994年被列为国家中药一级保护品种。片仔癀，由于其富具传奇色彩，神奇的疗效和保健功能，加之在国内外形成了极佳的口碑，远销台湾、港澳、东南亚和日、英、美、法、加拿大等地，被国内外中药界誉为“国宝神药”，人们把拥有它视作拥有健康和显示尊贵身份的象征。

片仔癀也并不固守在这个绝密级处方和秘制工艺上，而是不断从名贵药材上做工作。为了国宝名药片仔癀的可持续发展，漳州片仔癀药业以保护自然资源为己任，多年来投入大量资金支持国家保护野生资源并开展养麝工作。近期在四川设立了片仔癀麝业公司，开展人工养麝及研究，促进了野生麝资源的保护。由于天然麝香原料日渐稀缺，日前国家林业局、国家药监局、国家行政管理总局等五部委联合发布公告，今后除片仔癀等几种中成药可继续使用天然麝香外，未列入公告的其他中成药不得使用天然麝香。从2005年7月1日起每一粒片仔癀均加贴单独编号的“中国野生动物经营利用管理专用标识”，并限量生产。此举是为了将日益紧张的天然麝香用于名贵中成药，使其得以延续并继续为人类健康服务。天然牛黄比人工合成牛黄价格高出数百倍，为了保证功效，片仔癀坚持选用上等天然牛黄，片仔癀生产投料的天然牛黄等级在国内是最高的。天然地道名贵药材的合理配伍，加上其独特精湛的传统生产工艺，确保了片仔癀的功效。

除上述两个品种外，目前国内还有同仁堂安宫牛黄丸（同仁堂）、华佗再造丸（广州奇星）、六神丸（雷允上）3个国家中药保密品种。

二、炮制技术

中药炮制技术——20世纪50年代国家将炮制技术列入保密技术范畴。

制造中药饮片的中药炮制技术几千年来一直是中医药核心技术，国家早在20世纪50年代就将炮制技术列入保密技术范畴，2002年和2003年的政府有关规定都明令禁止出口毒性中药和大宗中药的炮制工艺和产地加工技术，也禁止外资涉足中药饮片传统炮制工艺技术。然而，“津村公司涉密”事件之后使国人对中医药核心技术更加重视。

2005年，唯一代理日本津村公司中药饮片的国内第一家经销外资中药炮制饮片的药店和顺堂药店在深圳开业，公司在一份厚厚的《深圳津村中药饮片商品介绍》中列出的中药饮片炮制品种非常齐全，既包括毒性中药也包括大宗中药饮片，总数竟已达500多种，如熟大黄、炒栀子、炙甘草等等，每种炮制饮片都有详细描述。显然，这家中日合资的药业公司已把几乎全部中药炮制饮片都列入了经营范围。

津村公司是日本最大的中药材贸易公司，以前该公司的公开说法是饮片加工都采用日本技术，但事实并非如此。日本汉方药界原本也并不具备中国饮片炮制中用酒、醋、盐、姜、蜜等各种辅料对药材进行复杂的蒸、煮、炒、焙、炙、炮、煅、浸等十多种工艺技术，而深圳津村公司内部从高管到基层技术人员均以中国人为主，不少高管还是国内著名中医药大学毕业生或从中医药科研单位出来的。

津村公司早在1991年就投资500万美元在深圳成立投资厂，主要从事中药材的采收、出口贸易，数年来津村公司在华的分公司已经遍布中国各大药材集散地及主产区，并在河北、安徽、上海、黑龙江等地设立了8个投资厂，近年又占股63％合资建立上海津村制药公司。2000年9月，津村的生产工厂开始进行饮片的生产加工，相继出口日本和德国。2005年津村公司开始在华销售炮制饮片，并有消息称，该公司预期从2006年开始在华销售汉方药。他们所涉足的中药饮片的炮制生产领域无一例外都是中国政府明令禁止的。

对于外商涉足中药领域现象的频繁出现，中国中医研究院中药炮制学界泰斗、资深研究员王孝涛教授感到忧虑重重，他曾多次上书主管部门呼吁重视中药炮制技术保密问题，如2004年，由王教授参与、多名重量级专家再次联名上书卫生部提出《及时遏止中医药传统制药技术泄密问题的建议》，获得卫生部领导重视，责成下属部门研究解决。

不过，此事件反映的不单单是核心技术问题，其中还涉及深层次的中国知识产权保护制度方面的问题，在此不再深入讨论。专利制度是针对现代医药的，但也不是万能的，中医药仅依靠专利保护不利于其发展，像泰国的《传统泰药知识法》等对我国保护传统医药技术有很好借鉴。

三、生产工艺

（一）现代提取工艺

注射用血栓通——三七总皂苷提取纯化、中药提取液超低温冷冻干燥和化学原料药精制纯化。

梧州制药（集团）股份有限公司在大力推进中药现代化、加大企业技术创新中，坚持走自主研发和合作研发相结合的产品研发和技术进步与市场扩张之路，开创了生产快上、效益猛增的新局面。该公司把三七总皂苷提取纯化、中药提取液超低温冷冻干燥和化学原料药精制纯化等一批国内领先的核心技术广泛应用于生产，使公司注射用血栓通等产品达到国内领先水平。该公司还将再接再厉，努力将健脾妇炎净胶囊打造成为全国妇科用药领域的重要品牌，把中华牌中华跌打丸打造成为全国跌打、运动用药的知名品牌，把注射用血栓通（冻干）打造成为全国心脑血管领域的重要品牌。

（二）现代制剂工艺

复方丹参滴丸——发现了传统复方丹参片除脂溶性成分外的水溶性成分，通过萃取、浓缩、干燥，活性成分发生改变，可用于急救；研制成功具有国际先进水平的大型自动化滴丸生产线。

天津天士力集团选择了治疗心脑血管病这一威胁人类生命与健康的“第一杀手”作为自己的对手——研究对象。当时对付这个“杀手”的常用中药是复方丹参片，有10多家药厂生产，但由于受传统落后技术制约，存在着剂量大、起效慢、质量不稳定等问题，大多被作为治疗慢性病的辅助药使用。通过无数次试验分析，他们发现了传统复方丹参药物除脂溶性成分外的水溶性成分，通过萃取、浓缩、干燥，活性成分发生改变，能够用于急救的复方丹参滴丸由此诞生。仅这一个自主品牌，在10多年间就创造了70亿元的大市场，把一味中药做成了一个大规模产业。

滴丸——悄然改变着中药的历史。传统中药给人留下的印象是“汤药一大碗，丸剂一大把”，这个中药新的剂型——“滴丸”伴随着复方丹参滴丸的诞生，如今天士力生产的复方丹参滴丸、养血清脑颗粒、柴胡滴丸等50多个滴丸类产品群，正悄然改变着中药的历史。

组分中药——在中药现代化进程中天士力提出的一个革命性概念。过去老中医们都是一味一味地配药，各种成分都在里面，现在是在方剂学基础上首先寻找到药材最有效成分，进而提取和浓缩，直接获取其中的有效组分，通过有效组分来研制新药，达到药效最大化、疗效最大化。这将创建一种新药研发模式，这是未来推动中药现代化、国际化最好的出路，对于整个现代中药行业都有重要的意义。

非常重视核心技术的天士力凭借持续创新还创造出一个又一个“率先”：率先获得国家中药种植规范GAP认证；率先研制成功具有国际先进水平的大型自动化滴丸生产线；率先建成国内最大滴丸生产基地；率先提出并建立现代中药提取生产质量管理规范标准cGEP；率先创建中药多元色谱指纹图谱质量控制技术；率先建立“数字化中药组分库”，目前已从285种中草药中解析得到10661个标准组分……

四、质量标准

板蓝根冲剂（颗粒）——指纹图谱质控技术。

将核心技术写入技术标准是企业追求的目标，由于国家药品的审批制度使很多新技术很难立即做到，但企业可以先做成内控质量标准。

为了解决与中成药的疗效、安全相关的质量控制和稳定问题，广药集团将应用指纹图谱技术这一国际上公认的中成药质量控制的有效方法作为中药现代化的主攻方向，历经磨难，矢志不移。经过几年来的努力，终于取得较大的进展，在研究和应用指纹图谱技术控制改善中成药质量方面取得了一定的成绩。白云山板蓝根冲剂（颗粒）就是一个很好的例子。据不完全统计，单板蓝根冲剂（颗粒）全国就已经有1000多个生产批文，而白云山中药厂建立了全国第一个板蓝根GAP生产基地，并且投入了巨资研究成了指纹图谱质控技术，将之作为内控质量标准，年产值能抢到几个亿的市场份额，这不能不发人深思！

与此同时，“清热消炎宁胶囊指纹图谱研究”2004年3月在广州通过项目验收和成果鉴定。国家食品药品监督管理局任德权副局长在会上发表了讲话，并对此项目取得的成绩表示衷心祝贺。他还指出：这次广药敬修堂清热消炎宁胶囊指纹图谱项目通过鉴定，使大家再次看到，指纹图谱技术并不神秘，中成药包括中药材应用指纹图谱技术来控制和稳定中药的质量是可行的。该项目于2001年立项，是广东省、广州市重大科技攻关联动项目——“广州名优中成药指纹图谱质量控制示范研究”项目之一。由于该产品“清热解毒、抗菌消炎”疗效确切，政府和

公司对该产品的科技研究工作大力投入，进行产品的二次开发，并在广州市白云区的帽峰山林场建立其原药材九节茶的GAP种植示范基地，从原药材开始便对质量进行严格控制，真正实现“药材好，药才好”的目标。

王老吉（凉茶）——投入巨资分离岗梅的有效成分和明确其作用机理，寻求在质量控制方面有所突破。

近几年里，在看似需求饱和，竞争异常激烈的软饮料市场，却杀出一匹黑马，这就是饮料“王老吉”。什么原因？就是以其独特的市场定位，和简简单单的广告语“怕上火喝王老吉”而横空出世。如果王老吉没有岗梅、淡竹叶等清热祛火的配方，也许不会有神奇的产品产生。还有鲜为人知的原因，广药的“王老吉”正在投入巨资分离岗梅的有效成分和明确其作用机理，寻求在质量控制方面有所突破。

以“中一”、“王老吉”、“陈李济”等系列（他们的产品都作为本次的示范性研究）为代表的广州市名优中成药目前已有10亿元以上的年产值规模，但相同或类似品种如后起之秀在国内发展也很快，广药已面临激烈的市场竞争格局。究其原因，很大一部分来自于以质量标准为核心的知识产权问题！广药集团的老总杨荣明深有感触地说，广药要拓展思路，特别是要通过大力发展中医中药，在自主创新方面有更多新的突破，形成强大的产业核心竞争能力，实现中药产业由低端生产向高端生产的转变，由加工向创造转变。可以说，质量标准提高是广药持续发展的基础。

五、缺乏核心技术例子

核心技术的重要性不言而喻，放眼全球，不掌握核心技术，就只能扮演打工者的角色，现在全球的电脑制造商都要向英特尔公司和微软公司交专利费，接受它们的标准，以自己微薄的利润养肥高高在上的跨国公司，联想卖一台电脑，也就赚一捆大葱的钱。我国的集成电路市场占世界的1/7，但大多数国内的厂家仅仅在搞芯片封装等低级附属生产，由此而产生巨大的经济效益落差。

对于药品，这一问题更值得重视，诸多产品为何倒下——缺乏核心技术，或核心技术对临床疗效基础无助。

很多人都常常在思考一个问题：中国的中药企业为什么只各领风骚三五年？太阳神的落山，三株大厦的倒塌，从沈阳飞龙延生护宝的淡出到汇仁肾宝销量萎缩，原因固然众多，最重要的是缺乏核心技术，或者是没有在技术上进行精耕细作，所以经不起市场的风浪。

对产品来说，提供了载体不一定就能够把核心技术推向市场。所有药物的核心技术都必须建立在临床疗效的基础上，否则也很可能成为空中楼阁，使产品昙花一现。比如前几年风行一时的生物基因工程药物，就因为缺乏临床疗效才出现了今天的凋零。

由此可见，中成药的自主知识产权、核心技术、工艺技术、产品质量与质量标准紧密地联系在一起，通过技术标准战略使生产企业在市场竞争中具备与同行相抗衡的能力。谁拥有自主知识产权、掌握核心技术，谁就能占领技术制高点，促成新的经济增长点，在市场竞争中立于不败之地。

第二节　促进专利融入技术标准

上节我们提到，科技竞争力的重要标志是企业对核心技术的拥有情况，这在很大程度上反映为发明专利、自主知识产权等。只有更多地掌握具有自主知识产权的核心技术和关键技术，才能提高原始性创新能力，从而增强企业的科技、经济竞争力。

在第一章我们谈到技术标准的概念。技术标准是现代国际工业竞争的游戏规则之一，是技术及其产品参与竞争的基本条件。参与国际工业竞争就要参与国际标准的制定，谁掌握了标准的制定权，谁的技术成为标准，谁就掌握了市场的主动权。

在传统技术领域，专利技术标准问题并不突出，但专利进入信息通讯技术标准却无处不有。比如，3GPP（第三代合作伙伴计划）目前的技术标准涉及100多个专利权人和至少3500个以上的专利，它的目标是实现由2G网络到3G网络的平滑过渡，支持轻松建网及系统间的漫游和兼容性。中国无线通信标准组（CWTS）于1999年加入3GPP。3G标准包括WCDMA，TD-SCDMA，EDGE等。

可见，标准和知识产权的紧密结合是知识经济的必然产物，技术标准与专利的捆绑也是今天世界技术标准发展的重要趋势。技术标准从最初为了统一、可替代性而起的媒介作用到现在成为专利战的利器。

那究竟专利、标准、产品三者的关系如何？专利先行于产品早已成为通式；在知识经济时代，往往是标准先行，这在高技术产业领域表现尤为明显。例如，在互联网应用前就先有了IP协议；在高清晰度彩色电视和第三代移动通信尚未商业化前，有关标准之战就已如火如荼。专利、标准、产品三者的关系即先有标准后有产品，也就是按照专利——标准——产品的次序。新药从研制到批准上市，这个特征尤其明显（当然涉及专利与国家标准关系的处理比较复杂，我们会在第四部分进行讨论）。因此，从一定意义上讲，专利是标准的基础，很多企业正是利用其知识产权和标准化的优势进行竞争。

专利、标准、产品、企业四者的关系还可套用一句很流行的话："一流企业做标准、二流企业做专利、三流企业做产品"。这是因为，企业即专利权人如果把专利写入标准，他既享有公权力带给他的好处，同时他又要拿专利许可费，维护自己的私权利；按照这个标准，生产、采用这个技术的产品得交很多许可费。专利影响的只是一个或若干个企业，而标准影响的却是一个产业，甚至是一个国家的竞争力。

专利融入技术标准一般是下列的基本模式：首先是通过技术研究、开发产生相关技术，接着是将相关技术申请专利并获得专利权，然后是确立自身的技术规范、将专利技术纳入技术规范，形成行业技术标准并进行推广。

下面我们先从松下战败索尼之道的案例入手说明专利融入标准的重要性，再分析其中存在的弊病，接着讨论一下药品标准的专利处置。

一、专利融入标准——电器巨头的战略

先来看专利概念。

专利（Patent）一词来源于拉丁语Litterae patentes，意为公开的信件或公共文献，是中世纪的君主用来颁布某种特权的证明，后来指英国国王亲自签署的独占权利证书。英语“Patent”一词包括了“垄断”和“公开”两个方面的意思，与现代法律意义上的专利基本特征是吻合的。

专利是专利权人在规定期限内依法享有技术发明的独占或专有权，包括制造权、销售权、许可权、标记权等权利。专利技术是私有产品，是创新技术、专有技术、有偿使用技术。它强调独占性，未经许可不得实施。推广使用有条件限制，它在《专利法》第十四条有具体阐述：对国家利益或者公众利益具有重大意义的，国务院有关主管部门和省、自治区、直辖市政府报国务院批准，在批准的范围内推广应用，允许指定单位实施，并由实施单位向专利权人支付使用费。

随着专利技术产业化速度的加快，产品在国际市场上的竞争加剧，使得技术标准的内容包容了专有技术和专利技术，通过技术标准达到技术与产品垄断的趋势日益明显，技术标准迫切需要专利技术的加入来实现标准垄断的目的。标准的制定，历来体现强势集团（包括国家和企业）的意志与利益，将专利纳入标准，对强势集团来说更是如虎添翼。日本的索尼与松下都是国际上有名的音像设备制造公司，松下公司后发制人的策略，将专利融入标准，使之在家用录像系统制造方面独占鳌头。

日本的索尼公司早在1975年就推出了“贝他麦克斯”牌录像机，这比其他牌号的录像机足足早了一年，这也使索尼拥有了技术、市场方面的优势，但索尼公司忽视了放映时间较长对消费者更有吸引力的问题。更要命的是，索尼公司在经销方面不愿出售“贝他麦克斯”的生产专利——这是索尼公司的最大失误。

松下是日本的另一家电器大公司。1976年，松下公司推出了它的VHS家用录像系统，而VHS恰恰在放映时间上胜过了“贝他麦克斯”。同时，松下公司一上市就出售它的VHS专利，认为这样会使它的产品成为标准产品。松下以出售VHS专利许可证的办法，推广了自己的新产品。松下公司还将专利技术嵌入其产品，通过努力，建立了以其录像机为样品的工业标准，作为后起之秀起到了领导潮流的作用，使松下成了录像机的霸王。

反观索尼公司，忽视专利—技术标准的关系，使其失去了独占魁首的地位。

无独有偶，同为家电巨头——闻名全球的荷兰飞利浦公司在推广其激光唱片的时候也采用了靠专利推广标准和技术产品的战略。20世纪70年代末，飞利浦率先开发出了激光唱片，并决定同日本分享这项技术，交换条件是要求日本人采纳飞利浦的技术标准。这两家“巨头”为技术标准问题讨价还价达数月之久，最后达成一项协议。索尼公司接受了飞利浦的标准，其他亚洲和欧洲的生产商亦步其后尘——这些厂商都为飞利浦的技术支付了专利使用费。据此，飞利浦占领了世界上20%的激光唱片市场。通过转让自己的专利技术并推广相应的技术标准，飞利浦成了激光唱片世界市场的龙头老大。

可见，技术标准战略最重要的是体现“技术专利化—专利标准化—标准许可化”这一思路。

二、专利融入标准原则与条件

促进专利融入技术标准并不是说技术标准可以滥用专利，标准中使用专利其实很复杂，技术标准中使用专利需遵循一定的原则，而专利要进入技术标准也要符合一定的条件。下面我们根据刘菊芳[1]和黄铁军[2]的观点谈一下这方面的问题。

（一）原则

将专利融入标准，也即在技术标准中使用专利需遵循下列原则：

1. 标准不排斥专利原则。

根据ISO对标准化的定义："为了在一定范围内获得最佳秩序，对现实问题和潜在问题制定共同使用和重复使用的条款的活动"，可见，技术标准是对技术活动中需要统一协调的事物制定的标准，是企业进行生产技术活动的基本依据。标准化的对象是重复性的条款和事务，刘菊芳认为专利技术没有理由被排斥在标准之外。

2. 信息披露原则。

信息披露原则体现的是尊重两个权利：一是专利权人是否愿意并声明把他的专利技术纳入标准，二是公众或者涉及标准的各方接不接受将专利纳入标准。

3. 合理有偿且无歧视原则。

专利权人应当获得合理回报，采用标准的单位和个人，因实施标准而实施专利，应当支付专利许可使用费。许可费上，对采用标准实施标准的所有人公平合理，一视同仁；许可内容上，专利权人应当许可标准中所涉及的全部专利技术；许可对象上，不能对被许可人挑剔，要向采用标准或实施标准而要求许可的任何人予许可，不存在独家或者限家许可。

4. 反垄断原则。

标准化组织或标准的持有人有利用标准的优势从而垄断市场或滥用标准、滥用知识产权的可能，因此，需要知识产权反垄断审查。

（二）条件

在什么情况下可将专利融入到技术标准？这必须具备下列几个条件：

1. 必要性。

主要体现在两点：一是实现标准的相应技术要求时必然要用到该专利，其技术的必不可少性使得没有其他的非专利技术可以来代替它。例如，从技术角度上很难绕过，另辟蹊径；或者从技术角度上可以绕过，但研发成本大、周期长，从经济角度上讲划不来。二是此专利技术必须与标准针对的产品或方法有直接的联系。

在制定标准的程序设置上避免将不符合必要性的专利纳入标准，公众和企业将随时起到监督举报作用。

2. 有效性。

必须是真实有效专利才能纳入标准，许可无效专利是滥用知识产权的商业欺诈行为。

3. 时间性。

当出现新的技术或专利能够替代时，相应专利的标准资格应该消失。

三、专利融入标准的负面影响

从上述电器巨头将专利融入标准的例子可以看出专利进入技术标准的好处，但专利融入标准也有一定的负面影响，包括专利挟持、事实标准挟持和某种程度的专利联营。

（一）专利挟持

美国司法部的一份文件对“专利挟持”有比较具体的界定：标准确立之后，核心专利的专利权人披露出所谓新的专利或者新的专利申请。在这种情况下，推翻已制定的标准再搞新标准在经济上是不可行的，只能维持原来的标准，这样就等于核心专利人新公布的专利申请对于现有标准有一种挟持作用。

技术标准通常具有公益性和公权力的属性，而知识产权是私权。当专利借标准行走，专利权对标准的威胁也就非常明显。标准所面临的最大的知识产权威胁就是标准公布后才发现被专利所覆盖，出现“专利挟持”结果。

具体点说，就是一些公司为了利润会参与到标准的制定过程中，他们知道手里有一定的专利，而且把这些专利应用到标准中推行的话一定会侵犯他们的专利。但在开始时他们不说话，等过了几年，标准组织把标准制定出来，行业和市场都接受了，大家都在锁定使用这个标准没有办法逃身时，他们就会出来说：使用这个标准其实侵犯了我的专利权。

（二）事实标准挟持

从技术标准制定主体来看，存在“法定技术标准”和“事实技术标准”两种情况。

“专利挟持”是一种威胁，事实标准更是一种威胁。跨国公司及其产业联盟这些产业巨鳄，凭借技术领先和市场统治地位形成的事实标准及通过“专利池”推出的事实标准，掌控着新兴产业链，分享巨额利润。思科公司的网络私有协议、微软公司的视窗系统等，这些都是著名的事实标准。前几年，我国DVD企业采用国际和外国事实标准，对这些标准中融入的大量知识产权毫无准备，结果不堪巨额专利许可费的重压，濒临倒闭破产，进出口贸易损失惨重！

技术标准一旦与知识产权相结合，成为企业的“私有财产”，就成为企业竞争的策略工具，很容易导致企业对“知识产权滥用”。上述专利挟持和技术标准挟持在有的地方又称为“知识产权滥用”。与技术标准有关的知识产权滥用有两种形式：一是提起恶意诉讼，在没有明确证据的情况下起诉竞争企业侵犯了自己技术标准的知识产权，目的是把对手拖进漫长的诉讼过程，打击对手的士气；二是拒绝授权其他企业使用自己的技术，以维护市场垄断地位。

美国思科公司在我国路由器市场的市场份额高达70%，但其在路由器操作系统中大量使用私有协议，是不开放的，并拒绝授权其竞争企业。华为公司为互连互通目的使用这些协议的行为是典型的滥用知识产权，使华为公司在与思科的竞争中处于极端不利地位。

（三）专利联营

专利联营是指技术标准的部分或全部专利持有人将所持专利联合在一起，相互之间或者共同对外协议授予专利实施许可。专利联营通常由某一技术领域内多家掌握核心专利技术的厂商通过协议结成，各成员拥有的核心专利是其进入专利池的入场券。如DVD标准的3C和6C专利联营。3C，即由飞利浦、索尼、先锋3家跨国公司所组成的“3C集团”；6C，即由东芝、三菱、日立、松下、JVC、时代华纳6家跨国公司所组成的“6C集团”。DVD的3C和6C对DVD产业实施标准规格和生产，并对其他国家的DVD行业和企业强制推行专利联营模式的“一揽子许可”。

专利联营可分为封闭型专利联营和开放型专利联营，前者只在专利联营成员内部进行专利交叉许可，而不统一对外进行专利授权，后者还把成员的必要专利捆绑在一起统一向外进行专利授权。后者是最有影响力的联营方式，它可以委托专门代理员或者设立独立的实体机构统一管理并授权实施专利，取得的专利使用费按一定标准在成员内分配。

根据专利之间的关系，又可以把专利分为：竞争性专利，即在市场中处于相互竞争关系的专利产品或专利方法；障碍性专利，即在从属专利和基本专利之间构成使用上的相互障碍；互补性专利，即知识产权人的专利具有互补性，只有相互合作才能具有良好的商业效益，不合作权益就会受到阻碍。

一般来说，专利联营是有助于竞争，并能产生一定商业效益的，比如：①整合互补技术；②减少交易费用；③清除妨碍因素；④避免昂贵的侵权指控。但是，专利联营也可能在某些情况下产生反竞争的效果，比如：①搭售非必要专利；②收取不合理的许可费；③联合定价；④限制竞争的回授条款；⑤限制技术改进条款。因此，专利联营能通过促进技术传播，鼓励竞争活动，带来良好的商业效益，但也可能为了追求利益的最大化，谋求市场的垄断，应该受到反垄断法的规制。

判定专利联营行为是否构成垄断比较复杂，根据王先林[3]的说法，理论上应该包括如下四步：第一，联合许可或企业合作是否降低或威胁现有的市场竞争程度，也即在没有企业同盟行为的情况下，本会发生的竞争是否因为联合许可而减少或受到威胁？第二，确定联合许可及其过程是否具有可见的、可衡量的促进竞争的效果？比如，联合许可协议是否促进互补专利的结合。促进竞争的效果应该明显而且可以度量化。第三，联合许可协议以及相应的程序，是否是取得上述竞争促进效果所必须——仅仅必须的限制才可以被允许。首先是必要，而且必须是对竞争限制最小的选择，即实际上不存在限制竞争更小的选择。第四，综合衡量促进竞争的效果和限制竞争的效果。

（四）标准制定中避免知识产权垄断

知识产权作为合法的垄断权，目的是鼓励创新、促进知识生产的重要法律机制。

知识产权比知识本身重要，知识产权是知识价值的权利化、资本化；技术标准比技术本身重要，技术标准是技术成果的权力化、规范化。

知识产权的核心内容是专利，专利技术实施的前提则是获得许可，未经授权不允许使用，标准化组织或标准持有人有可能利用标准的优势从事垄断市场，因此形成了事实上的知识产权垄断。

如何避免知识产权垄断？像ISO（世界上最大的国际标准化组织）、IEC（国际电工委员会）、ITOT等国际标准化组织基本倾向于不在技术标准中采纳专利。一旦无法绕开，则要制定本标准的知识产权政策，一般来说有两种：

1. 说服权利人放弃权利要求。

RF许可（Royalty-free），这很少见。知识产权人放弃收取专利费，但通过纳入标准，扩大了产品销路和树立了品牌，也能获得额外的收益。

2. 实施合理、非歧视的许可原则。

RAND许可（Reasonable and Non-Discriminatory），大多数情况属于此，适度限制专利人的权利，即在合理和非歧视状况下对愿意获得技术许可一方进行的许可。其中，有些标准的RAND原则规定得比较详细，将许可的入门费、提成率和专利金总额上限等都作了规定，但大部分是笼统的，要求每个专利许可按照RAND原则单独谈判，约定后实施。

另外，规制滥用知识产权，或者利用技术标准排斥竞争者的行为属于反垄断法的范畴，这要求我国尽快制定规制知识产权滥用的《反垄断法》与相应规章。

四、药品标准的专利信息处置

根据《标准化法》的规定，我国现行标准体系分为国家标准、行业标准、地方标准和企业标准四级。国家标准和行业标准分为推荐性标准和强制性标准两种类型。强制性标准必须执行，推荐性标准国家鼓励企业自愿采用。

药品标准是强制性标准，在传统制药工业中，药品标准的制定一般也会尽量避免使用专利技术，根据国家规定，原则上是不会把专利技术列入强制执行的国家标准中的，即使列入也要知识产权人做书面声明授权。如2004年，《国家标准涉及专利的规定》（征求意见稿规定："强制性国家标准原则上不涉及专利，推荐性国家标准不反对涉及专利"。药品标准均是强制性标准。

然而，随着科技发展，新技术层出不穷，药品专利的触角越伸越长，制药技术包含的专利项目越来越多，药品标准的内容不可避免地由普通技术规范向包含一定专利技术的方向发展，在此过程中药品标准与专利之间的矛盾偶有发生，也就涉及公权力标准与私权专利技术的利益冲突问题，必须认真加以对待。

（一）"使用国家标准须付专利费"——河南天工实施药品标准引发专利侵权纠纷案

在我国医药行业技术水平相对落后的情况下，核心专利技术贫乏，事实标准未成气候的情况下，实施药品标准引发专利侵权纠纷目前尽管还不是很明显，河南天工专利侵权纠纷案[4]倒是一个典型的例子。将专利写入标准而引起纠纷，谁将是责任主体？标准采用人是否应承担侵权责任？对此现有的法律还不明确。

2006年4月，广西南宁邕江药业有限公司（下称邕江药业）职工发现：南宁神州医药有限责任公司（下称南宁神州）在南宁医药市场上销售由河南天工公司（下称河南天工）生产的"贝智高"复方赖氨酸颗粒，在药品的产品说明书上，加上了邕江药业发明专利的内容："用于改善脑损伤所致的神经症状"。邕江药业认为，南宁神州和河南天工侵犯了自己的发明知识产权，一场药品的知识产权之争，由此拉开了序幕。

1. 邕江药业获得发明专利。

2000年3月24日，邕江药业经过多年研制，获得了"治疗颅脑外伤及其综合征的药物组合物"的发明专利，专利号为ZL-95109783.0，知识产权期限为20年，有效期从1995年8月24日起至2015年8月24日止。该专利特征在于该药物组合物包含有盐酸赖氨酸、维生素B_6、维生素B_1和葡萄糖酸钙，其成分和重量含量为盐酸赖氨酸60%～95%，维生素$B_6$0.1%～0. 4%，葡萄糖酸钙4%～15%，药品规格为3g。

2. SFDA公布药品标准。

2001年3月7日，国家食品药品监督管理局根据邕江药业提供的技术标准，颁布了"复方赖氨酸颗粒"的质量标准及使用说明书，标准的起草单位是广西壮族自治区药品检验所，标准实施日期为2001年6月1日。

3.邕江药业告河南天工侵权。

2006年4月，邕江药业发现市场上销售的由河南天工生产的"贝智高"复方赖氨酸颗粒，药品的说明书中记载的规格、成分、适应证、用途等内容，与邕江药业发明专利的内容完全相同，故提起侵权诉讼。虽然邕江药业将专利配方自愿提供给国家，知道河南天工生产复方赖氨酸颗粒，但并不表示邕江药业默许他人实施使用其专利，他人要实施专利仍应取得邕江药业的许可。

4.法院判决河南天工侵犯邕江药业知识产权。

法院认为，邕江药业在申请发明专利并将专利技术转化成国家药品标准过程中，已将其专利技术公布，但邕江药业公开专利技术的行为并不意味着专利技术进入公有领域，允许他人未经许可自由使用。恰恰相反，知识产权人正是利用这种对专利技术的公开来换取对专利技术垄断性的权利。邕江药业的发明专利技术转化成国家药品标准，他人按照国家药品标准生产药品，属于实施专利技术的行为，仍应取得知识产权人的许可。况且，按照国家药品标准生产药品和是否侵犯他人知识产权是两个不同的法律关系，一个是药品生产行政监督管理关系，另一个是民事法律关系，按照国家药品标准生产药品并不妨碍在民事上可能构成对他人的侵权，故判定河南天工侵权行为成立。

5.河南天工申诉。

河南天工的前身是商丘地区生化制药厂，自1986年至2001年15年中，一直生产销售自己的产品“复方赖氨酸冲剂”。邕江药业发明专利的申请日期是1995年8月，取得专利授权的时间是2000年3月，均在2001年3月“复方赖氨酸颗粒”国家药品标准颁布实施之前，邕江药业在5年之后才以专利侵权起诉。邕江药业使专利成为国家标准后，河南天工必须严格执行国家标准而使用邕江药业的专利。河南天工使用邕江药业的专利是执行国家药品标准的合法行为，不构成专利侵权。邕江药业应当在河南天工获得复方赖氨酸颗粒批准文号时，明确提出自己的知识产权主张，履行告知义务。

（二）技术标准实施中的专利侵权司法解释

上述案件虽已作出裁定，但却留下许多问题值得思考，提醒国家在处理药品国家标准与专利问题时应该制定合理的相关制度，才能解决好“使用国家标准须付专利费”问题。

药品标准均是强制性标准，如果2004年的《国家标准涉及专利的规定》（征求意见稿）[5]正式发布，那么药品标准应不得涉及专利，这说明业界对国家标准涉及专利问题的分歧很大。

在传统意义上，技术标准与知识产权是互相排斥的，技术标准追求公开性和普遍适用性，强调行业的推广应用，其目的是为了方便大众，这与知识产权的垄断性是对立的。但是到了20世纪90年代，由于新兴技术领域的专利数量巨大，专利对标准的影响越来越大，那就不仅仅是阻止专利进入标准问题。

为解决技术标准实施过程中可能引发的专利侵权问题，2003年7月9日，最高人民法院《关于审理专利侵权纠纷案件若干问题的规定（会议讨论稿）》第36条“技术标准与专利许可”提出：

“标准管理组织或者标准制定者未经知识产权人许可，也未获得实施专利的强制许可，将专利纳入国家标准、行业标准和其他专业技术标准，他人根据国家有关规定、标准管理组织的章程或者标准制定者规定的条件实施包括专利在内的标准的，人民法院应当认定标准管理组织或者标准制定者和标准采用人构成专利共同侵权。

“知识产权人参与了有关标准的制定，在标准发布前未申明其中的有关技术内容系其专利的，视为已经得到了知识产权人的免费实施默认许可，标准管理组织、标准制定者和标准采用人的有关行为，不视为专利侵权。”

据称，在专利法修改案通过后，最高法院将即刻颁布上述《规定》（会议讨论稿）作为该司法解释。后来，由于中国启动了专利法的第三次修改工作，这一司法解释被搁置。相信到那时，如何处理技术标准，包括药品标准的专利侵权问题将会更加明确。

（三）国家标准的专利信息处置

如何才能够让专利既写入国家标准，又让使用者无需付费？为此，我们还是引用刘菊芳对国家标准的专利处置的观点：

1.专利信息了解。

参与国家标准制定的组织和个人，在国家标准采用国内外先进技术时，要尽可能全面了解涉及专利的相关信息，有义务对其知悉的有关专利或者专利申请提供相应的材料和证明信息。标准采用人在采用药品标准时，也要注意检索专利，避免侵犯在先知识产权，切不可因为觉得是在实施药品标准就万事大吉。

2.专利信息披露。

国家药品标准起草、送审、报批的时候，一旦有相关的专利信息，要实时通报。

为避免不必要的矛盾冲突，专利信息披露要求技术内容公开到任何人想获知就能得知的程度，建议SFDA在《中国医药报》、《中国药事》上刊登药品标准颁布件，或者在一个政府标准网站上同步全文公开批复内容。

3.实施许可声明。

国家标准涉及专利，标准工作组应及时与专利人进行沟通，并请知识产权人做出书面的专利实施许可声明，且他的声明是不可撤销的。对于处于专利申请阶段，尚未获得授权的专利申请，标准工作组应请专利申请人作出声明，并同意该专利获得授权以后进行实施许可。

4.暂不批准发布。

在获得专利实施许可声明之前，涉及相关专利或专利申请的国家标准暂时不批准发布，这是为了充分保护知识产权人的利益（一定要得到知识产权人的许可声明）。

5.涉及专利补报。

国家标准发布实施后，发现标准中涉及有关专利且知识产权人未作出实施许可声明，所属标准化技术委员会应及时请知识产权人作出专利的实施许可声明，并报国家标准化技术委员会。

即是说，知识产权人在参与制定技术标准的过程中，如果想达到将其专利纳入技术标准中而又能有效保护其专利的目的，必须在制定标准的过程中申明标准的哪些部分是受其专利保护的。如果在标准的制定过程中不作这样的申明，则视为知识产权人给予了标准使用人免费实施其专利的默认许可。这也是药品标准对专利信息的处置原则。

上述几点涉及专利的处置方式在2007年修订的《药品注册管理办法》有明文规定。第十八条规定：“申请人应当对其申请注册的药物或者使用的处方、工艺、用途等，提供申请人或者他人在中国的专利及其权属状态的说明；他人在中国存在专利的，申请人应当提交对他人的专利不构成侵权的声明。对申请人提交的说明或者声明，药品监督管理部门应当在行政机关网站予以公示。药品注册过程中发生专利权纠纷的，按照有关专利的法律法规解决。”

第三节 中药知识产权保护简述

上一节我们已经从推动标准发展方面作了讨论。还应该看到，加入WTO后，中药产业在面临着前所未有的发展机遇的同时也面临着挑战：一方面，中药要走向世界，必须冲破发达国家为我们设置的种种贸易技术壁垒，必须在国际植物药舞台上对技术标准有话语权；另一方面，我国目前中药产业规模总体偏小，经济效益较低，难以承受国际医药市场的冲击。专利制度是针对现代医药，但也不是万能的，如何让中药产业有一个突飞猛进的发展？中医药仅依靠专利保护不利于其发展，综合的知识产权保护是必须采取的一个策略。

从另外一个角度看，中药标准化和中药知识产权保护是有联系的，两者的共性如下：

首先，他们都有一定的体系组成，中药知识产权保护是一个涉及专利、商标、版权、商业秘密等的法律体系，强调综合保护；中药标准化是一个涵盖技术与管理的规范体系，除了强调生产质控方面的标准化，也强调管理上的标准化。

其次，两者都是动态的实施过程，中药知识产权保护是一个从立题研究开始，到成果申报，直至取得法律保护的过程；中药标准化则是一个制定标准、实施标准、运作并推广标准的过程。

第三，即它们都是对某些领域作出规范的可执行性框架，知识产权是归属于法律范畴的，是一种社会规范，而标准则是一种技术及管理规范。总之，无论是社会的，还是技术的规范，它们都是一种秩序，是给社会带来平衡、稳定，给相关产品带来通用性、互换性的限定。

所以，在谈及标准时还应该讨论中药知识产权保护。它一般包括新药的行政保护、中药的品种保护、中药的专利保护、保密、商标保护等几种。

一、新药行政保护

为何要实施新药的行政保护？在目前看来，中药的新药保护制度违背了知识产权保护制度，但新药行政保护在历史上却也起到一定的促进作用。新药行政保护制度是在我国未对药品实行专利保护的特定历史条件下，在我国医药企业没有实力也没有可能去承受巨额新药研究费用的背景下，为保护本国民族医药工业而采取的有效措施。对新药的从行政保护到让位于专利，再到抑制新药仿制、提高仿制水平，在我国的药品管理法规中可清晰地见到制度的变迁过程。

（一）《药品管理法》确立新药行政保护制度

1984年，我国在制定《专利法》时，按照《巴黎公约》规定，成员国有权按照本国实际情况对专利保护的技术领域，制定作出限制性规定的保留条款。当时考虑到世界上许多国家均未对药品、食品和化学物质给予保护的通行做法，我国也不承认药品专利。1985年7月1日实施的《药品管理法》中明确新药是指国内未生产过的药品，因此我国医药企业可以自由仿制国外的专利药品，并在我国境内生产销售国外的专利药品。

为了帮助我国药品生产企业尽快掌握国外先进技术，推进我国药品的研究与开发，卫生部制定了《关于新药保护和技术转让的规定》，将新药分为一、二、三、四类，凡有试产期的新药，其保护期包含试产期。新药的保护期自国家药品监督管理局批准颁发的第一个新药证书之日算起。新药保护期满，新药保护自行终止。这标志着我国新药行政保护制度的确立。1998年国家药品监管局成立后，该项制度得到了进一步发展，各类新药的保护期分别为：第一类新药12年；第二、三类新药8年；第四、五类新药6年。

顺带一说，药品行政保护所保护的仅限于一种制剂或说是一种适应症，而不是一种药品。如果是一种药品的话，应该包括其原料和制剂，这从拉米夫定的行政保护的申请可以看出。它开始申请了益维平（用于治疗HIV）的行政保护，获得通过，其后又申请了贺普丁（用于治疗HBV）的行政保护，而再申请就被撤回了。

新药行政保护制度的实施使我国落后的医药企业赢得了一次大好的发展机遇，同时适度控制了新药的重复研制。然而经过最近20多年的快速发展，我国医药产业已经初具规模，加上已经加入WTO，新药行政保护措施的弊端开始显现出来，主要有以下几个问题：

1. 阻碍我国药品生产企业的发展。

新药行政保护仅限于国内药品生产企业首次生产药品的生产权，并不包括药品的上市和销售，因此这种新药保护政策只能限制中国企业的生产权，不能阻止国外生产企业进入中国市场销售，事实上伤害了国内医药企业。

2. 与药品专利保护制度存在冲突。

由于原来新药概念为未在我国生产的药品，实践中会出现原始发明者不能在我国生产自己的专利药物和我国医药企业无法仿制专利过期药物的矛盾。当这种矛盾出现时，依据专利解决争端是国际通行的做法，所以我国的新药行政保护制度与国际规则不相符合。

3. 无法解决我国“新药不新”的尴尬局面。

据统计，“九五”期间我国颁发新药证书5043个，涉及2112个品种，其中国家一类新药证书108个，97%的新药均为仿制药品。因此我国的新药并不是真正意义上的新药，由此而产生新药行政保护变成了保护老药的问题。

（二）《药品注册管理办法》（试行）让专利保护代替了新药行政保护

《药品注册管理办法》（试行）自2002年12月1日起施行，我国承认药品专利，将新药概念定义为未曾在中国境内上市销售的药品，它标志着在我国实施了将近20年的新药行政保护制度正式让位于专利保护。在此基础上修订的新药保护政策也出现了重大变化，主要有以下几点：

1. 四类新药研究得到极大鼓励。

《药品注册管理办法》第四十九条规定：对创制的新药及治疗疑难危重疾病的新药实行快速审批。可以实行快速审批主要有下列四类新药：（1）新的中药材及其制剂，中药或者天然药物中提取的有效成分及其制剂；（2）未在国内外获准上市的化学原料药及其制剂、生物制品；（3）抗艾滋病病毒及用于诊断、预防艾滋病的新药，治疗恶性肿瘤、罕见病等的新药；（4）治疗尚无有效治疗手段的疾病的新药。

2. 严格限制重复建设。

《药品注册管理办法》规定新药申请批准后每个品种只能由一个单位生产，同一品种的不同规格不得分由不同单位生产；新药监测期内，国家药品监督管理局不批准其他企业生产和进口；申请新药技术转让时，原生产企业应当提出注销原药品批准文号的申请；接受新药技术转让的企业不得对该技术进行再次转让。因此《办法》从新药审批、新药监测和新药转让等各个环节严格控制新药生产厂商数目，以减少资源浪费。

3. 合理保护我国的新药研究。

由于我国已将新药概念定义为未曾在中国境内上市销售的药品，它包括了一些并非真正的创新药品如国外已经开发但还没有获得我国专利保护的药品，这就给我国医药企业合理仿制未在我国境内获得专利保护的新药留下了空间。《办法》对于这些新药的保护设定了不超过5年的新药监测期，表明国家只是有限度地鼓励医药企业进行仿创，更鼓励医药企业进行具有专利意义的创新。

新药保护政策出现的新变化，将促使医药上市公司寻找新的新药研究的突破口。

（三）《药品注册管理办法》提高仿制药水平

2007年实施新修订《药品注册管理办法》，通过鼓励创新，提高改剂型和仿制药的控制水平，在某种程度上控制了申报数量的增加，更重要的是能提高药品注册标准的科技含量和技术水平。

仿制药过去叫做已有国家药品标准药品，但两者不完全相等。仿制药和已有国家药品标准的概念有区别。仿制药要求与原创药要成分一致、剂型一致、标准一致和有效性、安全性一致，仿制药绝不是简单的重复。今后做仿制药还要有可续性，仿制药必须以在大生产条件下生产出来的样品进行申报，能不能生产出仿制药，就要看仿制药生产样品能不能做到和被仿制药一致。这就从制度上大大提高了仿制药的水平。

另外，《药品注册管理办法》还要求药品注册相关专利信息公开，这也提高了新药仿制的难度。

二、中药品种保护

中药品种保护属于中国特色的知识产权行政保护手段。这是因为中药成分复杂，科技含量不高，还有相当数量的古方或名方产品，申请专利保护受到很大局限；即使能够申请专利，中药的组方和制备工艺是否需要公开也是有争议的话题。从下列几个行政规章和公告可看出中药品种保护的特殊发展历程：

1992国务院第106号令《中药品种保护条例》（以下简称《条例》）

卫药发1995年第23号《关于加强中药品种保护工作中同品种管理的通知》

中保办发1996第31号《关于中药品种保护受理审证工作中有关要求的通知》

国家中药品种保护审证委员会有关问题的回答

国食药监注[2009]57号《关于印发中药品种保护指导原则的通知》

（一）《条例》的积极作用

《条例》作为一种特殊的行政保护法规，在提高中药品种质量、保护企业合法权益、推动中药集约化和规模化生产方面起到了积极的作用。

《条例》实行分级保护，申请保护的条件如下：申请一级保护要具有对特定疾病有特殊疗效的，相当于国家一级保护野生药材物种的人工制成品；用于预防和治疗特殊疾病的品种。二级保护是符合一级保护品种或者已经解除一级保护的品种；对特定疾病有显著疗效的；从天然药物中提取的有效物质及特殊制剂。最长保护期为30年，二级保护加上续保可以达到14年，从保护的时间来看与专利相比并不逊色。

《条例》在特定的历史条件下也发挥着重要的作用。1993年《条例》实施之前，我国的专利法是不保护药品的。虽然后来药品可以进行专利保护了，但中药成分复杂，科技含量又不很高，还有相当数量的古方或名方产品，仅以专利法进行保护受到很大局限。而且，当时一个中药品种有几百家企业生产，谁也做不大、药品质量普遍下降、恶性竞争愈演愈烈。《条例》的出台目的是要解决中药低水平生产和质量问题，对促进我国中药产业化发展，扶持一批民族企业做强做大起到一定的积极作用。

到2005年为止，共有1365家企业的2380个品种进入了保护目录，其中独家保护品种800多个。对生产同一中药保护品种而未获保护或根本没有申请保护的企业，由国家中药品种保护办发布中止文号。据悉，到2005年已经有1000多个品种被撤销文号。

（二）《条例》存在的问题

目前中药品种保护是比较普遍的保护制度，及至2009年2月共有1257个品种在保护期内，涉及1002家企业。尽管国家于1993年颁布了中药品种保护条例，但结合立法宗旨和环境，中药品种保护条例主要出于政策性考虑，主要着眼于中药品种而不是中药的有效成分，主要是保护生产者，而对销售者的保护较弱，主要是给予中药权利人的制造专有权，而销售权、使用权等权利则比较弱。随着形势的变化，中药品种保护制度也暴露出很多问题：

1.难被国际认可。

我国加入世贸组织后，药品注册办法逐步与国际接轨，对中药的保护也要遵守国际规则，原有的“中药品种保护”等行政保护办法不被国际社会认可。

2.难激创新热情。

中药品种保护是通过行政手段获得市场保护甚至垄断，使科研人员更注重选择已证实的成熟技术而不去创新。一个品种至少可以7年不变，到期还可以续保，也使得一些低水平重复的药品技术得以实现较大的市场价值。

3.难成公平竞争。

《条例》将本应属于公众享有的技术许可，让个别获得中药品种保护的企业形成市场垄断，实质上是政府对个别市场主体的偏袒，造成了制药企业之间的不公平竞争，还加重了企业的经济负担。这对促进个别企业的发展有利，但对整个社会的科技进步不利；还可能抬高中药的价格，侵害消费者利益。

4. 不具排他性。

目前的中药上部颁标准后，药方即转为公开，中药保护不是谁发明就保护谁，而是谁先申请保护就保护谁，不具排他性，同一品种可有多家企业的产品获保护。虽规定每种获保护品种的中药，其生产企业最多不能超过10家，但仍有一些品种获保护的企业大于此数，有的甚至一个品种有多达17家的企业受保护。而那些未获保护授权的企业，如果生产了别人的中药保护品种，不少地方出于地方保护等，查处取缔也不会很积极，企业交保护费而未获实质保护，实际上其权益受到了侵害。

5.费用高昂。

由于保护品种申报材料完全采用西药模式，药效、毒理、临床试验等数据一个都不能少，因此申报一个二级保护品种，老老实实做下来要花费80万~100万元，高昂的费用令企业更加“急功近利”。如同仁堂目前有600多个品种，1200多个文号，40多个保护品种，每年的保护费高达200多万元。

（三）提高保护门槛

为继承中医药传统，突出中医药特色，鼓励创新，促进提高，SFDA发布实施《中药品种保护指导原则》（国食药监注[2009]57号《关于印发中药品种保护指导原则的通知》）以提高技术门槛，体现中药保护管理的前瞻性。主要体现在下列几点：

1.明确临床评价标准。

要求申请一级保护品种的临床资料应能证明其对某一疾病在治疗效果上取得重大突破性进展，或用于预防和治疗特殊疾病；申请二级保护品种的临床资料应能证明具有显著临床应用优势，或对某一主治疾病、证候或症状的疗效优于同类品种。

2.突出保护先进性。

保护先进性主要表现在：一是改变剂型品种应有试验资料证明其先进性和合理性；二是对有重大工艺改进的品种，与原品种比较必须在服用剂量、制剂稳定性等方面具有明显优势；三是中药、天然药物和化学药品组成的复方制剂应证明其组方合理性；四是注重质量稳定性和可控性，申报品种的原料药材应基原明确，主要药味还应固定产地，有相对稳定的供货渠道，以中药饮片投料的应提供炮制方法及标准；五是单味制剂的主要药效成分应清楚，并应有相应的专属性质量控制方法。

3.合理设定同品种管理要求。

首先，在初次保护中要求原研企业才能首次提出初次品种保护申请；其次，明确了同品种定义，同品种生产企业可以自行判断是否属于同品种，并有较充分的时间开展同品种保护的相关工作；第三，突出同品种质量考核，强调同品种与初次保护品种在生产质量方面的一致性，并合理调整了同品种保护申报资料要求，解决同品种逾期申报的问题。

4.提高延长保护期门槛。

促进中药保护品种质量和水平全面提高，才能延长保护期门槛。一是强调申请延长保护期的品种应能证明其对主治的疾病、证候或症状较同类品种有显著临床疗效优势；二是要求企业必须按有关要求完成各项改进工作并提交相关资料；三是明确延长保护期的品种在临床、药理毒理、药学等方面应较保护前有明显改进与提高，如生产用药材和饮片基原明确、产地固定，工艺参数明确，过程控制严格，质量标准可控完善，主治范围确切，药品说明书完善等。通过以上措施，带动中药产业的发展。

（四）《条例》的修订方向

《指导原则》的实施，将有利于解决过去保护门槛较低，保护品种过多以及同品种管理中存在的问题。但提高保护门槛并非意味着对《条例》的修订，种种问题促成国家食品药品监督

管理局将《中药品种保护条例》的修订提上日程，并表示修订工作将会遵循五大基本原则：贯彻实施修订的《药品管理法》及《药品管理法实施条例》；与《专利法》有关要求紧密衔接；符合世贸组织的基本原则；符合行政审批制度改革要求；鼓励中药新药研究开发。

对《中药品种保护条例》的修订，目前已形成初步意见：将中药品种保护制度作为专利制度的一种补充形式，将已过监测期的中药新药品种作为重点保护对象，取消中药保护品种的续保。

三、中药专利保护

中药的专利保护是中药知识产权保护的有效方式之一。根据专利法并结合中药的具体情况，中药的专利保护可以从中药专利保护的内容和中药专利保护的方式来看。

（一）中药专利保护的内容

根据我国专利法的规定，对发明创造，根据其所保护的内容可分为发明专利、实用新型专利和外观设计专利。

1.发明专利。

专利法所称的发明是指对产品、方法或者其改进所提出的新的技术方案。

发明分为产品发明和方法发明两大类型。产品发明包括所有由人创造出来的物品，例如对机器、设备、部件、仪器、装置、用具、材料、组合物、化合物等等作出的发明创造；方法发明包括所有利用自然规律的方法，又可分为制造方法和操作使用方法两种类型，例如对加工方法、制造工艺、测试方法或产品使用方法等所作出的发明创造。

具体到中药领域，产品专利包括：药物组合物、中药材中有药用作用的新化合物单体、中药材提取部分、中药制剂、保健用品、美容护肤用品、化妆品等；方法专利包括上述产品的制备方法及检测方法，中药材的加工炮制工艺、提取工艺、种植栽培工艺、医药器械的生产方法和使用方法等。此外还包括药物的用途专利，对产品的新用途给予保护，包括新药物的适应症和已知药物的新适应症等。

发明专利的保护期为，从申请之日起20年。

2.实用新型专利。

专利法所称实用新型，是指对产品的形状、构造或者其结合所提出的适于实用的新的技术方案。

实用新型与发明相比的不同之处在于：实用新型只限于具有一定形状的产品的发明创造；并且专利法对实用新型的创造性要求不太高，而对实用性要求较高。

在中药领域，申请实用新型专利的可为医疗器械，生产、检测设备等。

实用新型专利的保护期为，自申请之日起10年。

3. 外观设计专利。

专利法所称外观设计，是指对产品的形状、图案或者其结合以及色彩与形状、图案的结合所作出的富有美感并适于工业应用的新设计。

外观设计专利保护的主要特点是：该外观设计必须与产品相结合，必须能够在工业上应用，以及能给人以美的享受。

中药领域的外观设计专利主要包括药品的外包装、药品的物理形状或外形图案等。

外观设计专利的保护期为，自申请之日起10年。

（二）中药专利保护的方式

下面分别从产品专利、方法专利和用途专利三个方面说明中药领域专利保护的方式。

1.产品发明。

根据中药所包含部分特征的不同，可将产品发明分为中药提取物发明、中药组合物发明和中药联用制剂发明。

中药提取物发明包括：①从中药中提取得到的单个化合物，这类物质因为成分清楚，可直接用化学结构式表示；②由单一中药材原料提取得到的中药提取物——有效部位，由于它是直接从某一中药材提取获得的，不存在原料药之间的配伍特征，可采用提取方法（或制备方法）对提取物进行定义，提取方法包括原料、工艺步骤、提取所用溶剂、工艺条件等；③由多种中药材原料提取得到的中药提取物，由于其是从多种原料药中提取得到的中药提取物，各原料之间存在一定的配比关系，因此，可采用“原料特征+制备方法”的方式对提取物进行定义。

中药组合物发明包括以活性成分为特征的发明和以辅剂为特征的发明，又可进一步细分为：①含单一活性成分、并以所含活性成分为特征的中药组合物，包括所含活性成分为首次发现的动物、植物、矿物或其提取物的中药组合物，以及所含活性成分为首次作为药用的动物、植物、矿物或其提取物的中药组合物；②含多种活性成分的中药组合物，包括两种或两种以上的中药材粉末、中药材和中药提取物的混合物，以及两种或两种以上的中药提取物；③以辅剂为特征的中药组合物发明；④以剂型为特征的中药组合物发明，即中药新剂型或剂型改进的发明。

中药联用制剂发明指含多种中药品的中药分装药剂的发明。

2.方法发明。

根据《中药知识产权保护和申报技术指南》[1]，中药领域的方法具体包括：①中药材的加工炮制方法；②中药材的种植、栽培方法；③中药材人工制品的生产方法；④中药提取物的制备方法；⑤新的中药产品的制备方法；⑥已知中药产品的改进的制备方法；⑦中药产品的测定、鉴定方法；⑧中药产品的储藏方法。

3.用途发明。

物质的用途发明是指基于发现物质新的性能，并利用此性能而作出的发明创造。无论是新物质还是已知物质，其性能是物质本身所固有的，用途发明本质不在于物质本身，而在于物质性能的应用。因此，用途发明实质上是一种方法发明。

虽然根据《专利法》第二十五条第一款的规定，“疾病的诊断和治疗方法”属于不予授权的范围，但此处所说的用途专利是指“物质在制备治疗某种疾病的药物中的应用”，因而属于专利法保护的内容。

中药领域常见的用途发明包括：①新的动物、植物或矿物药或其提取物的医疗用途；②已有中药材或其提取物的第二医疗用途。

（三）专利保护与其他保护的关系

根据国际惯例，按照TRIPS（《与贸易有关的知识产权保护协议》）协议规定的专利保护内容，审视我国药品知识产权保护法律和法规，我们引用张清奎[2]的观点，讨论一下专利保护与其他保护的关系。

1.专利保护取代药品行政保护。

专利是国际上通用的知识产权保护形式，对发明创造会以统一的专利形式保护代替追溯性的药品行政保护，取代以前对一些发明给予药品行政保护以对发明人弥补或优惠的做法。

2.专利保护与商标保护相互弥补。

商标保护的是药品的经营标志，而专利保护的是药品的技术内涵，两者会起到相互弥补的作用。由于专利和商标都是知识产权的重要组成部分，其保护完全符合TRIPS协议的规定，今后都将会不断发展和加强。

3.专利保护与中药保密品种相互制约。

专利保护的法律效力虽强，但必须以充分公开其技术内容为代价，而中药保密品种所保护的技术秘密内容不必公开，似乎比专利保护的条件优越。另外，如果其他人自行研究开发出了某厂家所保密生产的药品并申请了专利，则保密生产的厂家尽管可以享有先用权，但也要受该药品专利权的限制，只能在其原有范围内生产，不能再扩大生产规模。

我国实施专利制度20多年以来，在中药的专利保护方面取得了显著的成效，但由于专利制度实施时间较短，再加上中药本身的特点也决定了中药专利保护的复杂性，因此在中药专利保护制度实施过程中还存在着一些尚待完善的地方。

四、中药商标保护

药品与商标是互相联系的，为了让消费者便于识别自己企业的产品，企业导入了以商标为标志的视觉识别系统，以区别于同类产品。药品的通用名称属于一个国家或世界范围内的非专有名称，不具有排他性，宣传通用名可能会帮别人的忙，因为其他企业可以搭便车，乘机推出自己的同样产品。为使中药产品区别于其他竞争产品，企业必须重视中药商标的宣传，如药品的广告宣传应以商标为核心，扩大商标知名度，增加商标的显著性。所以，商标对药品具有很重要的意义。我国的中药老字号有着悠久的历史，如北京的“同仁堂”，广州的“潘高寿”、“陈李济”，重庆的“桐君阁”，天津的“达仁堂”，杭州的“胡庆馀堂”等，在海内外享有一定的声誉，是中药企业宝贵的无形资产。

商标知识产权与专利权、著作权具有同等的法律地位，对于企业创建和保护自身品牌具有重要意义，尤其是我国加入WTO后，企业自我保护意识加强，崛起了一大批著名和驰名的中药品牌，显现了商标品牌的独特魅力。

中药商标保护的对象是在中药经营或销售中为了区别商品而设计的可视性标志。如何运用好中药商标保护，有学者[3]提出须注意下列几个问题。

（一）名称使用问题

商标不得使用本商品的通用名称，不得使用直接表示商品质量、主要原料、功能、用途、重量、数量及其他特点的文字、图形作为商标。如云南白药、六神丸、安宫牛黄丸等名称属于通用名称，无法申请商标注册。卫生部药政局也于1990年通电全国“凡将药品名称作为商标注册的企业必须在1990年12月31日前撤消商标注册或更换商标注册名称”。

（二）强化商标意识

由于多数国家的商标注册采用申请在先的原则，因而“商标抢注”就成为合法的行为。我国有部分名牌中药商标在国外屡被抢注便是很好例子。一些医药企业商标意识淡漠，导致商标权自然散失，突出表现为商标过期不续注，缺乏在国外注册商标的意识而被抢注等。因此，要强化商标意识。

（三）注重商标内涵

注册商标虽非技术上的改进，但却代表了商品的质量和厂家的信誉。简单化的商标不具备商标自身所要求的显著性，不会给人留下深刻的印象。因此，最好使用简洁、清晰、易记、具有暗示作用的文字商标，只有疗效好、作用突出的中药才可能创出名牌。

（四）产品与企业商标合用

主商标是企业的象征，如深圳南方制药厂的“三九”商标，广州潘高寿制药厂的“潘高寿”即为企业的主商标。企业可采用主商标与商品商标相结合的策略，这样一个药品可以同时使用两个或三个商标。中药企业在建厂时应当考虑选择和注册自己的主商标，在确定产品方向时应当考虑选择和注册自己的商品群商标，在新产品即将推向市场时应当考虑选择和注册单一商品的商标。如太安堂集团旗下有很多系列的中药产品，而集团也有几个注册商标，对内服药品用“太安堂”商标，对皮肤外用药用“皮宝”商标，对跌打类中药用“鼓楼山”商标，对卫生用品用“丽人”商标。

（五）创造世界级驰名商标

商标专用权依据哪个国家或地区的法律产生，便受到该国家或地区的法律保护。对于有潜力的中药产品，在开发过程中就应当考虑在国外申请专利和商标注册，以取得所在国的法律保护。一旦产品进入国际市场，就可以使用注册商标对产品进行有效宣传和保护。还要及时了解商标注册的公告与竞争产品的商标使用情况，及时发现与制止商标侵权的发生，及时对到期的商标进行续展。

五、中药保密品种

中药保密品种与上面讨论的中药品种保护既不相同，又有一定的联系。与中药品种保护一样，中药保密品种有排他性，对在其保密期限内停止受理和审批该品种的已有国家标准药品注册申请、改变剂型或改变给药途径的注册申请。对已批准为保密的品种，在新药保护期满前6个月，可按《中药品种保护条例》的规定办理中药品种保护。

另外，还必须弄清楚在强调了专利保护作为国际知识产权保护通用方法之后，为什么还要进行中药保密品种保护？实际上，处方保密也是国际上的通用做法，可口可乐称霸世界许多年，靠的是其处方保密！从保护力度来说，通过保密处方的方式来保护中药知识产权要比专利保护更有优势：首先，专利保护是有期限的，一般为20年。其次，在中成药没有走出国门之前，中药企业不太可能申报其他国家的专利保护，因为公开处方才能取得专利，而维护权益的成本也相当大。这样，国外的天然药品公司很容易照葫芦画瓢，按照外国人习惯的方式包装，来获取利益，只有保密处方才能真正保护好中药知识产权！对于我国的中医药产业而言，中药保密措施的实施是对于中医药产业的有力扶持，也是国家对“洋中药”冲击在知识产权采取的措施。这是2005年10月20日启动的“国家知识产权战略问题研究——中医药知识产权保护与利用研究专题”研究成果的主要观点。

早在1992年，卫生部就有规定，对在新药审批中确有保密价值的特殊品种可根据需要由卫生部直接受理、组织、审批为中药保密品种，主要包括以下几个方面：①新发现的有特殊疗效的中药材、稀有贵细中药材的人工制成品及其制剂；②从中药或天然药物中提取的新的有效成分及其制剂；③在临床疗效或制备工艺等方面确有独特之处的秘、验方的制剂；④根据国家保密法已确定密级的中成药又改变剂型的品种；⑤对治疗疑难病症有突破性苗头或制备工艺在国内外领先的新制剂。可见当时可申请为中药保密品种的范围很广。

卫生部在1993年4月还就中药新药保密品种问题印发了《卫生部关于中药新药保密品种审批事项的补充通知》，对审批的具体问题作了规定，其中提到：该新药的技术审核，由中国药品生物制品检定所负责；质量标准由药典会审定；所需要的对照品由申报单位直接提供，中国药品生物制品检定所负责标定和分发。对卫生部已审核批准的保密品种，在该品种的批件、新药证书和质量标准右上方均注明“保密”二字，质量标准公布时，不予公布有关保密内容。

作为中药保密品种须遵守国家保密有关规定，具体如下：

中药产业中的中药材、中药制剂的配方、主要技术指标、工业路线、关键技术均可按技术密级、确定密级时间、保密期限申请，经各级科技部门保密办公室审查上报，由国家保密办公室核准即可获得相应的保密级和保密期限。

（一）密级

按照卫生部《卫生工作中国家秘密及其密级具体范围的规定》第二条共有三款，分别规定了卫生工作中属于绝密、机密、秘密级事项的具体范围。绝密级事项：第1目“列为国家重点保护的中药制剂”，是指由卫生部确定的中成药，如云南白药、雷允上六神丸等。第2目“稀有贵细中药材人工制成品”，指传统公认的贵、稀、少的天然中药材人工制成品，如人工麝香、培植牛黄等。保密期限均为长期。

（二）解密

1.国家科学技术秘密事项密级的变更，应当由确定其密级的机关及时解密。

（1）技术趋向陈旧，失去保密价值的。

（2）为使我国占领国际市场，且已有接替技术或者国外即将研究成功的。

（3）已经扩散而很难采取补救措施的。

（4）已在大范围试验推广，可保性较差的。

（5）可以从公开产品中获得的。

2.国家科学技术秘密事项保密期限届满的，自行解密。

（三）特殊规定

1.绝密级国家秘密技术在保密期限内不得申请专利或者保密专利。

2.机密级与秘密级可以申报保密专利。

3.每年都要进行审核，随时对不需要保密的科学技术进行解密。

4.国外已经公开、已申请专利或商业秘密不可以申报保密专利。

5.在保密期间不需要支付任何费用。

然而，由于历史原因，一直以来，中药保密品种管理比较混乱。目前与国家中药保密品种相关的公认部门有科技部、国家保密局，然而与之相关的部门还有卫生部、药监局、中医药管理局、国家秘密技术领导小组等，形成多个部门之间的难以协调分工，各自为战的局面。而涉及的相关法律法规也较多，如《中华人民共和国保守国家秘密法》、《科学技术保密规定 》（1995年1月6日由国家科学技术委员会、国家保密局制定）、《关于中药品种国家秘密技术项目申报与审批等有关事宜的通知 》（国食药监注[2005]176号）、《中西药品、医疗器械科学技术保密细则》（国家医药管理局1983年4月8日）、《卫生工作中国家秘密及其密级具体范围的规定》（1996年1月23日卫生部、国家保密局卫生办发[1996]第4号）、《卫生工作中国家秘密及其密级具体范围的规定》的说明、关于调整《卫生工作中国家秘密其密级具体范围的规定》有关条目的通知。上述7个文件发文单位各异，时间跨度较大。

从上述可见，中药保密品种非常复杂，加上企业为了宣传的动机，往往在很多媒体上见到诸如“中药秘方”、“保密处方”、“保密工艺”等字眼，有些甚至鱼目混珠，没有法律依据。为加强中药保密品种的监督管理，SFDA在2005年对所有国家药品标准中处方、剂量、制法等内容没有公开或没有完全公开的中药品种（以下简称“标准未公开中药品种”）进行统一清理。同时明确，是否可作为中药保密品种以能否取得《国家秘密技术项目证书》为准，根据《中华人民共和国保守国家秘密法》、《科学技术保密规定》（原国家科学技术委员会、国家保密局1995年第20号令）等有关规定，对于没有列入国家秘密技术项目的“标准未公开中药品种”，SFDA一律不按保密品种管理，并按规定公开其质量标准中的处方、剂量、制法等相关内容。

直至目前，中成药国内仅有云南白药（云南白药股份有限公司）、同仁堂安宫牛黄丸（同仁堂）、片仔癀（福建漳州片仔癀药业 ）、华佗再造丸（广州奇星，处方）、六神丸（雷允上）、麝香保心丸（上海和黄药业，处方及生产工艺）6个国家中药保密品种（绝密级）。保密品种由于具有排他性，市场潜力巨大。以奇星药业的华佗再造丸为例，由于从1985年开始被列为保密处方，该产品1992年的销售额就已突破了1亿元。

2006年5月人工麝香正式被国家科技部和国家保密局批准为国家中药保密品种，人工麝香中主要原料药同时也被批准[证书编号：MMJS2005YY047（X）]。该药曾获新药保护8年时间，被卫生部确定为国家级绝密品种。至2006年，在人工麝香新药保护超期的形势下，为了更好地保护知识产权和企业利益，中国药材公司通过国家中医药管理局和国家食品药品监督管理局向国家科技部申报保密项目，并最终获得批准，这也意味着人工麝香配方、生产工艺等被认定为国家秘密技术，继续受到保护，是目前国内最高保护等级。在保密期限内，任何其他企业不得侵犯其知识产权，国家将停止受理相关类似新药的注册申请。

六、中药其他保护

除了上述五种常见的中药保护外，参考有关文章[4]还有下列其他几种保护类型。

（一）商业秘密保护

商业秘密是不为公众知晓、未曾对外公开和披露的信息，在我国的《反不正当竞争法》中有关于侵害商业秘密权益的条款，这也是中药知识产权保护的重要方式。包括中药研发信息、关键工业参数、试验数据、营销渠道、客户名单、财务信息等，企业通过实施保密措施加以保

护，其中包括加强技术档案管理和人事管理，与员工制定企业保密协议，以合同的方式来约束员工保守企业秘密，同时防止关键人员的流失和跳槽而导致商业秘密的泄露。

（二）地理标志保护、原产地

相对于化学药而言，中药产业涉及中药材及其产地来源问题，这是加入WTO后知识产权的一个新话题。在《TRIPS协议》中增加了对地理标志的保护。地理标志是表明产品原产于某成员国境内某一特定地区，其产品因当地特殊的地理环境、气候造就了道地药材良好的质量特性，如吉林的人参，四川的贝母，宁夏的枸杞，广东省的石牌藿香、阳春砂仁、新会陈皮等。申请原产地保护再辅以注册集体商标或证明商标，就可以较好地达到原产地保护的目的。通过原产地保护和证明商标、集体商标的注册可以达到以下目的：根据TRIPS协议，要求各缔约成员国有义务和责任遵守WTO-TRIPS协议中有关原产地保护的条款，同时各成员国还有互认和免检功能，它是一个国家名优特产品质量与信誉的标志和保证，进入国际市场不但拥有特殊的护身符，而且出口还将享受关税优惠待遇。

第四节　应对中药技术壁垒策略

随着贸易自由化、全球一体化的不断加深，技术贸易壁垒正成为发达国家保护本国产品的新手段，对各国产生深远影响。我国中药的出口量近年来大量增长，但技术性贸易壁垒已经成为中药出口的“障碍”。在此，我们先简要讨论TBT制度，接着紧扣本书内容，从完善中药技术标准体系、完善相应的技术性法规、采用国际标准等方面讨论一些应对策略。

一、技术壁垒概述

（一）技术壁垒概念

贸易壁垒包括关税壁垒和非关税壁垒两种形式，而技术壁垒是非关税壁垒的最主要形式。因为常用于国际贸易活动中，所以也常常叫做技术贸易壁垒。

技术壁垒（Technical Barrier to Trade，简称TBT）是以技术为支撑条件，即商品进口国在实施贸易进口管制时，通过颁布法律、法令、条例、规定，建立技术标准、认证制度、卫生检验检疫制度、检验程序以及包装、规格和标签标准等，提高对进口产品的技术要求，增加进口难度，最终达到保障国家安全、保护消费者利益和保持国际收支平衡的目的。

而按傅京燕[1]的提法，技术壁垒有狭义和广义之分。狭义的技术壁垒是指WTO《TBT协议》规定的技术法规、标准和合格评定程序；广义的技术壁垒还包括动植物及其产品的检验和检疫措施（SPS）、包装和标签及标志要求、绿色壁垒、信息技术壁垒等，实际上它们也经常以技术法规、标准和合格评定程序的形式出现。

（二）技术壁垒的特点

技术壁垒有以下几个主要特点：

1. 合理性。

设立技术法规、标准及检验程序，主要是为了保护国家安全及消费者利益，因而有其合理的一面。WTO的有关技术壁垒协议并不否认各国技术壁垒存在的合理性和必要性，只是要求技术壁垒不应妨碍正常的国际贸易，不得具有歧视性。

2. 复杂性。

技术壁垒因其涉及的技术和适用范围的广泛性，使其比配额、许可证等其他非关税壁垒形式更为复杂，而WTO允许各国根据自身特点如地理及消费习惯等制定与别国不同的技术标准。因此，要证明技术标准是否妨碍正常的国际贸易并不容易。

3. 隐蔽性。

技术标准过高，检验程序过严，都可以影响国际贸易。要区别一项技术标准或检验程序是否合理往往比较困难。技术壁垒因其合理性和复杂性而具有隐蔽性，不容易遭到其他国家的报复。这是各国愿意利用技术壁垒的主要原因。

4. 灵活性。

不断发展的技术和技术壁垒多样化的形式，为灵活运用技术壁垒提供了条件，技术壁垒也较其他关税壁垒更容易实施。

（三）技术壁垒的类型

1. 技术标准与技术法规。

关于技术标准，我们在之前已经讨论了很多，在此不再重复。

技术法规是指必须强制执行的有关产品特性或其相关工艺和生产方法，包括法律和法规以及政府部门颁布的命令、决定、条例、技术规范、指南、准则、指示、专门术语、符号、包装、标志或标签要求。

目前，世界很多发达地区都有许多技术标准和技术法规。由于对有关的标准和法规并不十分了解，我国中药产品常常只能望洋兴叹。现简述几个主要经济体的技术标准和法规。

（1）美国。美国的技术标准和法规不胜枚举，因为美国标准体制与其他国家的一个重要区别在于其结构的分散化，没有一个公共或私营机构主导标准的制定和推广。目前，美国制定的包括技术法规和政府采购细则等在内的标准有5万多个，私营标准机构、专业学会、行业协会等制定的标准也在4万个以上。例如，要向美国市场出口木制或金属的梯子，至少会遭遇30个以上相关的标准或法规，涉及材料、用途、包装等。

（2）日本。有8184个工业标准和397个产品标准，尽管日本新制定的国家标准有90%以上采用ISO标准，但仍有不少技术标准和法规与国际通行标准不一致。如日本要求进口化妆品与其制定的化妆品成分标准（JSCL）、添加剂标准（JSFA）和药理标准（JP）一致，只要其中一项不合要求，产品就被拒之门外。

（3）欧盟。拥有的技术标准有10万多个，欧洲标准化委员会、欧洲电工技术标准化委员会和欧洲电信标准化研究所3个管理机构及其下设的众多技术委员会，设计了上述标准体系。仅欧洲标准化委员会就有300多家技术委员会，专门负责欧洲标准的制定工作。

2. 合格评定程序。

合格评定程序一般由认证、认可和相互承认组成，影响较大的是“第三方认证”，由独立实验室和测评机构等测试后，再提供有关产品是否符合标准的正式评定结果。合格评定程序中属于强制认证的产品安全认证对我国中药产品出口影响较大。欧盟要求欧洲以外国家的产品进入欧洲市场要符合欧盟指令和标准（CE）；北美主要有美国的UL认证和加拿大的CSA认证；日本有JIS认证。其中日本的认证制度与合格评定程序分强制型和自愿型两类。强制型有25项认证制度，如适用于玩具的ST认证，适用于婴幼儿及老年人用品、家庭用品、运动休闲等产品的SG认证；自愿型采用JIS认证标志。

3. 包装和标签要求。

近十几年来发达国家相继采取措施，大力发展绿色包装，以立法的形式规定禁止使用某些包装材料，如含有铅、汞和镉等成分的包装材料，没有达到特定的再循环比例的包装材料，不能再利用的容器等，规定使用可循环使用的容器，鼓励使用可以再循环的包装材料。而我国企业大多没有这样的要求。

4. 产品检疫和检验制度。

许多国家特别是发达国家制定了严格的产品检疫和检验制度，目的是保护环境和生态资源，确保人类和动植物免受污染物、毒素、微生物、添加剂等的影响。由于各国环境和技术标准的指标水平和检验方法不同，加上检验指标的设计也不尽相同，而使产品检疫和检验制度成为阻碍我国中药产品进入的技术贸易壁垒。现简述如下：

（1）美国。FDA依据《食品、药品、化妆品法》、《公共卫生服务法》、《茶叶进口法》等对各种进口物品的认证、包装、标志及检验方法都作了详细规定。在农药残留限量方面，美国已制定标准8100多项。

（2）日本。有《食品卫生法》、《农药控制法》、《动物传染病控制法》、《植物保护法》、《鱼类资源保护法》、《饲料安全保证和质量改进法》等，并有《日本农业标准制度》（JAS）等一系列法律法规和相关的强制规章。

（3）欧盟。有《食品安全白皮书》等，拥有技术标准10万多个，涉及农产品的占1/4，其中农药残留限量标准就有17000多项，而现有关于农产品（食品）质量安全的法律20多个。疯牛病事件后，欧盟计划制定新的食品安全法律框架，以统一规范有关食品安全立法的原则、程序和实施范围，并明确了以食品的安全性作为欧盟食品立法的基本目标。

5. 信息技术壁垒。

目前，发达国家在电子商务技术水平和应用程度上都明显超过发展中国家，并获得了战略性竞争优势，发展中国家、不发达国家之间形成了新的技术壁垒——信息技术壁垒，如发展中国家在电子商务时代处于明显劣势，导致信息不透明、信息传递不及时、信息传递途径不畅通等。我国也同样面临这样的问题，由于对相关的新的技术壁垒不了解，因而不能进行应对，最终碰壁而归。

6. 绿色技术壁垒。

绿色技术壁垒是指那些为保护环境而直接或间接采取的限制甚至禁止贸易的措施，可通过技术法规和技术标准的形式颁布，也可采用认证与合格评定程序的方式。绿色技术壁垒包括：

（1）国际环境公约。20世纪50年代以前，涉及环境与环保问题的国际公约只有6项，70年代增加到16项，80年代增加到100项左右，目前增加到180多项，其中对贸易有直接影响的有20多项。如《保护臭氧层的维也纳公约》,《关于消耗臭氧层物质的蒙特利尔协定书》（1987年）及其《伦敦修正案》（1990年）,《保护生物多样性公约》（1992年）等。

（2）ISO环境管理体系。1996年4月国际标准化组织（ISO）公布了ISO14000系列标准，对企业的清洁生产、产品生命周期评价、环境标志产品、企业环境管理体系加以审核，要求企业建立环境管理体系，这是一种自愿性标准。

（3）国别环保法规和标准。主要发达国家先后在空气、噪声、电磁波、废弃物等污染防治、化学品和农药管理、自然资源和动植物保护等方面制定了多项法律法规。

（4）环境成本内在化。为了保护环境和资源，发达国家认为应将环境和资源费用计算在成本之内，使环境和资源成本内在化。发展中国家绝大部分企业本身无力承担治理环境污染的费用，政府有时只能为此给予一定的环境补贴，发达国家又以这种“补贴”违反WTO的规定为由，限制发展中国家向发达国家出口。

我国由于以动植物入药等问题，也常常在这些绿色技术壁垒面前却步。

（四）技术壁垒对中药出口的影响

据商务部的调查显示，我国71%的出口企业、39%的出口产品受到国外技术壁垒的限制，每年造成损失约170亿美元。一方面，由于国际上还没有中医药方面的公认标准，西方发达国家从本国利益出发，利用其技术和资金上的优势，单方面用西医西药的标准来衡量要求中医药，因而，近年来不断出现重金属含量、农药残留、有效成分、包装、说明书和有毒中药等标准问题。另一方面，一些大型植物药生产企业和研究单位都在积极制定并推出具有高技术含量的国际植物药或汉方药质量标准，并引导消费者接受他们的标准，为他们的标准国际化、技术许可化作准备。下面根据修婧[2]的分析列出技术壁垒对中药出口的六种影响。

1. 中药在出口国的合法地位问题。

关于中药在出口国的合法地位问题，随着中药产品质量的提高，世界很多国家正在逐步认识并承认中药的合法地位。

在发达国家中，日本是比较早地重视中药应用于疾病治疗方面的国家。目前日本厚生省批准生产的汉方药只限于张仲景的《伤寒杂病论》中的210个处方，其中147种为“医疗用医药品”（相当于我国的处方药），可用于医院；63种为“一般医药品”（相当于我国的OTC），只能在药店出售。值得一提的是，日本津村株式会社（Tsumura & co）通过不断提高中药现代化程度，使其部分汉方药产品通过美国FDA论证，在美国以药品形式在药店进行销售，在中药现代化上取得了进展。1999年，其汉方药出口额为6.12亿美元，而同期我国整个中药行业的出口额才为5.16亿美元。

在美国，美国国会发布实施新的《饮食增补剂健康与教育法》，将草药作为增补剂，此后，FDA将原来列为健康食品的传统中药改按药品管理，给中草药以合法销售地位。2000年，丹参滴丸作为我国第一个中药进入FDA审批程序，随后又有五六种中药相继进入FDA审批。中药作为药品进入美国社会是一次较大的突破，给世界各国尤其是西方发达国家带来重大影响，给我国中草药及产品出口提供了新的契机。据不完全统计，目前世界上欧、亚、非洲，南、北美洲和大洋洲64个国家共有2122个中医药机构（中国除外），中药逐渐为世界各国人民所了解。

但在欧洲，对中药产品往往都设置很多障碍。由于英国接连发生中药中毒事件（如“复方芦荟胶囊”事件），英国政府正式启动对传统医药进行立法管理相关程序，这将直接影响中药出口英国。因为目前国内中药企业没有一家取得欧洲GMP认证，并且中药中的动物药和矿物药很多。伴随欧盟以及美国的举措，相关国家和地区必将进一步加强对中医药进口的监管，如菲律宾有关部门对马尼拉地区多家中药店及仓库进行了查封，导致菲律宾本地许多中药销售商开始纷纷将中药下架，其原因是中药未在当地注册。

2. 行业标准不统一问题。

行业标准的不统一使得规范化变得无从下手。这些技术性壁垒的存在以及其他原因，致使中药在国外市场只能以食品补充剂的形式出现，它既不能标明药物功效，也不能作广告宣传，更不能在药店出售，保险公司对购药费用不予返还。这些问题都严重制约了中药在发达国家扩大市场份额，削弱竞争力。可以说，TBT是目前影响我国中药进入国际药品主流市场的主要障碍。

3. 多类型认证制度问题。

1998年欧洲出台了《欧共体药用和芳香植物优化种植生产管理规范》（GAP条例）。该条例从种子繁殖材料、栽培、收获、初级加工、包装、贮存和运输、设备、人员和设施、文件记录、文件、质量保证这十一个方面为生产者提供标准，以最大限度地减少对植物（原材料）的污染，适用于食品、养殖、医药、调味品及芳香工业的植物材料的生产。这是中药产品出口到这些地区要考虑的重要问题。

4. 检测超标问题。

检测超标问题包括重金属含量、农药残留量、二氧化硫等残留物超标等问题，很多国家对此都设置了严格标准。

2008年上半年，英国的药物安检机构发现中药“复方芦荟胶囊”当中的汞含量超过英国标准的11.7万倍，这个药的批发商和他的药店被罚款5000英镑。虽然目前国内对中药的重金属含量又制定了《药用植物及制剂进出口绿色行业标准》，但这只是一个普通的标准，对很多的特殊个体并不适用。

2005年日本实施了《汉方及生药制剂农药残留量的行业标准》，我国对日本中成药出口受其影响出现了负增长，2005年上半年同比下跌了2.03%，出口额仅为588万美元。

韩国在不久前修订了标准，对二氧化硫等残留物设置了严格检测指标，包括姜黄、大黄等在内的72种中草药材，新增60种草药及23种岩土矿物的传统中草药。72种中药材中二氧化硫残留限量全部修订为30ppm，最大指标提高了50倍；同时，新增对60种草药进行二氧化硫残留检测，对23种源自岩石和矿物传统药物中重金属及有害元素（包括铅和砷）的最高限量进行了规定。

5. 包装和标签规则问题。

我国出口到美国的货物中，因不符合包装、标签、说明书规定，美国FDA扣留中国药品占总药品扣留批次的73.1%。这是2004年2月统计的数据。这说明了药品的包装和标签规则在药品技术贸易中的重要性。因为美国政府对在美销售的食品、药品、化妆品等健康相关产品，无论是本地产还是进口货，要求必须遵守美国《食品、药品、化妆品法》（FDCA）和美国《良好包装和标签法》（FPLA）以及在这些法律下的各项法规，把包装与标签提高到很重要的地位。

6. 绿色壁垒。

绿色壁垒是一个系统问题，反映在我国中药企业的环境安全意识还非常薄弱。一方面，我国的企业未充分考虑到自身的种植、生产经营对环境的影响和污染；另一方面，员工的环境意识很差。为此，国内的中药企业必须清醒地认识到，应及早推行HSE管理体系和准备ISO14000认证，以应对绿色壁垒。

上述仅仅是我国中药在国际贸易中的几种“碰壁”情况，那么应对技术壁垒该采取什么策略？修婧在《技术性贸易壁垒对中药出口的影响》中提到“产品策略、中药营销策略、定价策略、服务策略”等四种策略。下面我们将从完善中药技术标准体系、完善相应的技术性法规、采用国际标准等方面简单讨论一些应对策略。

二、完善中药技术标准体系

如何完善中药技术标准体系？我们结合中药“碰壁”情况和我国中药产业现状，并根据肖诗鹰[3]等的分析，列出下面几条措施。

（一）注重知识产权保护

中药面向世界，我国中药企业一方面应提高知识产权保护意识，加强对传统处方和核心技术的保护。六神丸是我国很常见的一味中成药，但日本公司把它拿过去后，稍加改造和包装就变成了著名的“救心丹”，在国际市场上每年销售额能达到6亿～7亿美元，相当于我国一年的中药出口总额，这很值得我们思考。另一方面，必须积极运用现代科学技术方法，加快中药新产品与新技术自主研发的步伐，提高中药制剂的标准化和规范化水平，取得自主的知识产权。

（二）建立中药材特有标准

我国复杂的气候和地理环境孕育了众多疗效独特的道地药材，对道地药材知识产权进行保护，建立以国产中药材特有的指标成分含量为主体内容的质量标准，可有效保证我国中药材的品质。这可从以下两个方面入手：分析国产中药材特有的化学成分比例；建立国产中药材的特征指纹图谱。

（三）制定中药饮片标准

目前饮片企业已推行了GMP认证。实际上还应推行定点生产（特别是毒性药材饮片定点生产）、规模化生产，走企业化大生产之路。另外，应加强现有炮制技术标准的完善和核心技术的研究和保护，深入挖掘中药炮制独特技术，加强中药炮制原理的基础研究，加强有毒中药的炮制减毒研究等，形成我国自己的技术壁垒。

（四）制定中药材种植指南

我国的GAP认证现在仍处于自愿认证阶段，在国家强制认证之前，应着手解决和制定一些指导性的原则供中药材生产企业参照执行。每种中药材都有最佳的适宜种植地区和种植范围，应避免不合理异地引种中药材，因地制宜地选择适合当地种植的中药材品种。只有这样，中药材的质量才可以得到保证，才具有国际竞争力。

（五）完善中成药质量标准的研究

目前，国际上尚未有中成药通行的标准，朱瑶瑾[4]提出，国家应集中一定的人力、物力和财力，大力开展中成药质量标准的研究，按照WTO对传统医药必须“安全、有效、稳定、均一、经济”的要求，根据国内中药的实际，尽快对中成药的原料、半成品、成品制定明确的定性、定量的标准，以适应国内外市场对药品安全性的要求。

同时，建立一个完整的、有效的质量保证体系也非常必要，这是因为，在既无技术标准又无质保体系的情况下，是不可能生产出合格产品的；有技术标准但无质保体系，产品质量也是不稳定的，质保体系是对技术标准的有益补充。

三、完善中药相应技术法规

中药迈向世界，在“碰壁”的同时，也应考虑如何构筑本国的技术壁垒。目前发达国家的知识产权制度可为西药提供健全的保护，而中药的自身很多特征则与这种制度不符，很难获得发达国家知识产权制度的保护。一方面，中药的知识产权在发达国家不能获得保护，但另一方面，发达国家的许多公司则利用其先进的技术肆无忌惮地仿制我国中药，造成我国大量中药的无形资产流失。

据《中药知识产权保护调查》报道，江苏地道的中药材薄荷，目前已有一半即 8 项专利落在美国人手里，尽管在专利数量上中外平分秋色，但外国公司的技术专利主要用于口香糖等高利润市场，其中美国箭牌糖类公司独揽 4 项专利，而我国的专利只是薄荷藕、薄荷茶水等，市场空间极为有限。同样，关于银杏，目前中国专利共申报68件，但外国人申报的仅有的 4 项专利却几乎涵盖了银杏的全部提取工艺流程。专家预计，江苏邳州银杏资源丰富，但未来很容易落入国外公司的专利“陷阱”，后果将令人震惊。

据国家知识产权局公布的数字，到2000年我国的中药专利申请中有90%来自国外。更令人担忧的是中国的发明创造有相当一部分被外国或出国的中国人以各种理由占为已有，或到外国申请专利，再以国际申请的面目回到中国申请专利。

因此，从以上实例看，完善我国相应的技术性法规已迫在眉睫。

（一）创新保护模式

从本质上讲，技术壁垒产生的根源主要是各国企业间产业技术水平的差异，当这种技术水平差异与标准相联系时，才构成市场进入的壁垒。技术壁垒之所以在全球势不可当，根本原因在于技术壁垒的出发点是保护先进，引领科学技术的进步潮流。

在我国中药行业上千年发展史中，“家系独传”是非常行之有效的保护措施，但有一定的局限性。云南省知识产权局局长许惠然认为，随着分析测试技术的发展，天然药物越来越接近化学药物的质量可控性，使中药现代化迈上了坚实的台阶。但中药及天然药物的易仿制性，使得中药产品的知识产权保护难于实施。专家建议，允许中药企业以保密处方提出，省略处方论证程序，把工作重点转移到新药的临床疗效评价上，鼓励中药企业的新药创新研究，避免低水平重复。这种新保护模式才能提高保护效率。

（二）完善知识产权制度

贸易技术壁垒与专利制度密切相关，外国跨国公司现正采取两种方式和我们打专利战。一是抢注专利，在其产品进入中国市场之前首先在我国抢注专利，对我形成专利包围圈；二是索取赔偿，即有意放任国内某些企业使用其知识产权，一旦企业发展到一定规模，就依法提起诉讼，要求高额赔偿。由于我国专利审查和标准制订修订的时间太长，使得专利申请大量积压，成为其他国家对我实行贸易技术壁垒的借口。

在中药走向国际方面，目前大多数的国家的专利制度采用先申请制，因此中药产品在进入国际市场前，最重要的事情就是及时向进入国提出专利保护申请，或通过专利合作条约（PCT，Patent Cooperation Treaty）获得该国的保护，才能在真正意义上保护中药产品的国际市场利益。

由于我国技术标准大多引用国际标准，对进口产品却几乎无技术壁垒可言。国家食品药品监督管理局助理巡视员骆诗文说，国外制药公司仿制我国传统的中成药，将对我国的中药产业带来严峻挑战。我国中医药界尤其是中药企业知识产权保护意识薄弱，对中药产权的重要性认识不足，相当多的企事业单位和个人不重视申请专利，不重视用专利法保护发明创造成果，从而丧失市场。另一方面，大量的中药历代本草著作，散在民间的秘方、验方和许多名老中医的诊治经验，由于种种原因难以得到现有知识产权法律的保护。在上一节，我们阐述了只有保密处方才能真正保护好中药知识产权，才能跨越国际市场的壁垒。因此，应该修改和完善以专利为主体的知识产权制度。

（三）知识产权复合保护体系

中药的知识产权涉及专利法、商标法、技术保密法等。每部专门法多有自己的立法宗旨和目标，而知识产权的客体在技术发展的不同阶段，又有不同的表现形式。作为中药，在选题阶段，其新思想、新方案等可受技术保密法的保护；在开发阶段其处方、工艺等受到专利法的保护；在市场推广阶段则受商标法、药品注册管理办法对新药监测期的保护。由此国家行政学院经济学教授许振中认为，以复合保护为体系，形成一个中药知识产权保护技术壁垒，已成当务之急。

四、采用与参与制定国际标准

技术壁垒建立在技术创新能力的基础上，其实质是国家之间技术实力的较量，这种较量在很多领域里体现为技术标准的竞争。在经济全球化、国际竞争日益激烈的今天，为了争夺技术壁垒优势，发达国家利用其科技优势，最大限度地控制国际标准化组织（ISO）和国际电工委员会（IEC）的技术领导权，尽可能将本国的技术法规、标准及检测技术纳入国际标准。从技术标准竞争上来说，应对中药技术壁垒的手段是采用国际标准和参与制定国际标准。

产生技术壁垒很重要的原因是各国之间技术标准的不同。目前，技术标准是我国的薄弱环节，整体水平低，并与研究脱节，环保和安全领域对技术标准的要求十分迫切。上海医药（集团）有限公司副总裁杨弘在谈到企业出口中草药的经验时说，国内外标准的不同是最大的困难。国内主要关注药品的有效成分，而国外关注的是安全性指标，其中具体的检测指标也有所不同，例如重金属指标在国内检测通过，但到国外检测却不一定通过。面对国际市场，应修改现有标准，使国内标准与国际接轨。应参照日本、美国、欧盟等国家的双边或多边互认协议，我国也需与其他国家签订多边或双边协议，使我国的检测、认证等得到国际社会的认可。

在我国医药行业“十五”规划中，中药现代化作为仅次于现代生物制药的第二重点发展领域，并明确指出：培育20个左右具有质量标准完善、药效机理清楚、安全、高效、稳定、可控、符合国际质量标准的现代中成药；争取有2～3个中成药正式进入国际药品市场，使中成药的出口在全部中药出口额中的比重有所增加。

发达国家通过设置中药技术壁垒确保其本国消费者用药安全，保障其人民的生命安全及促进世界环境保护等方面的作用是毋庸置疑的。但中药与西药是不同医学体系的产物，不能相互比较。西医注重外因，强调单一活性化合物对单一靶点的作用；西药化学结构清楚，药理作用、毒理作用、药动学作用清楚明了。而中医注重内因，强调组合方剂对人体的综合调节。同时，不同医学体系下的中药与西药有很大的区别，如果中药全盘采用西药标准来进行研究、检测，势必失去中药优势。所以中药行业不仅要了解、认识、适应、掌握国际规则，更要发挥主观能动性，积极参与适合于中药发展的国际市场规则的制定。

【本章参考文献】

第二节：

[1] 刘菊芳. 药品标准与专利. 中国药品标准，2005，6（5）：15～19.

[2] 黄铁军. AVS知识产权政策：平衡专利私有权和标准公益性. AVS通讯，2004，3：2～9.

[3] 王先林. WTO竞争政策与中国反垄断立法. 北京：北京大学出版社，2005：22.

[4] 肇晖，邵蓉，丁锦希. 警惕药品标准遭遇专利触礁[J].上海医药，2008，29（11）：485～487.

[5] 国家标准委员会. 国家标准涉及专利的规定（试行）.

第三节：

[1] 肖诗鹰. 中药知识产权保护和申报技术指南. 第一版. 北京：中国医药科技出版社，2005. 38页.

[2] 张清奎. 冷静审视药品知识产权保护法规.医院管理论坛，2004，21（1）:35～36.

[3] 王恕. 加入世界贸易组织与中药商标保护的思考.中国药房，2001，12（3）:140～142.

[4] 陈科茂.中药产业产权保护的路径.中国中医药报，2006：2531.

第四节：

[1] 傅京燕. 技术性贸易壁垒内容、影响及对策. 广州市财贸管理干部学院学报，2004（1）:49～56.

[2] 修婧. 技术性贸易壁垒对中药出口的影响.当代经济，2008（13）:86～87.

[3]肖诗鹰，王智民，屠鹏飞. 为中药国际化“支招”——建立完善标准VS技术性贸易壁垒. 中国医药报，2005，154（总第3067期）.

[4] 朱瑶瑾.中药如何打入欧美市场[J].中国药业，2005（5）：2～4.

第八章

标准应用新技术探索

在第二章，我们谈及检测技术发展趋势，在第七章也提到如何促进专利融入标准，这些都是涉及如何应用新技术推动标准发展的问题。结合中医药特点和标准体现整体性和有效性的要求，这一章我们将探索一些新技术在中成药标准应用的可能，包括指纹图谱、快速液相色谱、红外光谱、生物色谱、加压溶剂提取技术等。

顺便一提，DNA分子标记技术也是近年来研究得比较多的方法。它是指通过比较药材间DNA 分子遗传多样性差异来鉴别药材基源、确定学名的方法，适用于采用性状、显微、理化以及色谱鉴别等方法难以鉴定的样品的鉴别，如同属多基源物种、动物药等的鉴别。但DNA分子标记鉴别难以用于中成药，在此不作赘述。

第一节　中药指纹图谱

中药指纹图谱（Fingerprints of TCM）技术源于指纹鉴定学，每个人的指纹在微小的细节构造上各有不同，可以据此鉴别每个人的特征。现代指纹鉴定始于19世纪末20世纪初的犯罪学和法医学。

指纹图谱技术应用于植物药质量控制，是近几十年的事。20世纪70年代，随着色谱技术发展，人们开始大量采用薄层色谱（TLC）方法；20世纪80年代及90年代，高效液相色谱（HPLC）技术得到发展，同时植物药中化学成分的分离鉴定、活性成分的不断阐明，高效液相广泛应用于定性、定量分析。目前高效液相色谱法已成为当前研究指纹图谱的主要手段，中药指纹图谱已成为天然药物辨别真假的最有力的武器。

我国在早几年就已开展了对中药指纹图谱的研究，例如广州市药品检验所、北京大学、沈阳药科大学、陕西师范大学、陕西中医药研究院等科研单位均已从不同角度、不同层面对中药指纹图谱技术作了深入研究，有些技术已在实践中得到了应用。

一、中药指纹图谱概念

通常中药指纹图谱是指狭义的表达植物药物代谢产物化学特征的指纹图谱，即中药化学（成分）指纹图谱，含中药材（原料药材）指纹图谱；中药原料药（包括饮片、配方颗粒）指纹图谱和中药制剂指纹图谱。它表达植物药代谢产物化学特征的指纹图，也称指纹数据库。

广义的指纹图谱包括DNA指纹图、波谱指纹图和色谱指纹图。DNA指纹图表达的是生物学特征。

中药指纹图谱是一种综合的、可量化的鉴定手段，它是建立在中药化学成分系统研究的基础上，主要用于评价中药材以及中药制剂半成品质量的真实性、优良性和稳定性，“整体性”和“模糊性”为其显著特点。

指纹图谱实际上是以对照品药材的完整图谱用于供试品的鉴别，即某种（或某产地）中药材或中成药中共有的、具有特异性的某类成分的色谱或光谱的图谱。其“根据色谱指纹图谱的模糊属性，着眼于宏观的规律性的特征分析，而不是求索细枝末节”的质控方法，现已成为国际公认的控制中药或天然药物质量的最有效手段。它建立于中药成分系统研究结果上，可用于中药的多组分、多指标的定性、定量分析，能更加有效地体现中药成分的复杂性，能客观反映复杂体系中化学成分全貌。

对于有效成分不十分明确或有效组成分复杂的样品，特别是中药复方制剂，选择指纹图谱加主要组分总量控制进行质量控制较为理想。它既可反映样品中组成药物的存在及产地情况，又可对主要物质进行含量控制，是目前中药质量控制较为提倡的方法之一。

目前，中药指纹图谱技术已涉及众多方法，包括薄层扫描（TLCS）、高效液相色谱法（HPLC）、气相色谱法（GC）和高效毛细管电泳法（HPCE）等色谱法以及紫外光谱法（UV）、红外光谱法（IR）、质谱法（MS）、核磁共振法（NMR）和X-射线衍射法等光谱法。其中色谱方法为主流方法，尤其是HPLC、TLCS和GC已成为公认的三种常规分析手段。由于HPLC具有分离效能高、选择性高、检测灵敏度高、分析速度快、应用范围广等特点；中药成分绝大多数可在高效液相色谱仪上进行分析检测，且积累较丰富的应用经验。因此高效液相色谱法已成为中药指纹图谱技术的首选方法。随着HPLC-MS和GC-MS等联用技术的应用，中药指纹图谱技术更趋完善。

二、中药指纹图谱意义

中药指纹图谱最大的意义在于它能将中药内在物质特性转化为常规数据信息，用于中药鉴别和质量评价，比含量测定更能够有效控制产品的质量。这是因为，对于含量控制，我们往往采用君药中的指标成分，这种方法有它的漏洞。现在卖中药提取物的很多，且一般是采用化学方法提取，厂家为了保证产品合格，有时候不得不加入经过化学提取的提取物，含量达标了，其结果还不如不达标的药品能够治病救人呢!

指纹图谱获得的是中药不同个体的化学成分信息，用图形或图案方式表达，进行比对和分析，可实现对中药未知物质群整体的质量控制，是实现多种成分整体相关质量评价的关键技术，也是中药创新、研究开发、质量鉴别、鉴定的必要技术手段。

（一）中药指纹图谱研究目的

中药指纹图谱是中药生产质量的一种新型标准，可以确保中药产品的一致性，也是组分群体的特征图谱，能全面反映中药所含化学成分的种类与数量，进而反映中药材及其产品的质量。具体说来，中药指纹图谱研究的目的有下列两点：

1. 补充和提高质量控制。

虽然色谱指纹图不能取代含量测定，但对中药而言，它提供的有关质量的信息却比单一成分含量要丰富有用得多。

现有中药国家标准往往以1个或1个以上成分为控制指标，在一定程度上反映了原药材、中间体及成品的质量，但任何单一的成分都难以准确、全面地评价中药质量，不仅不能进行真伪鉴别和优劣判别，在很多情况下，所检测的指标成分还不具有“唯一性”，使用器材比较简单，操作比较粗糙，有时重现性差。所以，《中药注射剂指纹图谱研究的技术要求》将指纹图谱检测指标要求作为质量标准单列项目，是对现行中药质量控制标准的有益补充。

一个理想的指纹图谱不仅能达到定性鉴别的目的，色谱图中大部分色谱峰理应达到基线分离，对大部分成分应可进行定量分析。在没有对照品的情况下，也可以已知标准品针对其他未知或无标准品的色谱峰进行定量。因此，中药指纹图谱是对现行中药质量标准控制方法的提高。

2. 控制产品的一致性。

中药生产的原材料，因土壤、气候等环境因素及采收加工的不同，实际使用时不能保证药材质量的稳定；经加工提取得到的中间体，每个批次在成分含量、成分组成及各成分比例方面都不能保持一致。因此，通过中药指纹图谱的研究，控制中间体、成品的一致性，减少批间差异。无论是原药材、中间体还是成品，因组方已固定、生产工艺相对恒定，药品的安全性不可

能直接通过指纹图谱来保障，但中药指纹图谱可直接解决中间体、成品的批间一致性及稳定性问题，从而可以间接并最终保障成品的安全性和有效性。

（二）中药指纹图谱研究意义

1. 符合中医药理论。

由于中药指纹图谱技术并不需要详细了解药物的具体活性成分信息，仅需要了解个别指标性活性组分信息，以指标性成分峰作为标记，结合非指标成分进行比对，用来综合评价药物质量，即中药指纹图谱能反映中药化学成分的整体组成及特性，非常符合中医药理论的整体观点。而中药指纹图谱具有无法精确度量的特点，就像任何两个人不会有完全一致的指纹一样。因此，运用中药指纹图谱和指标成分定量相结合的方式，既可以完善表述中药的整体特征，又有别于西药单一成分定量的质量控制模式。中药指纹图谱具有整体性和模糊性的特点，非常符合中医药理论。

2. 科学评价中药质量。

中药指纹图谱技术主要体现了信息获取、信息处理、信息挖掘三方面的内容。具体地讲，就是从中药物质基础的角度出发，运用现代分离分析科学的手段，获取中药化学指纹图谱。结合药效研究和相关物质成分的分离鉴定，经效谱关系研究，获取中药药效组分指纹图谱，并将已取得的指纹图谱用于中药材、中间体、中药复方制剂的质量控制以及创新药物研究的实践中，最终解决中药质量评价的科学性和关键问题。因此，中药指纹图谱是比较理想的评价中药质量的手段。

3. 提高产品竞争力。

中药指纹图谱质控技术是中药质量标准现代化的突破口，它将现代分析科学的优秀成果与中医药整体综合观有机融合，有效地运用了全面质量管理的理念，能对中药复杂体系特性作出科学的表达，可用于成品质量、工艺操作、原料药材的质量控制和监测，使其符合GAP的要求。这对企业的发展和提高产品竞争力是极为有利的，也是我们推行中药指纹图谱技术，提高中药质量评价技术水平和科技含量，使其为国际社会所公认，实现与国际双向接轨，把中药产业做大做强的根本目的之所在。

值得注意的是，从知识产权保护角度来说，目前已有外国企业和科研单位研究我国有效中药并制定其指纹图谱，如果外国在我国之前制定出某些中药的指纹图谱并抢先申请专利，那么，我国的相关中药产业就要受外国人的牵制。

4. 实现中药现代化途径。

随着人们对现代中药要求的提高，传统的研究思路与方法已不能满足要求，指纹图谱用于中药的研究已成为一个必然的趋势。中药指纹图谱可以全面反映中药所含化学成分的种类与数量，是有效地控制中药的质量，保证中成药功效、实现中药现代化的有效途径。它不仅有力地促进中成药生产过程的量化操作，提高规范管理程度，促进生产过程的数字化控制，提高仪器与计算机的应用程度，促进新工艺设备的采用，提高工艺装备的现代化程度，而且还为中成药新品种的研究开辟了筛选新渠道。

同时，将指纹图谱技术作为中药的检测手段，中药质量的最终检测标准将更为安全和有效。对中药制定指纹图谱是中药质量标准可执行的途径，是实现中药现代化的必经之路。

5. 联结中药–农业产业。

中药指纹图谱质控技术的引用，使中成药企业开始重视组织农民建立原料基地，改变原料质量起伏大的薄弱环节，确保原料质量，是联结中药–农业两大产业的现代化技术纽带。如哈尔滨中药二厂在河北张家口的黄芩基地、天津天士力药业公司在陕西商洛的丹参基地、上海市药材公司在上海市郊的西红花基地等。

（三）中药指纹图谱国际化趋势

2004年，在广药敬修堂清热消炎宁胶囊指纹图谱研究项目顺利通过验收和科技成果鉴定后，SFAD任德权副局长指出：开始的时候大家对中药质量的检测控制还有疑虑，感觉到中药材、中成药的影响因素太多了，用指纹图谱技术对中药进行相对控制谈何容易。应该说有些工作还是会复杂一点，但起码从广药集团的实践，而且是不止一个产品的实践，都可以做到控制在相似度90%以上。通过指纹图谱技术使我们看到，指纹图谱技术是牵一发而动全身的系统工程，涉及原料药材的种植、制药工艺的改革，以及药品有效性的分析等等。正是这种应用指纹图谱技术的复杂性，说明了推进整个中药行业进步的重要意义，指纹图谱是个关键技术，是一个纲举目张的关键技术，抓住了这个纲，就可以使我们抓住问题的关键，这次广药敬修堂清热消炎宁胶囊指纹图谱的成果鉴定，就进一步让我们看到，指纹图谱技术的应用，在研究中药、促进中药现代化给我们展示了新的、更广阔的前景。

目前，中药指纹图谱研究在国内外已成为一种植物药的发展趋势。美国FDA已允许含天然药物的食品补充剂申报资料可以提供色谱指纹图；世界卫生组织（WHO）在1996年草药评价指导原则中也规定：如果草药的活性成分不明，可以提供色谱指纹图谱以证明产品质量的一致；欧共体也将色谱指纹图谱监控技术应用于植物药质量的控制。可见，中药指纹图谱作为中药质量评价体系的一部分已为国际社会所认可，为中药产业的国际化带来了新的契机，有利于中药及产品进入国际市场。

尤其值得重视的是，SFDA在起草世界卫生组织委托的《国际草药标准》中将指纹图谱列入国际草药的质量控制，得到世界卫生组织的称赞。

三、中药指纹图谱构建

（一）构建原则

建立指纹图谱的原则是必须具有良好的专属性、重现性和可行性，能够表达该品种的“唯一”特点，使同一品种、同一样品指纹图谱中构成指纹的各特征峰（斑点）作为整体（峰位、峰数、峰的高度、各峰的大致比例）在不同实验室和不同操作者之间得到的色谱整体特征应有较高的相似度，以表明方法的可行性。此外，还要使色谱方法和实验条件易于推广和便于执行。

（二）构建步骤

构建指纹图谱的方法很多，在实际应用时，可根据需要，选用一种或几种方法。指纹图谱的建立步骤如下：

1. 按选定的色谱法建立图谱。

2. 选定适宜的参照峰。

3. 通过参照峰和各色谱峰的比较，求出相对保留时间值和相对峰面积值。

4. 比较时采用窗口为1%（或根据实际情况决定）的尺度来决定样品间相对保留值的异同，其差异在窗口内者可认为其相同，通过对不同样品间的比较，确定它们的共有峰。

5. 以特征指纹为依据，以所有参与的样品为对象，对每个特征指纹峰求取列表，即得该品种的标准特征指纹谱，以它作为鉴定所需的比较标准。

6. 将待鉴样品的指纹谱与标准样品的指纹谱进行比较，求取待鉴样品中特征指纹峰的差异率和样品特征指纹的总差异率。

（三）方法建立

中药指纹图谱建立的内容包括：中药指纹图谱分析方法的建立、指纹图谱方法认证、方法验证、数据处理和分析。中药指纹图谱按照测试样品来源可以分为中药材、饮片、提取物或中间体、成方制剂指纹图谱，其中中药材、饮片及中间体指纹图谱主要是用于生产的内部控制、质量调整以及质量相关性考察。中药指纹图谱按照获取方式可以分为色谱、光谱及其他分析手段，其中色谱是中药指纹图谱建立的首选和主要方式。

1. 中药指纹图谱分析方法的建立。

中药指纹图谱应满足专属性、重现性和可操作性。其首要目的是能体现中药的整体特征。在满足表征中药化学成分群整体性质的前提下，要求有较好的重现性，应根据重现性要求选用合适的分析方法来获取指纹图谱。指纹图谱分析方法的可操作性系指针对不同用途，选用不同方法来达到不同的要求。

中药指纹图谱的一般获取规程如下：

（1）供试品溶液的制备。

在中药指纹图谱测试中，制备供试品的基本原则是代表性和完整性。供试品的制备是整个分析步骤中关键的起始部分，供试品制备的好坏直接影响整体分析结果的优劣及可信程度。因此，供试品的制备必须保证能够充分地反映出样本的基本特性，同时也必须保证待测样品所含特性的完整性。主要操作过程及数据应详细记录。

供试品溶液的制备需按照具体的分析对象，在对样品基本特性进行了解的情况下，采用规范的处理方式进行供试品溶液制备。操作过程应按照定量测定的要求，保证样品物质信息不减失、不转化。对于化学成分类别相差较大的样品，可根据类别成分的性质，按照分析要求，对样品分别进行预处理，用于制备2张以上的指纹图谱。主要步骤及数据应详细记录。

（2）参照物。

参照物的选择：指纹图谱的参照物质一般选取容易获取的一个或一个以上制剂中的主要活性成分或指标成分，主要用于考察指纹图谱的稳定程度和重现性，并有助于指纹图谱的辨认。在与临床药效未能取得确切关联的情形下，参照物（复方制剂应首选君药的活性成分或指标成分）起着辨认和评价指纹图谱特征的指引作用，不等同于含量测定的对照品。参照物应说明名称、来源和纯度。如无合适参照物也可选指纹图谱中的稳定的指纹峰作为参照峰，说明其响应行为和有关数据，并应尽可能阐明其化学结构及化学名称。

（3）指纹图谱获取实验。

指纹图谱获取首选色谱方法，主要有液相色谱、薄层色谱、气相色谱及其他色谱技术。光谱方法和其他分析方法在指纹图谱获取中可作为快速鉴别和辅助鉴别使用，在确定其与常规色谱方法的相关性以后可以考虑替换使用，但须慎重。须注意各种技术的特点和不足，结合实际选用。选用的原则是必须具有良好的专属性、重现性和可操作性。

指纹图谱试验条件应能满足指纹图谱的需要，不宜简单套用含量测定用的试验条件，并需根据指纹图谱的特点进行试验条件的优化选择。

试验方法和试验条件选择应根据供试品的特点和需要设计合适的试验方案，通过比较实验，从中选取相对简单易行的方法和条件，获取足以代表品种特征的指纹图谱，以满足指纹图谱的专属性、重现性和可操作性的要求。方法和条件须经过方法学验证。

（4）指纹图谱的建立和辨识。

指纹图谱建立和辨识的主要目的是确定获取的指纹图谱中具有指纹意义的特征峰，并能体现其整体性。

如色谱指纹图谱的试验条件确立后，应将获取的所有样品的指纹图谱逐一研究比较。一张对照用指纹图谱，特别是分辨率较高的图谱，必须制备有足够代表性的样品的图谱，找出成品色谱具有指纹意义的各个峰，给以编号，再将药材、中间体和成品之间的图谱比较，考察相互之间的相关性。

指纹图谱的辨识应注意指纹特征的整体性。辨识时应从整体的角度综合考虑，注意共有图谱（共有模式）之间的相似性，即“相似度”进行表达。

2. 指纹图谱方法认证。

（1）需要证明获取的指纹图谱能够表征该中药产品的化学组成。

（2）各原药材的化学组成特征应该在中药产品的图谱中得到体现。

3.指纹图谱方法验证。

指纹图谱实验方法验证的目的是为了考察和证明采用的指纹图谱测定方法具有可靠性和可重复性，符合指纹图谱测定的要求。中药指纹图谱测定是一个复杂的分析过程，影响因素多，条件繁杂，合理的实验方法有效性评价是对测定整体过程和分析系统的综合验证，需要在制定指纹图谱方法时充分考虑。

中药指纹图谱实验方法验证的项目包括：专属性、精密度（重复性和重现性）及耐用性等。

方法验证的具体内容如下。

（1）专属性（Specificity）。

中药指纹图谱方法专属性是指指纹图谱的测定方法对中药样品特征的分析鉴定能力。中药供试品中物质一般分为：有效成分或活性成分、指标成分、辅助成分、杂质和基质等。在多数为未知成分的情况下，成分的标定、分离程度的评价和化学成分的全显示等都不能得到较好的满足，因此指纹图谱方法的专属性应从入药的有效部位所包含的成分群入手，根据相应的样品理化性质，确定一定的分离分析方法和检测手段。如色谱指纹图谱中，一般认为在分离峰越多越好，大多数成分均能有响应的情况下，用典型的色谱图来证明其专属性，并尽可能在图上恰当地标出可确定的成分。具体方法，专属性可考虑采用峰纯度、总峰响应值、容量因子分布、最难分离物质对的分离情况、总分离效能指标等为考察参数。同时需要评价有关样品（药材、中间品和成品）间的相关性，并尽可能显示出样品中特征响应，保证其有较大响应，从而减少方法的波动带来判别误差。另外在指纹图谱测定中，如果采用一种方法对中药分析物不具备完

全鉴定的能力，可采用两种或两种以上的方法以达到鉴定水平。

（2）精密度（Precision）。

精密度是指规定条件下对均质样品多次取样进行一系列检测结果的接近程度（离散程度）。精密度考察应使用均质和可信的样品。在得不到均质和可信样品的情况下，可用在实验室配制相应的样品或样品溶液进行考察。指纹图谱实验方法的精密度通常以多次测量结果（相似度值）的变异性、标准偏差或变异系数来表达。具体精密度测量可用重复性（Repeatability）和重现性（Reproducibility）进行考察。

重复性是指在同样的操作条件下，在较短时间间隔的精密度，也称间隙测量精密度。重复性的评价应在方法的规定浓度范围内至少测定9次（如3种浓度，每一方法测定3次），或在100%的试验浓度下，至少测定6次，将所得结果进行相似性评价。

重现性是指在不同实验室之间的精密度（合作研究，通常用于方法学的标准化）。在方法需要标准化的时候，重现性是通过实验室之间的评价，即于不同实验室采取复核、审核、标化、盲试等不同的方法进行精密度考察，同时需要考察真实值的变异范围，确定方法本身的误差来源。

重复性和重现性的具体范围应据实际情况确定。

（3）耐用性（Robustness）。

指纹图谱耐用性是指不同条件下分析同一样品所得测试结果的变化程度，是中药指纹图谱测定方法耐受环境变化的显示。如对色谱指纹图谱，在实际验证中首先需要考虑各个实验室不同温湿条件（即不同实验环境）、不同分析人员、不同厂家仪器（包括同一厂家不同规格仪器）、不同厂家的试剂和不同柱子（不同批号和/或供应商）等；其次需考虑方法本身的参数波动的影响，如流速、柱温、波长变异、展开剂比例、流动相组成等，最后还包括分析溶液的稳定性、提取时间、流动相pH值变化的影响、流动相组分变化的影响等。对于薄层色谱和气相色谱还包括薄层板、展开系统；不同类型的担体、柱温、进样口和检测器温度等。

经系统试验，应对结果予以说明，并确定不引起系统较大变化的范围，确保方法的有效。

4.中药指纹图谱的数据处理和计算分析。

中药指纹图谱获取所得到的数据，应是符合实际情况的色谱、光谱或其他源数据或积分结果。应建立比较图谱的一致性或相似程度的方法。

对于用于评价产品一致性、批间均一和稳定性的指纹图谱，建议应用现代信息学方法分析指纹图谱，其优点是能够借助计算机辅助计算给出客观、准确的结果，分析结果稳定、可重复。计算一般可分为谱峰匹配、化学特征提取、相似度计算、模式分类等步骤。

采取相似度方式进行数据分析，可通过一定的计算软件进行，但必须提供算法及操作步骤供具体评价使用。

采用相似度评价软件计算相似度时，若峰数多于10个，且最大峰面积超过总峰面积的70%，或峰数多于20个，且最大峰面积超过总峰面积的60%，计算相似度时应考虑去除该色谱峰。

对于用作鉴别的指纹图谱，若能够提供对照提取物，则优先考虑采用对照提取物作对照，也可以采用标准中给出的对照指纹图谱作对照进行目测比较，比较其色谱峰的峰数、峰位、峰与峰之间的比例等简单易行的方法。

为确保特征或指纹图谱具有足够的信息量，必要时可使用2张以上特征或指纹图谱。

四、指纹图谱存在问题

不过，指纹图谱技术与其他先进技术一样，也存在着其本身的弱点，目前指纹图谱技术还不完善，存在一些问题，使其应用尚有局限性。主要表现在：

（一）药理性关系模糊

指纹图谱与药理作用的相关性模糊，无法从指纹图谱中解析某一段峰所代表的药理作用。

（二）化学性关系不强

指纹图谱与化学成分的对应关系不确定，即不同的指纹图谱可以表示样品之间的差别，但是，相同的指纹图谱与标准指纹图谱相符并不一定表示彼此具有相同的化学组分，样品的指纹图谱与标准指纹图谱相符并不一定表示样品与标准相符。

（三）全过程一致难成

指纹图谱所反映的是中药生产从原料到生产、检测全过程的标准化，是理想状态下的标准化，假如某一环节做不好，指纹图谱便会失去其应有的意义。

（四）实验重现性不好

如无法保证测定样品的实验条件与获得标准指纹图谱实验条件相一致，哪怕同一样品也难以得到完全一致的指纹图谱。就是说，测定样品实验条件与获得标准指纹图谱实验条件之间的差异使实验方法的重现性受到影响。

2000年国家药典委员会开始组织全国各方面的专家开展中药注射剂指纹图谱研究工作；随后，国家药品监督管理局也制定了中药注射剂2004年底必须实行指纹图谱标准管理的法规，计划2004年内完成74个中药注射剂指纹图谱的研究工作，也就是说只有当厂家生产的中药注射剂与颁布的指纹图谱相一致，其质量才能得到认可。但是受各种因素所限，此项标准管理至今尚未实施。在2005年药典委召开的一次注射剂指纹图谱论证会上，中药注射剂指纹图谱（色谱法）的研究进展并不令人满意，只有5个系列的19个品种进行了情况汇报。在处方统一、工艺统一、药材地区限制、质量标准统一的基础上，其指纹图谱只能做到0.8的相似度。专家提出，注射剂指纹图谱是很重要的指标．但不是唯一控制质量的标准，应与其他活性成分的含量测定相结合。此外，成本高，不易普及。

由此可见，色谱指纹法目前离常规应用于中药分析鉴定也还有漫长的路要走。

第二节　快速液相色谱

快速液相色谱（Fast Liquid Chromatography，FLC）是近几年来推出的一种新的液相色谱技术，峰容量、分析效率、灵敏度和分辨率较常规HPLC有了很大的提高。快速液相色谱的诞生，是分离科学和技术的巨大进步。液相色谱亦由此进入了全新的时代。

近年来，世界三大仪器公司分别推出了自己的色谱新产品：Waters公司在2004年率先推出了超高效液相色谱（Ultra Performance Liquid Chromatography，UPLC），采用1.7μm颗粒度的色谱柱填料。紧接着，Agilent公司和岛津公司分别推出了高分离快速液相色谱（Rapid Resolution Liquid Chromatography，RRLC）和超快速液相色谱（Ultra Fast Liquid Chromatography，UFLC），分别采用1.8μm和2.2μm颗粒度的色谱柱填料。三种色谱技术，除了色谱柱填料粒度不相同外，在色谱系统的硬件和软件设计上也存在差别。

1.UPLC是指一种采用小颗粒填料色谱柱（粒径小于2μm）和超高压系统（压力大于105kPa）的新型液相色谱技术，能显著改善色谱峰的分离度和检测灵敏度，同时大大缩短分析周期，因此特别适用于微量复杂混合物的分离和高通量研究。

2.UFLC是一种新的快速分析技术，色谱柱填料粒径为2.2μm，它与UPLC的最大区别是其不需要系统超高压（485~830bar），在略高于普通液相色谱压力极限（345bar）下即可实现高流速、高分辨率分析，适用于要求高通量、高效率的分析工作。

3.RRLC同样采用小颗粒填料色谱柱，其主要亮点是耐高温，色谱柱即使在100℃高温下还能保持其稳定性，为进一步加快分析速度和改善分离度创造条件。可以说，Waters公司的UFLC，走的是“小颗粒填料”和“高压”路线，而Aligent公司的RRLC与Shimadzu公司的UFLC走的是“小颗粒填料”和“高温路线”，压力则属于中高压。

总之，UPLC、UFLC、RRLC三种方法各有特点，使用者可根据不同需要，选择合适的分析方法。

一、基本原理

快速液相色谱与传统的HPLC技术具有相同的分离原理，理论基础是van Deemter方程，但其分离效能和分析速度却得到了全面的提升，随着填料颗粒度减小，相应的理论板高度（HETP）下降，会得到更高的柱效。

【van Deemter 方程】

$$H = A \times dp + B/v + C \times dp^2 \times v$$

其中

H：理论塔板高度（height equivalent to a theoretical plate ： HETP）

dp：填充剂粒径（particle size）

v：线速度（linear velocity）

$A \times dp$ ：涡旋扩散（eddy diffusion）

B/v：分子扩散（molecular diffusion）

$C \times dp^2 \times v$：物质移动阻力（non-equilibrium）

理论塔板高度的值越小，分离越好，色谱柱的性能越好。随着线速度的提高（体积流量也相应提高），不同颗粒度的填料HETP的变化趋势有很大的不同。较大颗粒度的填料有一个最低点，即最佳体积流量点，高于此体积流量或低于此体积流量点HETP都会上升，即柱效会相应下降；小颗粒的HETP却可以在一个宽体积流量范围内保持不变，HETP最小值区域扩大了，即小颗粒填料在宽体积流量范围内可以保持良好的柱效，从而可以实现快速、高效分离。

根据van Deemter方程，理论塔板高度与填充剂的粒径成正比，按照这种思路，如果填充剂的粒径缩小至1/2，则理论塔板高度也缩小至1/2，即色谱柱性能提高至2倍。传统的HPLC柱粒径一般为5μm，快速液相色谱使用的粒径在2μm左右，效能自然大大高于前者。

根据van Deemter 方程，最适宜流量与填充剂的粒径成反比例。色谱柱根据色谱柱的种类具有不同适宜的流量，以此适宜流量送液时，峰最为尖锐，分离度最好。如果填充剂的粒径缩小为1/2，则最适宜流量增大至2倍。于是送液泵的流量可增大至2倍，因此可在不影响分离度的前提下，将原有的分析时间缩短至1/2。所以，快速液相色谱能大大缩短样品的分析周期。

RRLC、UFLC采用“色谱柱高温化”的方法改善分离度，这是因为高温能提高色谱柱的温度，则流动相的黏性变小，可加大物质的流动速度，从而使出峰时间缩短，同时改善分离度。“高温化”技术与“小粒径”技术相结合，不需要苛刻的压力条件，就能够达到快速、灵敏、分离良好的分析效果。

当然，要实现快速分析的目的，还可以通过缩短色谱柱长度、增加输液泵流量等方法，但采取这些方法，虽然能使出峰时间提前，但却会损害分离度。而利用减小色谱柱的粒径的途径，可使理论塔板高度得到改善，而且，即使增加线速度（体积流量），理论塔板高度也不会恶化，故不会对样品的分析产生不良效果。因此，快速液相色谱不但可达到快速分析的目的，还具有良好的分离度。

二、应用实例

快速液相色谱为分离技术注入了新鲜的“血液”，推动了液相色谱技术的发展，随着该技术的不断完善，其应用范围将越来越广泛。快速液相色谱诞生以来，已经逐渐应用于农药残留物检测、水质和环境监测、化妆品质量控制、药物及制剂的分析检测和质量控制，中药复杂组分分析及代谢组学等领域。中药及其药制剂由于其本身成分的复杂性，为其分析及质量控制带来重重困难，采用快速液相色谱对其进行分析，不但有利于改善色谱峰的分离度和检测灵敏度，而且可以大大缩短分析周期。当前，快速液相色谱已成功用于中药成分分析、中药及其复方定量测定、中药指纹图谱等研究领域中。

（一）中药成分分析

中药是一个复杂的未知体系，不仅化合物种类繁多、数目不明确，而且含量差异大、已知化合物少，若用常规HPLC进行分析，需要高性能的系统和很长的分析时间。显然，中药成分分析需要一种高效、高灵敏的分析技术。快速液相色谱恰恰具备这些优点，因此，毫无疑问，快速液相色谱在中药这个复杂体系的分离分析中将发挥重要的作用。

金高娃等[1]对36味中药组分及10个复方组分在UPLC的保留规律、峰形规律进行了研究，证明无论在理论上还是实际应用上，UPLC是进行中药化学表征的有效手段。薛燕等[2]运用灵敏度、分离度高的UPLC技术，测定不同产地、不同部位的细辛中马兜铃酸A的含量，准确确定该有毒成分在细辛中的分布情况，为其临床用药的安全性提供依据。

广东省药品检验所在2007年就已购置了UPLC，“广州市名优中成药质量标准提高示范性研究（项目编号：2006Z3-E5181）”课题组利用该技术对西洋参化学成分进行了测定研究，并发表了论文，利用UPLC技术，测定了西洋参中Rg_1、Re、Rb的含量，结果表明该法能大大提高分析速度，同时减少了溶剂的消耗，该研究表明UPLC法可作为传统HPLC法的一种更方便、更可行的代替方法。笔者以西洋参为参照，对Waters公司的UPLC和Agilent公司的RRLC仪器进行了比对，结果表明：常规HPLC需要120分钟完成样品分析，用UPLC只要12分钟就能完成，RRLC只需20分钟就完成。两者的分析速度分别是HPLC分析速度的10倍和6倍[3]。

上述例子表明，与传统HPLC方法相比，快速液相色谱法显示了节约时间、节省溶剂、增加峰容量等诸多优点，从而可提高样品通量，节省经费。快速液相色谱法为中药的深入研究、制定相关可被国际认可的标准和规范提供可靠的技术支持。

（二）中成药分析

单味中药的成分已极其复杂，如果再将其加以组方制成复方制剂，其分析难度也就不言而喻了。现有的分析方法虽然比较多，但却并未完全满足中药及其复方制剂的质量控制要求，常规HPLC法虽在该领域中的应用已经十分广泛，但同时也存在着一些缺点，如分析时间过长、方法粗糙等。快速液相色谱法凭着自身的优点，可以满足对中药及其复方制剂的复杂成分进行高效分析、准确分析的需要，可以预见其在中药及其复方制剂的质量控制研究中将有广阔的前景。近年来，已有不少研究者运用该技术对中药及其复方制剂进行定量分析或质量标准研究。

吴樱等[4]用UFLC法建立了康视明合剂中甘草酸铵及柚皮苷的测定方法，甘草酸铵平均加样回收率为101.99%， RSD为1.95%，精密度RSD为0.12%，重现性RSD为0.30%，稳定性RSD为0.07%。柚皮苷在0.015～0.135 g范围内线性关系良好，平均回收率97.78%，RSD为2.19%，精密度RSD为0.02%，稳定性RSD为0.19%。该实验说明UFLC法分析快速、分离度高、专属性强、重现好、简便可行，优于HPLC法。

周小平等[5]采用UPLC技术建立了前列安通片中芍药苷含量的测定方法，证明该法操作简便、快速（3min内完成一次分析）、准确、灵敏度高、重复性及分离效果好，并且能减少溶剂的用量，适用于药品检测和质量控制。

Li等[6]采用UPLC-ESI-MS建立了对短瓣全莲花中2″-O-β-L-半乳糖红蓼苷、2″-O-β-鼠李糖苷、红蓼苷和荭草素4个主要黄酮苷的测定方法。色谱峰检测由于采用了多反应监测（multiple reaction monitoring，MRM）模式，从而增强了色谱效果和灵敏度。UPLC对样品色谱分离仅需3.5 min，定量分析总费时不超过7.5 min，色谱峰变得非常窄，色谱峰分辨率增加，分析时间明显减少，进而减少溶剂用量和氩气的消耗。

在《中国药典》2005年版一部中，采用了以十八烷基键合硅胶为填料色谱柱，0.1%H_3PO_4（A）-乙腈（B）为流动相，梯度洗脱的液相色谱分析西洋参中人参皂苷Rg_1、Re和Rb_1，分离一次的运行时间120min。而RRLC采用Zorbax SB C_{18}RRHT色谱柱（50mm×4.6mm，1.8μm），其柱长粒径比值（28）与HPLC色谱柱（30）相当，故可获得相近的分离效率，但分离速度大大地提高，是原HPLC分离速度的6倍。在保持分离度和重现性的前提下，改善了分析灵敏度，大大缩短了分离时间。

快速液相色谱法作为新一代的色谱技术，自问世以来就受到广泛的关注，国内的各大药企对快速液相色谱法也表现出较大的兴趣，如广州中一药业有限公司已经将UPLC技术用于人参的含量控制。

（三）中药指纹图谱

中药材的质量是实现中药现代化，把中药推向国际的关键问题之一。但是，由于中药资源的特殊性，中药的质量受到植物品种、产地、采收、加工炮制等多种因素的影响，就算是同一品种、同一产地的中药材，质量也有可能良莠不齐。指纹图谱能比较全面地反映中药的化学组成，并突出其主要鉴别特征，从而能有效地用于中药质量控制，其重要性在前面一节（中药指纹图谱）中已经作了详尽的介绍。但使用常规的HPLC法进行中药指纹图谱分析，往往需要较长的分析时间。快速液相色谱法，可以在保证有良好分离度的前提下，显著缩短分析时间，迅速判定样品的真伪优劣，为中药材及其制剂的质量评价提供一种快速有效的分析方法。

濮润等[7]用RRLC法对甘草药材的指纹图谱进行了分析，分析时间从36min缩短为11min，研究表明甘草药材的RRLC指纹图谱专属性强，且加快了甘草药材的分析效率，可用于甘草药材的鉴别和质量控制。刘少华[8]等首次利用超高效液相色谱技术（UPLC）建立丹参药材水溶性成分指纹图谱分析方法，该法大大缩短了分析时间，重现性、精密度和稳定性良好，符合指纹图谱研究的技术要求，可用于丹参药材的质量控制。相对于常规HPLC而言，UPLC有更好的分离效率、峰容量以及灵敏度。

可见，快速液相色谱已开始应用于中药指纹图谱的研究中，且取得不错的效果。随着快速液相色谱技术的不断完善，相信其在中药材及其制剂的指纹图谱研究及质量控制领域中的作用将日益突出。

三、存在问题

虽然快速液相色谱能显著缩短复杂体系样品的分析周期，提高检测的灵敏度和分离度，但目前快速液相色谱的使用仍然存在局限性，其普及应用可能仍然需要一些时间。

研究发现UPLC分析样品时峰面积的重复性略逊于HPLC，特别是低浓度样品时更加明显，其峰面积重复性的RSD约为HPLC的2倍。这可能是由于UPLC的进样量过少（只有2μl），或是采用的局部回路模式进样器（partial loop）产生差异所致[9]。

UPLC、RRLC采用的色谱柱填料颗粒度均小于2μm，UFLC采用2.2μm颗粒度的色谱柱填料，而传统HPLC填料粒径为5μm，与一般HPLC色谱柱比较，快速液相色谱柱的粒度减小了许多。但这种由小颗粒填料构成的色谱柱，需要耐受高压和更高稳定性，各大公司现仅能提供有限种类色谱柱，故其应用范围受到一定的限制。

色谱柱固定相颗粒越小，柱效越高，但对流动相流动的阻力就越大，需要施加的压力亦越高。HPLC常规的工作压力为30～40 MPa，一般小于35 MPa，不影响柱寿命，当压力达到100Pa时，对于常规的HPLC分析已经不可思议了，而快速液相色谱法需要的压力，特别是UPLC需要的压力往往大于100Pa。目前，虽尚未观察到与高压有关的不利现象出现，但也不排除有这种可能性，或许研究人员要花更长时间积累实践经验，来评价UPLC这方面可能存在的缺陷。

RRLC、UFLC采用的“色谱柱高温化”方法，虽然有利于改善分离度，缩短分析周期，但高温化有可能会加快色谱柱的老化，缩短其寿命。另外，高温也许会使样品产生变性、分解等不良后果，因此，并不适应于所有物质的分析。

目前快速液相色谱仪器价格昂贵，维护费用高，也是阻碍其普及的原因之一。虽然快速液

相色谱法，在分析速度、灵敏度、分离度等方面优于现有的HPLC法，但UPLC、RRLC、UFLC法能否作为法定的测定方法，还有待进一步研究。

第三节 红外光谱应用

红外光谱（Infrared Spectra，IR）指以连续波长的红外线为光源照射样品所测得的吸收光谱，它是由于分子发生振动能级的跃迁而产生的，又称振动光谱。红外光谱提供了极其丰富的分子结构信息，不同物质具有不同的吸收波长和不同的红外光谱。近年来，也有很多红外光谱应用于中成药检测的报道。

一、IR概况

近十几年来，随着计算机技术和复杂数学工具的迅猛发展，红外光谱技术也随之得到迅速的发展，其应用范围也愈加广泛。红外光谱技术已应用于农业、食品工业、化工、医药及纺织等领域。红外光谱在中药中的应用可以用快速无损检测来形容。要建立中药质量的科学评价体系，需借助于先进、尖端的仪器和科学的分析技术手段相互印证、相互补充，这是实现中药的鉴定标准化、快速简便化以及用药安全有效的重要前提。红外光谱技术能够帮助我们实现这一目标。

傅里叶变换－拉曼光谱（FT-Raman）是20世纪90年代以后发展起来的新技术。传统的拉曼光谱仪使用400～800nm的激光光源照射样品，在这个波长下，自然界中存在的90%样品产生荧光，从而使拉曼数据难以采集，而采用近红外激光光源照射样品，则无荧光背景，可给出自然界80%样品的拉曼谱图，带色的和热敏样品的热降解也会减少。近红外－傅里叶变换－拉曼具有可以使荧光减至最少，能给出自然界存在的80%样品的拉曼谱图，快速得出完整的光谱图，信噪比实时最佳化等特点，使FT-Raman在化学、生物和医学等领域具有广阔的应用前景。利用FT-Raman光谱法可直接快速地鉴别中药材。将药材饮片放在样品架上，不经任何处理直接测定，据拉曼基团频率振动峰的不同来鉴别生药材。

二维红外相关光谱技术（2D IR），是指通过对一系列动态红外光谱进行数学分析，不仅提高了光谱的分辨率，而且提供了集团之间相关性的详细结构信息，可用于鉴别和研究物质成分或集团的相互作用。二维红外相关光谱的发展使红外光谱的分辨率以及谱图的识别能力有了新的突破。

红外光谱法与二维相关分析技术相结合，既可辨认物质的宏观特征，也可从高分辨率的二维色谱辨认得到物质间的细微差别，从而有效地评价物质质量及真伪。该法在全面快速评价药材质量方面具有其独到的优势。

红外光谱在中药检验方面的应用尚未很好地开展，但其应用潜力可以说非常大，关键在于有针对性地开展系统深入的研究。目前，国内已经做了大量的基础研究工作，如清华大学孙素琴教授和山东大学药学院田进国教授，两家各有独自的研究方法。红外光谱技术在某些方面较现在国家标准应用的显微鉴别、薄层色谱、理化鉴别等具有很多特色和优势。

从目前情况来看，中成药的质量标准还是比较低的。比如，一个处方由十味药组成，按规定，只要有三四个鉴别，再加一两个含量测定就符合国家新药研究要求了。这就是说，还有其他六七味药没有鉴别项。假如投料时，对于有鉴别项的投正品，而对于其他没有鉴别项的少投或投些伪品都是检验不出来的。这就是中成药质量标准对于控制投料方面的漏洞！另一个中成药检验工作中相当头痛的问题，就是生产工艺的控制问题，这也是目前质量标准难以做到的。假如某些厂家为了减少成本私自更改工艺，现行质量标准也较难控制其变化。例如提取工艺问题，质量标准规定应用70%乙醇提取，擅自改为40%乙醇提取；应该提取3次，擅自改为2次。

对于上述这些情况，现行检验方法是很难对付的，但是，在红外光谱上能体现出来这些投料和工艺的变化，这就是红外光谱在质量控制方面的特色和优势所在。红外光谱用于企业内部质量控制也是很好和完全可行的，企业采用红外光谱内控投料、中间体、半成品和成品，把好产品生产的源头这一关。红外光谱也完全适于药品管理部门用于中药的监督和检验。例如，生产同一种中成药，北京有一家药厂生产，天津也有一家药厂生产，但他们的工艺可能是不一样的，用红外光谱就可以把两家的产品区别开来。如果采用其他方法，很难奏效。所以，采用红外光谱来控制产品质量，不仅是投料控制，而且是工艺控制，其意义之大可想而知。

对于红外光谱进行快速有效的应用研究，首先应以贵重的、保密的、易出现伪品的且目前尚没有好的方法进行有效质控的品种为切入点为好，比如片仔癀、云南白药、六神丸等保密品种，既控制了质量又不涉及其保密性。再比如贵重药材麝香、牛黄、西洋参、羚羊角等，如果采用红外光谱鉴别，其专属性更强，灵敏度更高。专家们建议，对于经过系统深入研究，方法已经成熟的品种，应考虑收入国家药品标准。

二、IR特性

红外光谱具有许多优点：应用范围广，可测得所有有机化合物，还可以用于研究某些无机化合物；特征性强，每个官能团都有几种振动形式，每个化合物都有其独特的特征；提供信息多，能够提供较多的结构信息；不受样品物态的限制，可以测定气体、液体及固体；不破坏样品，分析时样品不用被破坏；分析速度快，一般能在1分钟内完成分析；无浪费、无污染。

不可避免地，红外光谱技术也有其局限性，不适合分析含水样品。水中的羟基峰对测定有干扰；定量分析时误差大；在图谱解析方面主要靠经验；需要大量代表性样品进行化学分析建模；不是一种传统的分析方法，要成为标准方法还需要很长时间的实践。

三、应用实例

近红外光谱技术由于其方便快捷、无损分析的特点，它的应用范围十分广泛。光导纤维及传感技术的发展，使近红外技术在线检测成为现实，该技术在中药质量控制中的应用日益广泛。

（一）中药材鉴别

中药，特别是一些珍贵中药因为其特殊功效及稀缺性，许多不法分子为了牟取暴利，伪造掺假，令大量劣药伪药流入市场，严重影响了中药的品质与疗效，危害了人民的健康。因此，如何加强中药的质量管理，特别是进行中药真伪鉴别，已成为中医药界当务之急。常规的GC、HPLC技术能对中药进行指纹图谱检测，能有效地鉴定出中药的成分，辨别其真伪及质量的高低。但这些方法却有着耗时长及需破坏样品完整性的缺点，而某些珍贵药材若不能保持其外观的完整性，其市场价格也将大打折扣。

张汉明等[1]采用压片法对牛黄及其伪品进行红外光谱测定，结果显示：红外光谱能有效地将天然牛黄与人工牛黄、猪胆结石和人体胆结石区分开。另外，由大黄等植物药材掺入少量面粉制成的伪品牛黄，其红外光谱与天然牛黄相比更有明显的区别。

天麻伪品是国家卫生部和药品监督管理局重点打击的药物之一。余艳等[2]利用FTIR光谱对珍贵中药材天麻及其伪品马铃薯的红外光谱进行了研究，对比谱图的吸收峰、峰形、强度、位置等，区分出了真品天麻及伪品天麻。

（二）中药材分析

中药材的化学成分十分复杂，如果仅对其中的一种或几种成分进行定性、定量测定，并不能全面地反映出中药材质量优劣状况，从而科学评价中药材的质量。

红外光谱技术可用于同种药材、不同药用部位的鉴别研究。当归的归头和归尾具有不同的药用价值，它们的一维红外谱图较为相似，难以区分，但由于氨基酸和挥发油在归头和归尾部分分布不均一，其二维相关红外光谱存在明显不同，可以方便对归头和归尾进行鉴别[3]。吕光华等[4]就用该方法成功地鉴别了来自甘肃岷县的两批当归药材的归头和归尾。

Ren等[5]用近红外光谱结合主成分回归和偏最小二乘，对美国洋参中的11种人参皂甙进行了同时定量分析。Chen等[6]也采用同样的方法测定了三七（notoginseng）中6种人参皂甙的含量，结果的精确度与高效液相色谱相近。

红外光谱技术可用于同一类别不同产地、品种的中药材鉴别研究。同种药材，如果来自不同产地，会由于气候、生产条件等差异，导致它们的主要有效成分、含量大小及药用价值等方面都可能会有所不同。我们可以通过一维红外图谱、二维红外图谱的比较，分析其中的差别，从而判定其质量。对于粉末状的贝母，从形态上很难鉴别，田进国等[7]对其进行提取后测定红外谱图，根据其光谱特征可鉴别不同的贝母药材。并且，采用二阶导数谱和二维相关红外光谱可以将谱图间的差别放大，进而准确地对不同产地的贝母类药材进行识别。刘刚等[8]利用FTIR 光谱法对野生天麻、家种天麻及天麻伪品进行了快速无损鉴别研究。研究表明，根据红外光谱的峰形和位置可以鉴别真伪天麻，根据谱峰位置和吸光度比可以区分野生冬天麻和野生春天麻、野生天麻和家种天麻，根据谱峰吸光度比则可能区分天麻的不同级别。

（三）中成药分析

通过对单味中药，及配伍后复方中药的鉴别，可以获得配伍前后药物化学成分的变化信息，从光谱角度揭示复方效应及物质基础，避免以单一指标成分反映复方配伍作用的局限性，从复方配伍的动态性、模糊性本质上去开展药物配伍规律的量化研究，为中药复方配伍研究开拓新的篇章。

林文硕等[9]首次测试并研究了单味药麻黄、杏仁以及麻黄+杏仁混合汤剂红外光谱。实验及分析表明：吸收峰位置的改变，说明各基团在麻黄、杏仁、麻黄+杏仁汤剂中所处的化学环境不同，汤剂中生化物质的结构发生了变化。而新的吸收峰的产生， 可能是在煎煮麻黄+杏仁汤剂时发生了化学反应，有新物质生成。在麻黄+杏仁汤剂中保留了麻黄、杏仁单味药物汤剂中的某些成分；麻黄、杏仁光谱中的某些成分并未在麻黄+杏仁光谱中出现；在麻黄+杏仁汤剂中，有新的成分生成。麻黄+杏仁汤剂所包含的药物成分并非单味麻黄、杏仁汤剂所含药物成分的简单相加。

刘养清等[10]对六个厂家的七种不同规格，不同剂型的六味地黄丸，进行红外光谱研究。研究结果表明，红外光谱法可以用于中成药六味地黄丸的定性鉴别，也可以将不同生产厂家、不同剂型、不同批次的六味地黄丸进行准确的区分。

值得一提的是，当前，运用各种手段对中药进行提取分离研究极为普遍，但在该过程中中药的化学成分是否发生变化，变化的程度是否剧烈，我们很难得知，但可运用红外光谱技术测定中药在提取分离过程中化学成分的变化，从而可更科学地评价中药的有效成分。

利用红外光谱技术，可获得配伍前后药物化学成分变化的信息，可以弥补选用一种或几种组分作为鉴别指标的不足，更能全面了解、控制中药产品的质量，同时可为研究复方中药作用物质基础提供一种新方法。

红外光谱技术的用途可概括为定性鉴别、结构分析及定量分析，但以前两者为主。利用红外光谱技术进行定量分析，步骤复杂，需要利用多波长甚至全谱的光谱数据建立校正模型，涉及大量的数学模型知识，并不适用一般的中药定量分析。因此，红外光谱技术是否适用于中药的定量分析有待商榷。

四、应用展望

红外光谱可以客观地反映药材的内在特征，避免传统形态比较分类法的主观性和片面性。红外光谱技术应用于中药材及其制剂的鉴别和定性分析具有快速、简便、准确和不破坏样品，不消耗化学试剂，不污染环境等优点，有望成为一种快速、高效、准确的新型中药材分析检测技术。

第四节 生物色谱技术

生物色谱法（Biochromatography）是生命科学与色谱分离技术交叉形成的一种极具发展潜力的新兴色谱技术。它以各种具有生物活性的材料作为固定相，将活性大分子、活性细胞膜，甚至活细胞固着在色谱载体上，作为生物活性填料而应用于现代色谱技术，形成一种能够模仿药物与生物大分子、靶体或细胞间相互作用的色谱系统。这样就能用色谱中的各种技术参数定量表征药物与生物大分子、靶体间相互作用，可以方便地研究药物与各种生物活性材料间的特异性结合情况，还可以模拟生理或病理状态下药物在体内进行生物活性表达的一些关键步骤，筛选活性成分，揭示药物的吸收、分布、活性、生物转化、代谢等机理，探讨药物间的竞争、协同、拮抗等相互作用，具有一定的药理学或生理学意义。

近年来，随着化学与生理学科的发展，科学家采用系统分析的方法，分离纯化中药成分，用实验药理学的方法观察其中药效应与成分的关系，这样的研究方法持续了大约80多年，取得了一些重要的结果，比如麻黄碱和青蒿素的分离。然而，中药效应与成分关系的研究进行得并没有预想的那样顺利，要得到可供常规药理效应研究的化合物很不容易，何况中药成分是如此的复杂，哪些是有效的，哪些是无效的，如果不分彼此都进行分离纯化，无论人力物力都是难以承担的。生物色谱因为直接涉及生命物质和药物成分的作用，可以实现药物有效成分的初步筛选。即使被生物色谱保留的药物成分并非一定是活性物质，但是活性物质一定在色谱上有保留，然后对保留物质进一步活性筛选，确定活性物质，从而实现了现代色谱和药理活性的联系，也减少了盲目的提取分离，节省了大量人力物力。

一、方法分类

生物色谱法是20世纪80年代中后期问世的，此后该技术发展迅速，尤其在天然药物效应物质基础研究领域中起到了重要作用。生物色谱法发展至今，已衍生出多种技术，如分子生物色谱技法、仿生物膜色谱法、生物膜色谱法、细胞生物色谱法、植物性生物色谱法等。下面，对上述的色谱技术作简单的介绍。

分子生物色谱法（Molecular Biochromatography），是指以生物大分子（酶、受体、抗体、传输蛋白等）为固定相和基础的HPLC技术，并且溶质在该固定相上的保留行为及立体选择性能够反映生物大分子非固定时与溶质相互作用的特性，这一色谱技术其实是亲和色谱的扩展，但它侧重于研究生物分子间相互作用。Chaiken将它描述成“是一种在液相方法无法实现的情况下，利用‘基质–流动相’作用体系，研究生物分子之间相应作用的技术”。分子生物色谱法是生物色谱中发展较为成熟的技术，利用分子生物色谱法对中药物质基础研究的报道也比较多，后面在生物色谱法在中药研究中的应用中会作详细介绍。

生物膜色谱法（Biomembrane Chromatography）自20世纪90年代中期开始被应用到药物与生物膜相互作用的研究领域，它是以生物膜或模拟生物膜为固定相，当药物随着流动相流动的时候，由于不同成分与膜的作用，作用程度的差别而表现出在膜上的不同保留特性，根据这种差别就可以对他们进行分离分析。用于生物膜色谱研究的生物膜主要有三种：固定化人工膜（IAM）、脂质体、细胞膜微球等。细胞膜生物色谱是生物膜生物色谱的一种，是将人或动物的活性组织细胞膜固定在特定载体表面，制备成细胞膜固定相，用液相色谱的方法研究药物或化合物与固定相上细胞膜及膜上受体的相互作用。

细胞生物色谱法（Cell Biochromatography），是以人或动物的活细胞为固定相，可用于研究药物与活细胞的相互作用。该方法不需要将酶、受体或细胞膜从生物细胞中分离提取出来并加以纯化，同时保持了细胞的完整性，使研究更接近人体内实际情况，研究结果更可靠，是一种高效、准确的药物作用物质基础研究技术。但要注意的是，本方法必须保持胞体的完整，防止自溶，否则会影响产物的纯度。

此外，近几年发展起来的新技术——拟相生物色谱法（Pseudophase Biochromatography），如脂质体／水系统、磷脂膜色谱（IAMC）、微乳液色谱、胶束色谱等，亦是生物色谱法的扩展，这些方法已逐渐应用于药物的活性成分筛选及药代动力学研究之中。

二、应用实例

生物色谱的诞生及发展，为中药成分分离分析、结构鉴定、中药的质量控制和中药药理作用机理的研究提供了一种新手段。

分子生物色谱技术，可以实现对中药成分筛选、分离和结构鉴定进行一体化分析。

化合物在柱上的保留行为直接与活性相关，对生理学和药理学研究具有特别意义。分子生物色谱不仅可研究复方效应物质基础，还有助于阐释药物的分布、排泄、代谢、活性、毒副及体内生物转化。如将肝微粒体固载于色谱担体上，可研究中药成分在生物体内可能发生的生物转化。由于分子生物色谱可用粗提液直接进样，简便快速，重现性好，在中药复方物质基础研究中具有巨大的应用潜力。

汪海林等[1]利用分子生物色谱法，对中药黄芪、当归、川芎、赤芍进行分析，实验结果表明，不同中药的活性成分不同，其分子色谱的保留行为和特征完全不同；利用该技术可以识别中药材间的细微差别，可用于中药的质量控制；发现当归最为重要的两种有效成分是阿魏酸（ferulic acid）、藁本内酯（ligustilide），说明该法用于中草药活性成分筛选时是切实可行的；同时利用分子生物色谱法，可同时测定多种组分与人血清白蛋白的相互作用，提供相关参数。

细胞膜色谱法是近年来生物膜色谱技术在中药研究中的热点，是一种新兴的生物亲和色谱法，主要包括细胞膜色谱法和细胞膜固相色谱。细胞膜色谱技术的发展，对中药有效成分的筛选、中药作用机制的阐明产生巨大的促进作用。赵小娟等[2]采用细胞膜色谱法确定了淫羊藿根的乙醚提取部位含有与血管细胞膜及膜受体相互作用的成分，进一步采用氯仿-甲醇体系洗脱得到的两个活性成分对血管有较强的舒张作用，为淫羊藿根的开发利用和定性定量分析提供了实验依据，并认为细胞膜色谱法反映的是溶质与特定靶细胞膜及膜受体相互作用特性。也有学者[3~4]利用该法对中药当归、菟丝子的活性成分进行分析，并取得了较好的结果。

樊宏伟[5]建立了血小板细胞膜固相色谱法，并应用其分析丹参对血小板作用的活性成分。采用同法初步确定了脉络宁注射液中8个具有血小板作用的活性成分，认为此法基本可以反映化合物与细胞膜生物靶点的相互作用[6]。也有研究报道[7~8]，利用细胞膜固定色谱法对当归、茵陈蒿、冬虫夏草、洋川芎等中药的活性成分进行研究。这些研究表明，细胞膜固相色谱法是一个快速、简便、高效的中药效应物质基础的研究技术，为中药效应成分的体外筛选提供了极具发展前景的高选择性、高特异性和高效率的筛选手段。

三、存在问题

生物色谱技术，虽然广受重视、发展迅速，但也存在着不足之处，如：①多数生物色谱的固定相还没有实现商品化，需要有一定条件的实验室自己制备；②生物色谱柱寿命通常比较短，约在1~15d之间；③生物色谱柱对流动相缓冲溶液的组成、pH、柱温、柱压、流速等要求比较苛刻，对流动相难以进行灵活的调整；④对多数生物色谱法的色谱特征、规律了解还不够深入；⑤生物色谱法作为一种离体的活性成分分析手段，目前尚不能模拟体内环境下中药活性成分是如何发挥药效作用的；⑥生物色谱法所能分离得到的中药活性成分即柱内所能特异性保留的效应成分的量较少。这些因素都制约着生物色谱技术的推广，使生物色谱技术的应用受到限制。但我们相信，随着生物色谱技术的不断发展、完善，并与现代色谱技术相结合，其在中药研究、分析中的应用将越来越重要。

第五节 加压溶剂提取

传统的提取方法，如回流提取法、索氏提取法、超声提取法等，由于存在提取时间长、消耗溶剂量大等缺点，不能满足实验自动化和快速分析的要求，已成为阻碍中药质量控制技术发展的瓶颈。加压溶剂提取技术的出现克服了上述缺点，顺应了这一发展趋势的要求。随着适用范围的逐渐增加和技术发展的日趋成熟，加压溶剂提取在中药质量控制中的应用正在引起业界的重视。

加压溶剂提取技术（Pressurized Liquid Extraction，PLE）或（Pressurized Solvent Extraction，PSE）是利用在一定温度和压强下，溶剂所具有的特殊物理化学性质来对固体和半固体物质进行提取。该方法具有速度快、溶剂使用量少、提取率高、重复性好、操作模式多样化以及操作过程自动化等特点。加压溶剂提取，也称加速溶剂提取（Accelerated Solvent Extraction，ASE），加压流体提取（Pressurized Fluid Extraction，PFE）或增强的溶剂提取（Enhanced Solvent Eextraction，ESE）。

加压溶剂提取技术已广泛应用于环境分析、食品成分分析、药物分析等诸多领域。随着加压溶剂提取技术的不断发展，其技术日益完善，在中药质量控制领域中的应用愈显重要。

一、基本原理

（一）基本原理

加压溶剂提取技术的主要原理是在密闭容器内，通过升高压力使提取溶剂的沸点也随之升高，使得提取过程可以在高于正常溶剂沸点的温度而溶剂仍能维持液体状态的情况下进行。

在高温条件下，待测物从基体上的解吸和溶解动力学过程加快，可大大缩短提取时间；由于加热的溶剂具有较强的溶解能力，因此可减少溶剂的用量；在提取的过程中保持一定的压力可提高溶剂的沸点，提高提取效率。

（二）影响因素

提取温度、提取压力是影响加压溶剂提取的主要参数，而被提取物的粒径、溶剂也是影响因素之一。

1.温度因素。

温度是影响提取率的主要因素。温度的提高有利于提高溶质的溶解平衡，即提高了溶解度；提高温度，有利于克服基体效应，加快解析动力学，降低溶剂黏度，加速溶剂分子向基体中的扩散，提高萃取效率。加压溶剂提取技术允许的温度范围广，在50℃～200℃之间。常规使用的温度范围在75℃～125℃。

2. 压力因素。

液体的沸点一般随压力的升高而提高，增加压力使溶剂在高温下仍保持液态；使溶剂快速充满萃取池，缩短溶剂填满提取管的时间；液体对溶质的溶解能力远大于气体对溶质的溶解能力，增加溶剂对基质的穿透力，提高了提取效率；保证易挥发性物质不挥发，增加了系统的安全性。加压溶剂提取允许压力范围：6.89～20.67MPa，常规使用压力一般保持在10.34MPa左右。

3. 循环因素。

循环的作用是在提取过程中置换新鲜的溶剂以维持提取的平衡。根据分析化学中少量多次的提取原则，在提取过程中利用新鲜溶剂的多次静态循环，最大限度地接近动态循环，提高萃取效率。常规采用2～3个循环，即可达到良好的提取效果。

4. 溶剂因素。

对于不同的物质，要选择合适的提取溶剂。合理选择提取溶剂对于有效地提取目标化合物有着重要的作用。除强酸（盐酸、硫酸、硝酸）外，有机试剂、水和缓冲溶剂均可用于PLE，根据相似相溶原理，提取溶剂的极性应接近目标化合物。因此，操作人员在选择提取溶剂时，必须要充分了解目标化合物的特性，从而根据其特点选择最优的提取溶剂，从而达到高效率提取的目的。

5. 物料因素。

加压溶剂提取可用于固体或半固体物质。物料的大小、含水量等对提取率的高低亦有一定影响。物料一般需要进行粉碎处理后才能进行加压提取，而通常粉末越细，提取效率越高。因为当物料的粒径减小时，物料的比表面积增大，与溶剂接触更加充分；另一方面，物料中的成分从基质扩散到表面的时间更短，因此减小粒径可以提高提取率。但是，如果物料粒径减小后，微粒容易聚集在一起，阻碍溶剂与其充分接触，可加入一些惰性材料对这些微粒进行分散，可以避免由于微粒聚集引起的不良效果。物料含水量高，会妨碍其与有机溶剂的充分接触，降低提取率。因此，对于含水量高的物料可通过干燥或加入干燥剂等方法控制含水量。

二、技术特性

（一）优点

加压溶剂提取技术与传统的索氏提取、超声波提取、加热回流提取等提取方法比较，有着明显的优势：

1. 提取时间短。和常规的提取方法相比，它能显著地缩短提取时间，常规提取一般需要1小时甚至几个小时，加压溶剂提取只需几分钟或十几分钟。

2. 溶剂消耗少。和其他提取方法比较能明显地节约溶剂的消耗。

3. 提取效率高。根据仪器的设定，提取温度最高可达200℃，提取压力最高可达20.67MPa，在这样条件下可显著地提高提取效率。

4. 操作模式多样化。可以选择是按方法模式（单一模式）还是按程序模式进行提取。后者可设定一系列的方法参数，同时对提取管和收集瓶的序列、每个样品所选择的提取方法以及提取间隔是否进行冲洗进行设定。

5. 操作过程自动化。在准备好样品和对提取的方法（或程序）进行设定后，自动进样和自动收集装置就可以连续对最多24个样品自动完成样品的提取和提取液的收集，简单方便，大大降低了劳动强度，提高了效率。

（二）不足

目前应用加压溶剂提取技术的商业化设备主要是由美国Dionex公司生产的Dionex-ASE系列全自动加压溶剂提取仪，该系列主要有100、200、300等3个型号。相对来说，用户的选择比较少，这使加压溶剂提取技术的推广受到了一定限制。

有些实验室也会选择自制加压溶剂提取装置，但由于加压溶剂提取技术是在高温、高压条件下进行的，装置使用的安全性，应引起使用者的注意。

三、应用实例

加压溶剂提取技术与MS、GC、HPLC、TLC等现代分析技术联用，可有效地缩短分析时间，提高分析准确度，有利于实现中药快速、灵敏、准确的分析要求。近几年，国内学者应用该技术对中药进行分析的报道也逐渐增多。

冬虫夏草所含化学成分比较复杂，其中，核苷和甾醇（主要为麦角甾醇）含量较高，并被认为是其主要活性成分，采用常规方法测定困难。李鹏等[1]建立了能够同时快速、简便地测定天然和人工虫草中麦角甾醇、核苷及其碱基含量的简便方法。经过对提取溶剂、温度、时间、压力等参数的考察，最终确定虫草中麦角甾醇、核苷及其碱基类成分加压溶剂提取条件是：甲醇为提取溶剂，提取温度160℃，提取时间5min，提取压力10MPa，循环1次，提取1次。当使用11mL的提取管，所需溶剂约为25mL。用建立的HPLC梯度洗脱的方法能很好地分离和分析虫草提取液样品中的麦角甾醇、核苷和碱基等成分。该研究，把加压溶剂提取技术与HPLC法结合起来，用于中药材的研究，在缩短分析时间的同时，减低分析难度，提高分析准确度，为同类型的分析研究起到了很好的示范作用。

三七主要有效成分为皂苷类化合物，代表了三七大部分生物活性，经统计，迄今已从三七中分离得到40多种三萜皂苷，其中多数为人参皂苷，这些成分的药理作用各有差异，有的甚至截然相反。要对这些成分进行分析，分离是关键。万建波等[2]把三七药材经加压溶剂提取技术处理后，利用负离子检测和多级反应检测（MRM）模式，采集三七药材的总离子色谱和MRM谱，建立了三七药材的皂苷类成分LC-ESI-MS定性分析方法。他们还对其进行深入分析，检识出10种皂苷类成分，为三七质量控制提供了依据。

兜铃酸（aristolochic acids）具有肾毒性，还有致癌、致突变的作用。国外亦报道了多起马兜铃酸不良反应的案例，甚至形成了马兜铃酸肾病（aristolochicacid nephropathy）的概念，因此，国际上非常重视中药材中马兜铃酸的检测。梁庆优等[3]建立并优化了从马兜铃药材中提取马兜铃酸Ⅰ和Ⅱ的静态加压溶剂提取方法，考察各因素对提取效率的影响，并测定马兜铃、关木通、青木香和广防已中两成分的量。他们以甲醇提取，药材粉末粒径100～120目，提取温度120℃，提取压力10.3MPa，静态提取时间10min，冲洗体积40%，1个循环，药材加入量1.00g，可1次将马兜铃酸Ⅰ和Ⅱ从马兜铃等4种药材中完全提取，显示了良好的适用性。经比较，该法比传统的超声和索氏提取方法提取效率更高，节约溶剂，省时省力；静态加压溶剂法更适合于青木香中马兜铃酸的提取。

四、应用展望

加压溶剂提取技术具有快速、高效、节约溶剂以及自动化等诸多优点，可代替传统的索氏提取、超声波提取、加热回流提取、浸渍提取等传统的提取方法。随着中药研究的日益深入，对中药研究的要求也不断提高，加压溶剂提取技术的不断完善，恰恰能满足中药研究提取技术的要求，相信该技术在中药研究领域的应用将越来越广泛。

【本章参考文献】

第二节：

[1] 金高娃，章飞芳，薛兴亚. 超高速液相色谱在复杂体系中药分离分析中的应用[J].世界科学技术—中医药现代化，2006，8（3）：106～111.

[2] 薛燕，童湘晖，王峰. UPLC-UV测定细辛地上和地下部位中的马兜铃酸A[J].药学学报，2008，43（2）：221～223.

[3] 杨立伟，郑传奇，蒋忠军等.超高效液相色谱法测定西洋参中人参皂苷Rg1.Re、Rb1的含量[J].中药材，2008，31（1）：55～57.

[4] 吴樱，杨义芳，罗明琍.康视明合剂质量标准研究[J].中国药房，2008，19（27）：2133～2135.

[5] 周小平，周围，赵生国.超高效液相色谱法测定前列安通片中的芍药苷含量[J].药物分析杂志，2008，28（2）：294～296.

[6] Li X Q，Xiong Z L，Ying X X，et al. A rapid ultra-performance liquid chromatography-electrospray ionization-tandem mass spectrometric method for the qualitative and quantitative analysis of the constituents of the flower ofTrollius ledibouriReichb [J].Anal Chim Acta，2006，580：170～180.

[7] 濮润，王卫星，王京辉.甘草药材的快速HPLC指纹图谱分析[J].中国中药杂志，2008，33（22）：2650～2652.

[8] 刘少华，金郁，周大勇.超高效液相色谱（UPLC）用于丹参药材水溶性成分指纹图谱研究[J].世界科学技术—中医药现代化，2007，9（6）：46～30.

[9] Guillarme D，Nguyen D T-T，Rudaz S，et al. Method transfer for fast liquid chromatography in pharmaceutical analysis：Application to short columns packed with small particale. Part I：Isocratic separation [J].Eur J ParmBiopharm，2007，66：475～482.

第三节：

[1] 张汉明，李松林，王勇. 真伪牛黄的红外光谱鉴别[J]. 第二军医大学学报，1991，12（4）：366~377.

[2] 余艳，刘刚，董勤. 天麻及其伪品的红外光谱鉴别[J]. 云南师范大学学报（自然科学版），2004（3）：63~65.

[3] 田进国，娄红祥，任健等. 伞形科和姜科12种药材对照品的红外光谱[J]. 山东医科大学学报，1996，34（2）：155~158.

[4] 吕光华，孙素琴，梁曦云等.归头和归尾二维相关红外光谱法的鉴别研究[J]. 光谱学与光谱分析，2004， 24（3）：311～314.

[5] Ren G， Chen F J. Agric. Food Chem.，1999，47：2771.

[6] Chen Y， Sorensen L K. Fresenius' J . Anal . Chem. ，2000，367：491.

[7] 田进国，任健，娄红祥. 五种贝母药材的红外光谱鉴别[J]. 中药材，1996，19（6）：292～293.

[8] 刘刚，董勤，俞帆等. 天麻的傅里叶变换红外光谱鉴别研究[J]. 光谱学与光谱分析，2004，24（3）：308～310.

[9] 林文硕，陈荣，郭绍忠. 麻黄与杏仁汤混合汤剂红外光谱分析[J]. 光谱学与光谱分析，2008，28（12）：2835～2838.

[10] 刘养清，张晓薇，王爽等. 中成药六味地黄丸的红外光谱研究[J]. 光谱学与光谱分析，2006，26（2）：275～278.

第四节：

[1]汪海林，邹汉法，孔亮. 分子生物色谱用于中药活性成分筛选及质量控制方法的研究[J]. 色谱，1999，17（2）：123～127.

[2]赵小娟，党高潮，杨广德.淫羊藿根与叶活性成分的分析和比较[J]. 分析化学，2002，30（2）：195～197.

[3]赵惠茹， 杨广德， 贺浪冲.用细胞膜色谱法筛选当归中的有效成分[J]. 中国药学杂志，2000，35（1）：13～15.

[4]王锐平，陈蓁，贺浪冲.用细胞膜色谱法筛选菟丝子的有效成分[J]. 陕西中医，2003，24（6）：553～554.

[5]樊宏伟，余黎，洪敏.血小板细胞膜固相色谱法的建立及其对丹参效应物质的初步分析[J]. 中国药学杂志，2004，39（5）：375～379.

[6]樊宏伟，余黎，洪敏.血小板细胞膜固相色谱法在脉络宁注射液效应物质分析中的应用[J]. 中国药学杂志，2004， 41（1）：63～65.

[7]朱荃.细胞膜固相色谱及其在中药效应—物质基础研究中的应用[J]. 南京中医药大学学报，2006， 22（1）：8～11.

[8]董自波. 红细胞膜生物色谱法的建立及其在当归效应物质研究中的应用[A].南京中医药大学博士研究论文[D]. 南京: 南京中医药大学， 2002.

第五节：

[1] 李鹏，李绍平，龚元香.加压溶剂提取–高效液相色谱法测定天然和人工虫草中的麦角甾醇、核苷及碱基[J].药学学报，2004，39（11）：917～920.

[2] 万建波，李绍平，王一涛.中药三七高效液相色谱特征研究[J].药学学报，2006，41（11）：1090～1093.

[3] 梁庆优，郑颖，唐海谊.HPLC法测定静态加压溶剂提取马兜铃属植物中马兜铃酸[J].中草药，2008，39（3）：364～368.

第九章

创新标准管理之探索

前面几章我们已经阐述了中成药标准的诊断要略、提高策略及中药技术标准发展战略，如何在今后从中成药标准的发展推动中药产业的发展，要走的路还很长。标准的发展有赖于中医药现代化的发展方向，激烈的标准模式之争，目的都是为了体现“安全、有效、可控”的药品标准属性。王孝涛先生说得好：中药现代化必须兼顾继承与借鉴。

在上一章，我们对标准应用新技术作了探索。在本章，我们将从标准方面思考如何创新管理，并提出具有特色标准创新模式和技术标准战略实施概要。

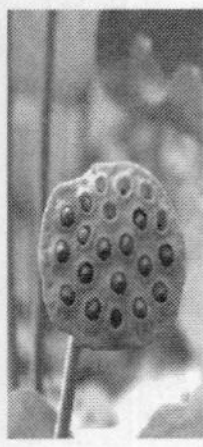

第一节　具有特色标准创新模式

中药不同于化学药，也不同于生物药，用它们的评价体系去衡量中药显然不够科学；继承传统的主体战略究竟是什么？还是按照西药的思路来发展中药，目标是为了能够进入欧美国家吗？下面我们来分析如何创新体现中医药特色的中成药标准。

一、中成药标准传统性特点

祖国几千年中医药的发展铸就了辉煌的业绩，在为人民群众健康安全方面作出了很大的贡献，而反映中医药发展历程的中成药标准也具有以下几个特点：

（一）品种数繁多

中药源远流长，历经数千年发展，至2007年底，SFDA审核颁布了国家中药标准9100多个，它们存在于原部颁标准、新药转正标准、注册标准（仿制药提高的标准、新增加规格提高的标准、中药保护时要求提高的标准），以及地标升国标时提高的标准等，情况比较复杂。数量极多的同时也出现了同方异名、同名异方、药品组方不合理、药品疗效不确切等诸多问题。

（二）中医药特色

在中医理论指导下，各味中药按照君臣佐使的组方规律进行配伍应用，构成了种类繁多的复方。由于组方不同，各种复方在疗效及副作用方面都会有明显的差别。这是中药实际应用的最大特点，也是中药不同于其他国家和地区传统药物之处。

实际上，中药标准中首先就要突出中医理论的指导作用，反映中医用药与质量标准的内在关系，临床都是根据病人体质及病情在辨证论治基础上选择适当的药物，依君、臣、佐、使配伍而成。由于中药材含有多种成分，中成药组分更为复杂，中药标准要反映中医药特色就是要体现整体性。有效成分或指标性成分含量往往为千分或万分之几，甚至十万分之几，不可能逐一测定，按组方原则选其君药、臣药，即针对起主要或协助主药加强治疗作用的药味建立含量测定项，并在整体上控制其稳定性。在检测成分上也应以中医临床功能主治与现代药理学相结合进行研究。

例如，滋阴补肾的“六味地黄丸”，选测山茱萸中熊果酸、牡丹皮中丹皮酚，这绝不意味着中医用药主要用熊果酸代山茱萸，丹皮酚代牡丹皮，而是以此成分分别衡量各制剂的质量。药典收载的“复方丹参滴丸”，药理研究证明其活血化瘀的主成分为水溶性成分，以丹参素为代表，故测定丹参素作为质控指标。

然而，也应该看到中医药本身的弱点。众所周知，中医药的基础研究目前还存在许多含混不清、悬而未决的问题，在药理、毒理、剂型、标准化、规范化上均未能充分利用当今科学技术的新成果，与国际先进技术水平存在较大差距，严重影响中药的国际化。可见，如果片面强调“特色”而拒绝规范化、标准化操作，只能使人们对中医药的误解越来越深，使中医药的路越走越窄。

（三）质控水平低

中成药多为复方制剂。尽管近百年来科技发展一日千里，但中药行业技术水平却远滞后于其他行业的发展，目前中成药的质控，基本都局限在药材的组织结构的显微鉴定和某味药材中某有效成分的薄层色谱斑点定性上，虽然高效液相法得到了广泛的应用，但也局限在单一成分定量上[1]，中药产品的质量和稳定性难以保障，与西药所能达到的指标相去甚远；很多出口中药由于无法控制农残、重金属含量或含违禁成分而遭拒售。

质控水平低的另一个特点是质量控制点不准。例如维C银翘片，有些厂家的产品在检验时于显微镜下发现有大量的植物组织。维C银翘片是属于全浸膏片，出现植物组织的可能，只有是将药材打粉直接投料，没有按生产工艺提取浸膏。由此可知，其现行标准的质量控制点不准，不能完全控制产品的质量。这不是个别例子，由于现行的中成药质量标准仅是依照化学药的模式，像维C银翘片这种全浸膏片实际上完全可以增加浸出物和显微鉴别来加以控制。

二、中成药标准国际化特点

要使中成药走出国门，首先得满足国际上对于用药的“安全有效、均一稳定”的基本要求。安全就是要有毒性实验和安全性检验，以及要控制有毒药材（或组分）的用量和重金属、毒品、农药残毒等指标；有效就是用动物模型做药理实验，证明其药效作用，再综合其他方法（如分子生物学实验等）一起阐明其作用机理，结合临床数据，综合说明疗效；稳定是指药物的疗效和安全性应有稳定性和重复性；均一是指药品的质量要有客观标准，即有明确的检测对象和量化指标，可以对中药材及制剂的质量进行测定和控制[2]。就是说，必须按照现代药理学观点让人能够明白究竟是那种成分起作用，如何起作用。从另一角度看，这也很容易走进“怎样西化”的死胡同。

三、具有特色标准创新模式

综上所述，要在继承中成药传统性的基础上解决中药标准存在的问题，我们提出具有特色标准创新模式以供参考：

（一）复方研究

中医药强调的是复方整体性观点，这在中成药标准中应有体现，“标准汤剂”应是发展方向。这包括政府应建立“复方提取物”的技术规范，并制定相应的管理规定。

（二）指纹图谱

指纹图谱能反映中药化学成分的整体组成及特性，非常符合中医药理论的整体观点，反映的既是处方组成，又是工艺制法，非常具有质控意义；还具有现代化和国际化特点。这包括政府制定相关管理法规与切合实际而操作性强的“指纹图谱”技术要求。

（三）通则检测

在上述两点做好的基础上，标准设置上主要是制剂通则（包括卫生学检查）和针对禁限物质，其目标是管好安全性，与其他健康相关产品的控制方式是一致的。这从本质上改变了国家中药生产与标准管理模式，要求政府制定相关管理法规与技术规范。

强调特色，在标准中体现的与目前要求不同的一个最大区别点，就是不一定须对某一中药成分进行含量测定。这是因为既然认为中药是整体起作用，那么某一成分的高低并不能反映作用的强弱。也许你会反驳，那产品的品质、均一性、安全性如何体现？其实，这与某一成分的含量没有必然联系，我们为此设计了“标准汤剂”与指纹图谱就是要解决此类问题，因为你以“标准汤剂”去研究功效，你做成的产品就必须符合“标准汤剂”，而指纹图谱非常具有质控意义。当然，“标准汤剂”操作时也必须测定指标性成分含量，只是已不是传统意义上的含量测定。

上述只是提出很粗犷的模式框架。“标准汤剂”的核心思想就是要求中间体（浸膏）及成品（最终制剂）的生产工艺过程细节应在化学、生物学上与标准汤剂具有同一性。虽然“标准汤剂”充分体现了中药复方的优势，是中药复方研究及生产规范化、标准化的基石，但很多研究只是针对颗粒剂的，对已有20多个常规剂型的我国中成药还有很多工作需要我们去做。“指纹图谱”如何通过计算机模式化使操作性更强，制剂通则（包括卫生学检查）的针对性设定，禁限物质目录确定及检测方法研究等等。国家如果将有限的资金投入到这些方面去研究，可以想象，继承了传统性的中药现代化、标准化目标的实现便指日可待。

中药具有独特性，不应该夜郎自大，拒绝现代观点；也不应该妄自菲薄，抛弃传统特色。合理的做法应该是“左右兼顾”，建立具有中医药特色的中成药标准创新模式，在继承和发扬传统中药的基础上，用现代的方法、手段来改造和提升中药在国际上的竞争力。

第二节　创新中药监管若干思考

药品的监管是一个连续的系统过程，包括上市前的审评和审批，生产环节中的GMP检查，流通环节中的药店抽查，使用环节中遵照医嘱以及上市之后的药品再注册等。经历了这几年频发的药害事件之后，有必要对中成药技术监管进行认真的反思，探索并创新一些监管模式，笔者已在近期发表了三篇中药监管方面的文章[1、2、3]。

中成药的标准与药品监管是分不开的，如中成药可按安全性分为不同类别，其标准所设置的指标不同；按日服生药量还是按日服生药量得到的浸膏来管理中药原料药，概念不同可导致管理模式的重大差异；药品上市后再评价，能够更好地修订标准；强化标识可以弥补标准不足。中药标准问题并不是孤立的，要使标准能够更好地控制产品的质量，要做的工作还很多，下面我们将对上述几个问题展开进行讨论。

一、按安全性分类的管理

我国至今共有几万多个中成药生产批文，如果按照目前这种模式，管理成本很高，胡子眉毛一起抓一定管不好。虽然在新药注册审评时早就有分类管理，但分类的依据并不是按照安全性；对大量已上市的药品虽然在销售上规定必须按OTC分类管理，但并没有通过上市后评价实行实际意义上的分类管理。建议通过药品再注册，对已上市中成药按照安全性进行分类，其依据可以是剂型（如注射剂列为高危品种）、所含成分（如含有乌头碱、马钱子碱、马兜铃酸）、不良反应及药品再评价结果等。对不同安全性类别的中成药进行不同的管理，制定不同安全等级指标的质量标准。

二、仿禁限物质控制模式

食品、化妆品等健康相关产品的品种和数量很多，这类产品的注册和管理有独特的方式，很值得我们药品管理部门借鉴。如化妆品在技术管理上对禁用物质和限用物质进行控制。禁用物质是指不得用于化妆品的成分，仅在特定的限制条件下允许使用的成分为限用物质。限用物质名单规定了适用的范围，最终产品中的最大浓度限制、使用条件等其他限制和要求，以及需要标明的警示等内容。禁限用物质一般采用成分名录制，目前禁用物质有1286种。对准许使用的物质，除色素、防腐剂和紫外线吸收剂外未制定原料成分名单，上述三类物质的名单规定了成分的适用范围、浓度限制和警示要求等。这样，可随时根据所掌握的科学资料，确定某个原料成分是否需用禁限用。

中成药中的禁限物质也经常存在。如《中华人民共和国药典》（2005年版）第一部中规定中药合剂、糖浆剂中防腐剂的含量:苯甲酸、山梨酸不得超过0.3%（其K^+、Na^+盐分别以酸计），对羟基苯甲酸类不得超过0.05%；《中国医院制剂规范》对医院制剂中的防腐剂也相应地规定了加入限量。但是《药典》或其他国家标准至今都尚未对此类药品中防腐剂含量的测定方法作出规定，使该类药品中的防腐剂含量难于监控。禁用物质，如目前我们花很多精力在做的中成药和保健食品中擅自添加化学成分如补肾壮阳类中成药和保健食品中添加化学成分枸橼酸西地那非，目前已有国家标准补充检验方法。假如我们通过系统研究，将具有补肾壮阳、降糖、止咳平喘、消肿止痛、镇静安神、减肥功能等中成药禁止含有常见的化学成分作为禁用物质而列出名单，研究其检测方法而作为药典附录，那么国家对中成药的管理将会更加完善。

三、创新中药原料药概念

创新中药原料药概念，才能创新中药的生产管理方式，这是中药现代化和标准化进程中的重要一步。中药标准化是通过制定合理的中药标准并得以有效实施，从而最终生产出“安全、有效、稳定、均一”的标准中药产品的过程，中药标准化是提高中药的生产过程可控性的必由之路。

我们在第二章谈到，提取物投料是制备方式的发展趋势，但未建立复方提取物管理制度是这种方式实施的管理障碍。相对而言，采用浸膏投料更容易解决中成药后续生产中出现的诸多困难。

我国目前中药复方制剂存在较为混乱的局面是路人皆知的。实际上，相同的标准用到不同的生产企业时，由于原料和工艺设备的差异会对提取产生很大的影响，例如，《中国药典》2005版规定复方丹参片的处方是“丹参45g，三七141g，冰片8g”，最终成品是“压制成1000

片，包糖衣或薄膜衣，即得”。虽然投料药材量是一样，但是制剂的原料（提取物）的数量却可能差异很大，最终各厂的成品自然也会差异很大[4]。有学者[5]对此进行了分析，同一产品不同厂家甚至同一厂家的不同批次之间差异很大，质量的稳定性很难得到有效的保证，这跟我国目前制剂处方标准所采用的投料管理方式有一定关系。

在制剂处方标准化方面，日本的做法值得我们借鉴。日本第15改正药局方在制剂通则的浸膏剂项下新增加了一条复方浸膏剂的定义：“按处方量分别称取合适大小的生药，加10~20倍量水，加热一定时间，用离心分离等方法固液分离，得到的浸出物以适当的方法浓缩或者干燥，软浸膏剂制成饴糖样稠度，干燥浸膏剂制成可以粉碎的块状、粒状或者制成粉末。”

日本汉方浸膏制剂处方采用浸膏为依据的标准，类似于化学药的制剂处方，所不同的是以浸膏粉的重量来表示组成，一般表示方法为“多少克颗粒内含多少克浸膏粉”，如津村的医疗用葛根汤浸膏颗粒说明书（2007年改定）的组成表示：“本品7.5g含有从以下的混合生药中得到的干燥浸膏3.7g：葛根4.0 g、桂皮2.0 g、大枣3.0 g，芍药2.0 g、麻黄3.0 g、生姜2.0 g、甘草2.0g”。由于汉方浸膏制剂是以浸膏作为制剂处方依据的，因此批次之间除了浸膏相同外，指标成分含量也基本相同，保证了产品批次之间的稳定性和一致性，以日本津村的小柴胡汤颗粒为例，含量控制的四个指标成分：甘草酸、柴胡皂苷b_2、黄芩苷和黄芩苷元误差范围都控制在10%之内。

可见，日本能够做到汉方制剂的标准化的关键点是采用了浸膏（提取物）投料的方式，这也是汉方制剂与中成药标准之间最大的不同。

目前我国有不同管理方式的中药提取物：含量90%以上的有效成分;含量50%以上的有效部位;复方浸膏提取物。对前两类提取物在批准制剂同时可以批准原料，可以视作为中药原料药，而复方浸膏提取物目前没有法律的依据。从实践中看，以提取物作为原料的前两类制剂的质量均一性和临床疗效的稳定性要优于从药材直接生产的复方传统制剂。因此，要提高复方制剂的有效性和安全性，有必要探索以复方浸膏作为中药原料药的可能性。

我国药事管理用量是日服生药量，而日本药事管理中是日服生药量得到的浸膏，这是管理方式差异的主要点。因此，建议国家主管部门对此涉及中药标准化根基的问题进行深入的研究和探讨，在中医药理论的指导下吸收国内外先进的研究成果和管理经验，创新中药复方制剂（中成药）的原料药概念，开展中药复方提取物标准化的研究开发，并通过实施药材和原料药的标准化、工艺标准化以及制剂处方的标准化，提高中药产品的质量稳定性和一致性。图9-2-1是根据这个理念设计出来的框图。

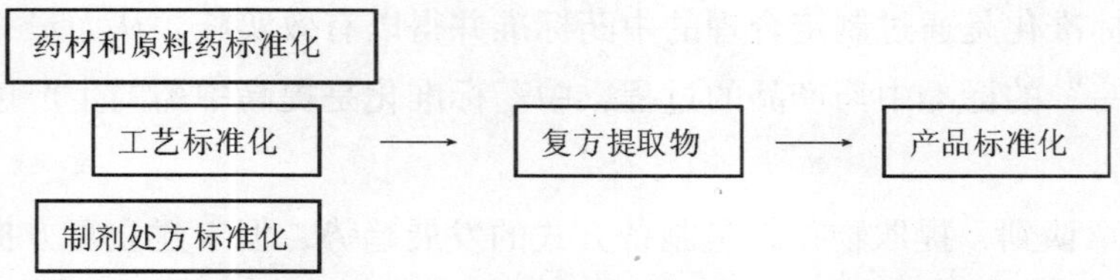

图9-2-1　以复方提取物为中药原料药的生产框图

四、中成药上市后再评价

对上市后药品质量评价，可不断改善标准的控制能力，保障药品上市后能够安全有效、经济合理。[6]

（一）药品上市后再评价分类

药品上市后再评价的主要内容应该是以下四方面：

1. 药品有效性研究（疗效评价）。

鉴于上市前研究的局限性，药品上市后在广大人群中应用的有效率、长期效应和发现新的适应证以及临床疗效中存在的可影响药品疗效的各种因素（治疗方案、患者年龄、生理状况、合并用药、食物等）的研究是上市后再评价的重要内容。

2. 药品不良反应研究（安全性评价）。

在广大人群中考察经长时期应用药品发生的不良反应，以及停药后发生的不良反应，同时研究不良反应发生的因素（药品、给药方法、药物相互作用等）是药品上市后再评价的主要内容。

3. 药物经济学研究（经济学评价）。

治疗费用的上涨是世界难题。20世纪80年代兴起的药物经济学从社会角度出发，运用药物经济学的理论与方法通过对成本和相应效益两方面进行鉴别、比较，决定出最佳医疗服务方案，以最大限度地合理利用现有药物资源，让人民以最小的代价享受到最好的医疗服务，因此这也是再评价的内容之一。

4. 药品质量评价。

药品质量评价也是药品上市后再评价的重要内容，通过不断提高药品的控制标准和检测方法的准确性与精确性，为药品上市后的安全有效、经济合理提供保障。

（二）上市后再评价结果处置

国家药品监督管理部门可根据评价结果，通过对药品使用的风险和效益比，对其综合评价后可采取下列相应必要管理措施：

1. 停止药品的生产和（或）流通，包括对临床疗效不确切的品种。

2. 产品适应症过宽，对某些适应症的疗效不确切或无充分数据证实时，则应修改“适应症”项下内容或对已批准的适应症、剂量和服用方法等的部分修改。

3. 修改注意事项等。

4. 继续深入研究。

通过做好药品上市后再评价，能够更好地修订标准，让中成药标准能够更加有效地控制产品的安全和质量。还可以使药品上市后处于监控之中，政府可以利用上市后药品再评价的有关信息，发挥政府的宏观指导、合理导向的职能，通过政策引导，如国家基本药物目录的调整、非处方药遴选与调整、定期药品质量抽查公报、质量标准调整、淘汰药品目录公布、ADR信息发布等方式，不断保障药品使用的安全有效。

（三）强化再评价的责任主体

制药企业是药品上市后再评价的责任主体，应不断对本企业生产的药品进行追踪和监测，了解药品上市后在大量人群中使用的安全有效性，了解该药品的研究动态和使用情况。除国家药品监督管理局指定的专题评价的药品外，必须对本企业生产的药品上市后监测等工作有明确的计划和标准，同时应对一些有较大意义的药品评价工作及时与国家药品监督管理部门联系。

五、让标识弥补标准不足

在美国，食品、药品、化妆品必须遵守《食品、药品、化妆品法》（FDCA）和美国《良好包装和标签法》（FPLA）以及在这些法律下的各项法规，这很值得我们中成药监管学习，也可以弥补标准存在的不足。其原因有四：

其一，检测方面，由于技术的原因，很多中成药从质量标准方面是很难尽善所有成分的，或者成本太高难以实施，但如果从法律的高度规定标出处方成分，即使检测不到，但可以通过GMP检查生产记录，弥补检测技术的缺陷。

其二，功效方面，我们知道中成药的很多功效是很模糊的，但如果从法律的角度要求说明书如何写上功效，对“错误标识”如何处罚，可以让生产商在误导或虚假宣传方面有所收敛。

其三，安全性方面，凡是没有进行安全性实验研究的中成药，说明书中可规定，必须声明：“本产品安全性尚未确定”，这可促使生产商主动去进行产品的安全性试验，收集安全性信息，将中成药的安全风险由企业自己承担，让企业去自律，也能弥补管理部门安全性评价不足的缺陷。

其四，警示用语方面，如果在中成药的说明书上能够标注规定的警示用语和注意事项，特别是对那些可能因误用对消费者带来危害的产品，除标注警示用语外，还要说明安全使用方法，指导消费者正确和安全使用。因此，作者建议尽快将《关于药品标签和说明书的管理办法》修订上升为与《药品管理法》相当地位的法律。

对于说明书【不良反应】有下列的撰写原则：①对于尚不清楚有无不良反应的，可在该项下以“尚不明确”来表述；②原国家批准的质量标准【注意】项中含有的不良反应的内容和说明书所有的不良反应内容，应该继续加入；③由国家食品药品监督管理局正式对外公布的药物不良反应，或者得到国家食品药品监督管理局药品不良反应监测中心认定发布或公告者，所有同类品种药物均应该加入；④提供的说明书中的不良反应内容如果有超出原药品说明书和/或质量标准相关内容或临床研究结果内容者，应该提供相应的依据。

第三节　技术标准战略实施概要

本节以《广东省中药技术标准战略实施概要（初稿）》为例，说明技术标准研究在政府宏观管理上的意义。

为落实科技部“技术标准、专利和人才”三大科技战略，推动我省中药技术标准战略工作的实施，更好地发挥技术标准在提高自主创新能力，提升产业竞争力，应对国外技术性贸易壁垒，根据《广东省实施技术标准战略“十一五”规划》特制定本概要。

一、加强行业标准化建设

（1）强化中药规范化认证体系。在GMP、GSP认证已经完成的基础上，继续做好两证的换发检查工作，全面提升产业素质和标准化管理水平。加强中药源头监管，推进GAP基地建设，在规范化种植的基础上保证中药材的质量。进一步加强我省中药质量管理体系建设，推动有条件的药品临床研究试验基地和实验室通过国家GCP和GLP认证。通过强化中药规范化认证体系，全面提升广东省中医药产业素质，为我省医药行业的进一步发展奠定了坚实的基础。

（2）建立完善的中药技术标准体系。这包括制定完善的具有广东特色的中药材标准、中药饮片炮制规范、医疗机构制剂规范，以及提高中成药国家标准。在已有第一册的基础上编写出版《广东中药材标准》；编写出版《中药饮片炮制规范》、《医疗机构制剂规范》；修订《广东省提高中成药质量标准指导原则和技术要求》，并编写相应辅导书籍（本书）。

（3）建立中药标准物质库。结合南方地区传统用药特点，有重点地选择广东地区主产、特产和习用中药材，确定其药效成分，并在此基础上建立中药标准物质库。

（4）制定广东省中药配方颗粒标准。在国家还没有明确建立配方颗粒标准的情况下，广东省可着手研究，制定地方性的中药配方颗粒标准。

（5）加强中药标准管理工作。制订广东中药标准管理办法，建立中药标准制定的协调机制，健全广东中药标准评审机制。

二、推动技术标准发展

（1）积极参与国家标准制定。认真落实广东省中医药强省发展规划纲要，积极参与中成药提高标准行动计划，参与国家标准制定，包括中国药典的起草工作，使我省中药技术标准水平达到全国先进水平；引导扶持企业积极参与或主导国家标准和行业标准制定。

（2）鼓励研制新药。鼓励企业提高创新能力，开发研制疗效确切、剂型先进的创新中药，使新药具有较高的质量控制水平。

（3）鼓励中成药二次开发。鼓励对经过长期临床使用、具有良好疗效和市场前景的传统中成药进行二次开发，采用先进的工艺技术和新型辅料制成先进剂型，质量标准在原剂型的基础上进行提高。

（4）把专利融入技术标准。鼓励企业加大自主知识产权标准研制力度，鼓励企业研制基于自制对照品和指纹图谱的内控标准；鼓励企业在关键技术、核心领域积极提交国际标准提案。

（5）新技术促进标准发展。鼓励企业采用新技术和新的检测方法，制定具有竞争力、高于现行国家标准的企业内控标准。

（6）运用知识产权保护战略壮大企业。鼓励企业采取知识产权保护策略，通过改进工艺，提高标准可控性，改善制剂稳定性，申报中药品种保护，申请国家中药保密品种，突出保护先进性，达到壮大企业，抵御市场冲击，提高标准的目的。

三、强化标准化服务体系

（1）强化公共检测服务体系。建立国内领先的公共检测服务平台，包括全省各地的药品检验机构，检测能力覆盖全省中药产业领域；跟踪和研究国内外先进的检测技术，改进现有检测

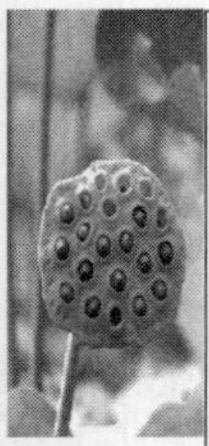

手段和检测方法，提高公共检测服务能力和水平。

（2）建立药品质量安全应对机制。加强药品不良反应监测和药品上市后安全评价，完善机制；建立药品快速检测体系、药品质量应急检验排查体系，以应对质量安全突发事件。同时，也能为今后制定安全性高的药品标准提供充分依据。

（3）构建检测研究平台。积极申报省部级重点实验室，为提高中药检测技术水平研究提供实验场地、数据、专有技术服务；改善研究实验条件，提高仪器设备装备水平。

（4）整合标准信息资源。整合全省中药标准化信息资源，建立标准综合数据库，提高标准资源的使用效能，服务能力基本满足全省经济和社会发展对标准信息的需求。

（5）搭建中药技术标准信息化服务平台。建立中药技术标准信息网络平台；完善WTO/TBT信息服务网站，向社会提供准确、快捷和有效的WTO/TBT信息咨询与通报服务。

四、采用国际标准，推动结果互认

（1）推动企业采用国际标准。编制出台《广东省出口中药采用国际标准和国外先进标准指导目录》，积极引导和帮助企业实施采标工作，根据国际先进标准设置有害成分、指纹图谱、重金属、农药残留等指标，形成有自主知识产权的标准，增强企业发展后劲。

（2）培育进入国际市场的品种。积极培育如广州市名优中成药等的一些具有质量标准完善、药效机理清楚、安全、高效、稳定、可控、符合国际质量标准的现代中成药，争取正式进入欧美药品市场。

（3）拓宽采标范围。积极推动采标工作延伸到管理标准、工作标准和其他技术标准，引导企业在节能降耗、环境保护、安全生产、公共安全等方面实施采标。要重点支持医药企业按照国际标准开发和应用先进、适用的管理软件，提升管理水平，减少与国际制药cGMP、Q7a标准的差距。

（4）推动检测实验室和认证机构的国际互认。要积极推动全省中药检测机构（实验室）进行ISO、IEC认证，推动参与国内和国际相关标准化组织的实验室间能力验证比对活动，推动与国际（或港澳地区）检测机构实现检测结果互认，达到“一个标准，一次检测，全球通行”的目标。

五、建立技术性贸易壁垒应对和防范体系

（1）积极参与制定国际标准。积极鼓励我省中药企业发挥主观能动性，积极参与适合于中药发展的国际市场规则的制定，冲破发达国家设置的针对中药的技术壁垒。

（2）根据广东省主要中药出口产品和出口国家、地区的特点，建立运转高效的技术性贸易壁垒应对和防范体系，主要包括信息收集与反馈系统，及时、准确地通报国外技术性贸易壁垒的动态变化，分析对广东省中药产业发展和产品出口的影响，并提出有针对性的应对与防范建议。

（3）增加WTO技术性贸易措施通报发放的渠道，以计算机网络、期刊、资料、公告等多种形式建立基本覆盖全省主要出口产品生产企业的信息传递和反馈网络。

【本章参考文献】

第一节：

[1]李晓光，陈志霞.中药质量标准研究方法与思路[J].山东中医药大学学报，2001，25（3）：235～237.

[2]梁鑫森，徐青，肖红斌.中药质量控制的策略与方法[J].中国中西医结合杂志，2002，22（9）：646～647.

第二节：

[1] 肖树雄，李泳雪.中药注射剂安全性问题及质量控制探析.中国药师，2009，12（7）.

[2] 肖树雄.创新我国中药产品技术标准管理.今日药学，2009，19（4）：60.

[3] 肖树雄，谢志洁，蒋患军. 从抗病毒口服液的标准修订看中药的技术标准战略及监管启示.中国药事，2009，23（6）：526～529.

[4] 李贻奎，李连达.从复方丹参制剂的混乱看中药标准化的迫切性与必要性[J].中国中药杂志，2008，33（4）：349.

[5] 陈保华.中药生产的变革——从提取物投料开始[J].中成药，2008，30（6）：781～783.

[6] 李少丽，王兰明，颜敏.关于在我国建立药品上市后再评价制度的探讨.中国医药情报，2001，7（5）:1～5.

后 记

——中成药标准提高避免舍本逐末还任重道远

从实操到探索，长篇大论地研究中成药标准提高已告一段落。研究中成药标准提高，本书既讨论管理方式，分析发展趋势，又探讨检验和生产技术，分析存在问题；既形成独特观点，阐述理论，又剖析案例，用于实验指导和结果总结，形成示范，达到管理与技术交融，理论与实际结合的目的；既立足于现有条件和作者经历，又结合公共管理的一些研究方法，不乏前瞻性，对新技术应用，对标准新模式，对管理新方式进行了大胆探索，形成了不同于同类书籍的鲜明特点。

标准提高是一个永恒的话题。到过日本的人会描述汉方颗粒剂如何优越，去过西欧的人会举出若干植物药作为中药的模板，而接受了现代医学知识的人更会历数中药疗效不确切的诸多实例。本书力求从中成药标准诊断要略，从中成药标准提高策略，从中药的技术标准战略这“三略”去阐述中成药标准提高的路径和意义。虽然也从历史的角度去分析中成药标准存在的缺陷，但显而易见，对造成标准问题的深层次原因分析还不够透彻：因为，对中成药的制备方式涉及尚少；因为，在诸如按日服生药量为基础的管理方式未进行变革之前，讨论中成药标准提高的“本”还为时过早；因为，在缺乏技术标准战略的情况下，中成药标准提高会缺乏应有的动力。研究提高标准而不进行制剂工艺标准化管理，再好的质量控制方式也难以保证产品的标准化。然而，怎么样才能避免中成药标准提高的舍本逐末？这是本书意犹未尽之处。

标准先进应该同时是制备方式先进，这才构成中成药标准的独特之处。

因此，标准提高工作真正是“路曼曼其修远兮”，制备方法标准化，质控方式现代化，管理方式科学化，构建具有特色中成药标准模式，这些方面的研究还任重道远，还有待勇于探索的药学工作者去深入研究。

肖树雄

2009年5月28日定稿于南海之滨